Carl David Richard Arnoldt

Die Chorpartien bei Aristophanes

Carl David Richard Arnoldt

Die Chorpartien bei Aristophanes

ISBN/EAN: 9783743434400

Hergestellt in Europa, USA, Kanada, Australien, Japan

Cover: Foto ©Thomas Meinert / pixelio.de

Manufactured and distributed by brebook publishing software (www.brebook.com)

Carl David Richard Arnoldt

Die Chorpartien bei Aristophanes

DIE

CHORPARTIEN

BEI

ARISTOPHANES

SCENISCH ERLÄUTERT

VON

Dr. RICHARD ARNOLDT.

LEIPZIG.

DRUCK UND VERLAG VON B. G. TEUBNER.

1873.

Hochgeehrter Herr!

Wozu mich nicht der eigene Wille zu bringen vermochte, dass ich unter Benutzung des bisher von mir gelegentlich veröffentlichten die aristophaneischen Chorpartien in ihrer scenischen Ausführung darstellte: dazu brachte mich mit einem Mal die frohe Botschaft des schönen Festes, das Sie in diesem Jahr begehen. Wenn auch einer Ihrer jüngsten Schüler, wollte ich doch nicht fehlen in der Reihe der glückwünschenden und dankenden.

Für diese meine Versuche, welche ich Sie bitte mit Nachsicht aufzunehmen, habe ich so gut wie keine Vorarbeiten gefunden. Es wird dies Manchem wunderbar klingen, da vor kurzem ein Buch über den Vortrag der chorischen Partien bei Aristophanes erschienen ist, und der Verfasser sein Unternehmen in der Einleitung der bedeutenden Vorarbeiten wegen als ein gewagtes bezeichnet hat. Und doch muss ich auf meiner Behauptung bestehen: das nächste und bei der vorliegenden Frage unerlässlichste, eine ins einzelne gehende Prüfung und Verwerthung der Chorika des Komikers selbst ist im Zusammenhange bis jetzt von Niemand übernommen worden. Immer hat man von aussen her, von alten Grammatikern und metrischen Theorien die Hülfe gehofft, die man bei Aristophanes selber hätte suchen sollen. Was hilft es uns, wenn Muff am Gängelbande Westphal's den Gebrauch der verschiedenen Metra nach melischem oder recitativem Vortrage aus ihrem bisweilen mythischen Ursprunge zu bestimmen sucht und von hier aus Gesang und Recitation in der Komödie feststellt? Diese Bestimmung, unsicher an sich, wird bei ihrer Uebertragung auf Aristophanes noch unsicherer. Und wenn nun gar so fortgefahren wird: alles gesungene trug der Gesammtchor, alles gesprochene der Chorführer vor — so ist das eine rein aprioristische Anschauung, welche auf Aristophanes Chorika übertragen diesen die grösste Gewalt anthut. Man müsste sein Herz verstocken und sein philologisches Gewissen verhärten, wenn man über all die Bedenken, welche der Text des Dichters jener nur zu leichten und zu einfachen

Scheidung entgegensetzt, hinwegspringen wollte. Diese An-
haltspunkte nun, welche des Dichters eigene Worte für die Er-
kenntniss der äusseren Darstellung der Chorlieder in der Orchestra
uns darbieten, zu sammeln, zu ordnen, auf Gesetze zu führen,
womöglich auf die des Dichters selbst, war mein Bestreben. Ich
fand hierbei ein vollkommen ausreichendes Material vor, um dar-
legen zu können, wo der vollstimmige Chor und wo die verschiedenen Theile desselben bis herunter zu den einzelnen Choreuten
zum Vortrage gelangt sind; nicht genügte das Material, wenn es
sich um die genauere Bestimmung dieses Vortrages nach Gesang
oder Declamation handelte. Daher habe ich die letzte Frage nur
mit grosser Vorsicht und selten mit Entschiedenheit zu beantworten gewagt und habe dafür die erste Frage in den Vorder-
grund gerückt. Jedesfalls aber glaube ich das gezeigt zu haben,
dass beide Fragen getrennt und unabhängig von einander behandelt werden können und — müssen.

Ein Mann war es, der mir stets und ununterbrochen als
Leuchte auf meinem Wege diente, auf dessen Schriften mich alle
meine Wege zurückführten: G. Hermann. Dass G. Hermann für
jede scenisch-metrische Untersuchung der Ausgangspunkt ist und
bleibt, dass eine Abweichung von ihm meist einen Rückschritt
bezeichnet, das habe ich bei Ihnen, verehrter Lehrer, und ebenso
bei Friedrich Ritschl gehört und gelernt. Ihrer Beistimmung
in den allgemeinen leitenden Grundsätzen bin ich daher gewiss:
im einzelnen wird meine persönliche Schwäche oft genug der
Schwierigkeit der Aufgabe nicht gewachsen gewesen sein. Allein
an dem grossen, weitläufigen Gebäude unserer Wissenschaft können
ja nicht nur die Meister, auch die Gesellen müssen arbeiten, und

        Man trinkt wohl an dem Brunnenrohr,
        Wenn man nicht kann am Quell;
        Und was der Meister nicht schaffen will,
        Das schaffet der Gesell.

Genehmigen Sie den Ausdruck der treu ergebenen Gesinnung

                       Ihres dankbaren

Elbing, im Februar 1873.

                       Richard Arnoldt.

DIE

CHORPARTIEN BEI ARISTOPHANES

SCENISCH ERLÄUTERT.

Erstes Capitel.

Das Auftreten einzelner Choreuten.

I.

Der Chor in den Wespen Vs. 230—487.

Nachdem G. Hermann, Bamberger und viele Gelehrte unserer Tage, unter denen ich auch den Namen Fr. Ritschls nennen darf, es unternommen hatten, aeschyleische Chorgesänge unter die verschiedenen Theile, in welche der tragische Chor zerfallen kann, zu vertheilen, durfte man in gleicher Weise für die übrigen dramatischen Dichter der Griechen ähnliche Untersuchungen hoffen. Und da gerade für Aristophanes in dem akademischen Programm Hermanns *De choro Vesparum Aristophanis, Lipsiae* 1843 von dem Urheber dieser scenisch-metrischen Frage selbst der Versuch gemacht worden war, in der Komödie ganz sowie in der Tragödie einzeln und der Reihe nach singende oder sprechende Choreuten nach-zuweisen, so hätte man bei der Bedeutsamkeit des Mannes, mochte er auch in einzelnem geirrt haben, mit Sicherheit eine Aufnahme und Fortführung oder doch wenigstens eine eingehende Prüfung seiner Beobachtung erwarten sollen. Doch die Sache hat einen durchaus anderen Verlauf genommen. Jene Beobachtung Hermanns ist theils völlig unbekannt, theils ohne Einfluss auf das Urtheil unserer Kenner des Aristophanes geblieben. In dem neuesten Buche, welches den Vortrag der chorischen Partien bei dem Komiker im Zusammenhange behandelt, von Christian Muff, Halle 1872 wird der Arbeit des grossen Philologen mit keinem Worte gedacht. Und Julius

Richter hat sich in den Prolegomena zu seiner Ausgabe der Wespen, ohne viel Gründe anzugeben, in kurzen Worten gegen die Hermannsche Anordnung erklärt. Denn als einen Grund gegen dieselbe kann ich es nicht rechnen, wenn Richter meint, die Stimme einer Chorperson könne den Athenern nicht gefallen haben, oder wenn er behauptet, in der Parodos der Vögel müssten die Choreuten deshalb vollstimmig gesungen haben, weil dies die Natur und Gewohnheit der Vögel sei (S. 65 f.). Ja es ist dahin gekommen, dass Westphal Proleg. zu Aesch. Trag. S. VI und S. 126 sogar bei dem Tragiker die Annahme einzelner Choreuten, welche hier seither für gesichert gelten konnte, gänzlich geleugnet hat.

Die Stelle in den Wespen, auf welche sich Hermanns Vermuthung bezieht, ist die Parodos und der sich anschliessende epeisodische Theil, der Theil sowohl der Wespen als auch anderer aristophaneischer Komödien, in welchem der Chor am meisten selbstthätig in die Handlung des Stückes eingreift und am lebhaftesten mit den Personen der Bühne oder mit sich selber verhandelt, der Theil also, auf welchen Bambergers treffendes Wort in seiner epochemachenden Schrift *De carminibus Aeschyleis a partibus chori cantatis, Marburgi 1832. Op. phil. S. 2* Bezug hat: „*Quo maior autem chori ad actionem usus, eo saepius carminum a partibus chori cantatorum locum fuisse consentaneum est.*" Oder ist dem bei Aristophanes nicht also? In den Wespen verhandelt der Chor an der bezeichneten Stelle 230—487 nach seinem Einzuge zunächst eifrig mit Philokleon über dessen Fluchtversuch und geräth darauf mit dem die Flucht verhindernden Bdelykleon und dem Sklaven Xanthias in einen überaus heftigen Wortwechsel und eine stürmische Schlacht. Dasselbe lebhafte Wortgefecht, derselbe Sturmangriff erfolgt in den Acharnern 204—346 gegen Dikaeopolis, in den Vögeln 310—450 gegen Epops und seine beiden Schützlinge Peithetaeros und Euelpides, in den Rittern 247—497 gegen Kleon, indem hier der Chor zugleich seinen Günstling Wursthändler durch Ermuthigung und witzige Einrede aufs kräftigste

gegen den gewaltigen Schreier unterstützt. In ähnlicher
Weise nimmt der Chor der Landleute im Frieden 301—519
an Trygaeos Bemühungen, das zürnende Ἑρμίδιον zu be-
sänftigen und die Εἰρήνη zu befreien, den eifrigsten Antheil,
sodass er es ist, der ganz wie ein Schauspieler agirend die
Friedensgöttin unter häufigen ermunternden Zurufen aus
ihrer Höhle ans Tageslicht zieht. In der Lysistrata endlich
führen die beiden Halbchöre der Greise und der Weiber,
nachdem sie getrennt von einander, der erste abwechselnd
unter Sologesang und Solorecitation, der zweite mit einem
mehrstimmigen Liede die Orchestra betreten haben (254—352),
von 353—386 unter sich eine kleine Zankscene auf; und
ebenso spielen die von der Ekklesie zurückkehrenden, in
Männer verkleideten Weiber in der Epiparodos der Ekklesiazusen 478—503 unter einander eine kleine Scene ab,
in der die einzelnen Mitglieder sich in ängstlicher Wechsel-
rede zur Eile und Vorsicht auffordern. Jenen Scenen ist
hiernach durchgängig der Charakter höchster Aufregung des
Chors und thätiger Theilnahme an den Vorgängen auf der
Bühne gemeinsam. Einem solchen Charakter scheint nun,
wenn wir die Sache ganz allgemein betrachten, diejenige
Anordnung der scenischen Darstellung am meisten zu entsprechen, welche einem jeden Choreuten einzeln und für
sich seiner Freude oder seinem Schmerze, seinem Zorn oder
seiner Besorgniss Worte zu leihen Gelegenheit bietet. Jedesfalls ergibt sich hieraus, dass Hermann an einer ganz bestimmten, in der Oekonomie der aristophaneischen Komödie
sehr significanten Stelle chorischen Solovortrag vermuthet hat.
    Dieser Anordnung Hermanns entgegen steht die An-
nahme, welche in zusammenhängender Begründung zuerst
von Muff durchgeführt worden ist, von anderen vereinzelt
vor ihm und namentlich von Rossbach und Westphal ver-
treten wird, der zufolge nur der Chorführer vom Gesammtchore abgetrennt, und alle dialogisch-recitativen Stellen
jenem, die lyrisch-melischen diesem zugewiesen werden (s.
Muff S. 6). Setzen wir den Fall, dass dies Kriterium zur

Unterscheidung der Thätigkeit des Chors und des Chorführers richtig ist, so muss die grosse Zweideutigkeit und
Unsicherheit dieses Theilungsprincips unangenehm auffallen,
welche es auch bewirkt hat, dass Muff und Westphal, obgleich
sie im Princip übereinstimmen, im einzelnen doch nicht
eben selten zu entgegengesetzten Resultaten gelangt sind.
Und wie unerwartete, überraschende Resultate sich gerade
hier ergeben können, wo man sich zuvor darüber zu entscheiden hat, was vom Chor gesungen und was von ihm
gesprochen wurde, das hat uns noch kürzlich der im Rhein.
Mus. N. F. Bd. XXVI S. 599 ff. erschienene Aufsatz
Ritschls Canticum und Diverbium bei Plautus vor Augen
geführt. Allein ich kann jenes ganze Theilungsprincip, auf
welchem Muffs Vertheilung im grossen und ganzen und
namentlich der sechste bedeutendste Abschnitt seines Werkes
beruht, keineswegs für richtig halten. Zeugnisse der Alten
lassen sich für die angegebene Scheidung des Chors und
Chorführers nach Gesangstücken und Recitativen nicht beibringen. Und da es keinem Zweifel unterworfen ist, dass
der Chorführer wie der unter ihm stehende Chor gleichmässig in Gesang und Declamation geübt waren, so sehe
ich weder einen Vernunftgrund noch einen Grund aus ästhe-
tischen Rücksichten ab, der sich dagegen geltend machen
liesse, dass der Chorführer, ·wie ich in der That behaupte,
ebensowohl gesungen als gesprochen, und dass der Chor
durch seine einzelnen Mitglieder ebensowohl gesprochen als
gesungen habe.

Dagegen spricht für die Ansicht Hermanns nicht nur
der allgemeine Charakter der Scene, sondern die Worte des
Dichters selber bieten auch im besondern genau dieselben
Merkmale, welche von den bedeutendsten Philologen für
zwingend genug erachtet werden, um bei Aeschylos das
Auftreten der einzelnen Chorpersonen zu statuiren. Diese
Merkmale liegen aber theils in dem Inhalte, theils in der
metrischen Form der Chorstücke. Anreden, Aufforderungen,
Befehle, Fragen, welche offenbar ein einzelner Chorent an

diesen oder jenen Genossen sehr oft geradezu mit Nennung seines Namens richtet, die häufige Wiederholung derselben Gedanken, endlich plötzliche Gedankensprünge und Gegensätze in den Gedanken bilden die sachlichen Indicien. Diese Indicien, die schon an und für sich augenfällig genug sind, treten noch mehr hervor, wenn wir die Anlage der oben genannten Parodoi mit der Anlage anderer Parodoi z. B. in den Wolken, Fröschen und Thesmophoriazusen vergleichen, in welchen man alle die aufgeführten Dinge vergeblich suchen würde. Eine methodische Bearbeitung muss daraus den Schluss ziehen, dass hier eine andere Anordnung als dort durch den Dichter bezweckt worden sei. Zu den sachlichen Anhaltspunkten kommen die metrischen hinzu, die freilich bei Aristophanes von viel untergeordneterer Bedeutung sind als bei Aeschylos, da die strophische Composition in der Komödie bei weitem einfacher als in der aeschyleischen Tragödie ist und daher seltener in jener als in dieser Schlüsse auf Personenwechsel gestattet. Doch bietet auch für Aristophanes der plötzliche Wechsel des Metrums innerhalb der Chorika, der mit dem Wechsel der Person Hand in Hand geht, und proodischer oder epodischer Bau einen nicht zu verachtenden Anhalt.

In den Handschriften des Komikers sind gerade sowie in denen der Tragiker nur Halbchöre von den Abschreibern unterschieden und bezeichnet worden. Das Zeichen *HMIXOP.* finden wir gar nicht selten, und nicht selten vollkommen richtig gebraucht, häufig jedoch auch solchen Chorkommata vorgesetzt, zu deren Ausführung andere Theile des Chors als die Halbchöre verwandt worden sind. So weisen z. B. in den Fröschen die Handschriften die anapästischen Tetrameter 354—371 einem Halbchore zu, während sie nach dem einstimmigen Urtheil der Gelehrten vom Chorführer in der Rolle des Hierophanten recitirt werden. Dasselbe Verfahren beobachten im wesentlichen die Scholiasten. Nur einige wenige Scholien sind von der Art, dass man auf die Vermuthung kommen könnte, auf die Hornung in seiner Inaugural-Dissertation *De partibus comoediarum Graecarum,* *Berolini* 1861 S. 11 und 16 wirklich gekommen ist, dass schon jene alten Grammatiker mitunter chorischen Einzelvortrag notirt hätten. So beschaffen sind die Worte des Scholions zu den Wespen Vs. 230 οἱ τοῦ χοροῦ δὲ ἀλλήλοις ἐγκελευόμενοι τὴν πάροδον ποιοῦνται und Vs. 266 μὴ ἑωρακότες (*choreutae*) αὐτὸν (*Philocleonem*) μεθ᾽ ἑαυτῶν διαλέγονται περὶ αὐτοῦ und Vs. 270 στάντες οἱ τοῦ χοροῦ τὸ στάσιμον ᾄδουσι μέλος, ferner zu den Vögeln Vs. 344 παρακελεύονται ἑαυτοῖς ὡς ἐν πολεμικῇ παρατάξει, βουλόμενοι κατ᾽ αὐτῶν ὁρμῆσαι. Hier möchte man vielleicht wegen des Ausdrucks οἱ τοῦ χοροῦ anstatt des gewöhnlichen ὁ χορός geneigt sein, dem Verfasser die bezeichnete Absicht unterzulegen, eine Meinung, die an Wahrscheinlichkeit gewinnen könnte durch die Notiz zu We. 401:

ὦ Σμικυθίων καὶ Τισιάδη καὶ Χρήμων καὶ Φερέδειπνε,

wo Philokleon vier einzelne Chorpersonen aufruft, weshalb der Scholiast wieder den Ausdruck wählt: τοὺς τοῦ χοροῦ ἐξ ὀνόματος καλεῖ. Allein zwei Bemerkungen der Wolken hindern uns also zu urtheilen zu Vs. 289 ἵνα γυναῖκας εἰσαγάγῃ τὰς [τοὺς] τοῦ χοροῦ und zu Vs. 344 εἰσεληλύθασι γὰρ οἱ τοῦ χοροῦ προσωπεῖα περικείμενοι μεγάλας ἔχοντα ῥῖνας, an welchen Stellen in keiner Weise an einen Theil des Chors gedacht werden kann. Auch Redensarten der alten Erklärer wie ἀλλήλοις παρακελεύεσθαι u. a. (vgl. Schol. zu Vö. 401 und Lys. 320, 539, 550) sollen durchaus nicht einzeln mit einander sprechende Choreuten bezeichnen, da ganz dieselben Verbindungen auch da angewandt werden, wo gerade vollstimmiger Chorvortrag behauptet wird. Dies ersehen wir am deutlichsten aus zwei Scholien der Frösche zu Vs. 440, den in Wirklichkeit der Chorführer spricht, der Scholiast aber dem Gesammtchor und zwar mit folgenden Worten zuschreibt: δύνανται πάντες οἱ κατὰ τὸν χορὸν ἀλλήλοις παρακελεύεσθαι, καὶ μὴ εἰς ἀμοιβαῖα διαιρεῖσθαι und kurz vorher zu Vs. 372: ἐντεῦθεν Ἀρίσταρχος ὑπενόησε μὴ ὅλου τοῦ χοροῦ εἶναι τὰ πρῶτα.

τοῦτο δὲ οὐκ ἀξιόπιστον. πολλάκις γὰρ ἀλλήλοις οὕτω
παρακελεύονται οἱ περὶ τὸν χορόν. Zugleich entnehmen wir aus den beiden letzten Bemerkungen, einmal
dass οἱ κατὰ τὸν χορόν und οἱ περὶ τὸν χορόν nichts anderes
bedeutet als ὁ χορός, sodann dass die Kritiker des Alterthums bisweilen sogar an dem Gebrauch der Halbchöre
(denn 372 hebt ein Halbchor zu singen an) gezweifelt haben,
indem sie sich freilich damit der gewichtigen Autorität
Aristarchs entgegensetzten (vgl. auch das Schol. zu Frö.
354). Auf diese Lehre Aristarchs werden wir zurückkommen; hier genügt es zu erwähnen, dass Fritzsche zu
Frö. 354 jene drei Scholien der Frösche auf andere Verse
bezieht, als denen sie in den Handschriften beigesetzt sind,
nämlich Scholion 354 auf Vs. 372, Scholion 372 auf Vs. 377,
Scholion 440 auf Vs. 372, worin ihm O. Gerhard *De Aristarcho
Aristophanis interprete, Bonnae* 1850 S. 45 beipflichtet.

Da nun auch Person und Numerus in dem Text der
Chorika selbst zur Bestimmung des Einzelvortrages oder
des mehrstimmigen Liedes so gut wie gar keine Stütze ge-
währen, wie schon Böckh *De trag. Graec.* S. 59 und 63 gezeigt hat, so sind wir in der That vor der Hand auf die
oben angegebenen Indicien beschränkt. Sie möglichst vollständig zusammenzustellen und zu prüfen ist um so mehr
unsere erste Aufgabe, als Hermann es nicht für nöthig be-
funden hat, sich derselben zu unterziehen.

In den Wespen Vs. 230—487 sprechen folgende Um-
stände dafür, dass daselbst nicht der vollstimmige Chor
gehört wurde.

Die Aufforderungen, mit denen die Choreuten sich zu
eiligem Erscheinen und Marsche anfeuern, wiederholen sich
innerhalb weniger Verse so oft, dass sie unmöglich von ein
und derselben Person können ausgegangen sein, weder vom
ganzen Chore noch vom Chorführer allein. Vgl. 230 χώρει,
πρόβαινε. 235 πάρεστε. 240 ἀλλ' ἐγκονῶμεν ὦνδρες. 245 ἀλλὰ
σπεύδωμεν, ὦνδρες ἥλικες. 246 χωρῶμεν. — Eine Anfrage,

welche der Chor an sich richtet Vs. 266 f., finden wir bald darauf wiederholt Vs. 273.

Häufig redet einer den andern an, indem er dabei seinen Kameraden mit Namen ruft, ein Verhältniss, das völlig unpassend sein würde, wenn die Choreuten sich nicht einzeln im Vortrage ablösten. Oder sollen wir annehmen, dass alle Mitglieder des Chors, und also auch diejenigen, welche die Namen Komias, Charinades, Strymodoros u. s. w. führen, gesprochen haben wie wir gleich zu Anfang der Partie lesen 230 ff.?

ὦ Κωμία, βραδύνεις;
μὰ τὸν Δί', οὐ μέντοι πρὸ τοῦ γ', ἀλλ'-ἦσθ' ἱμὰς
κύνειος·
νυνὶ δὲ κρείττων ἐστὶ σοῦ Χαρινάδης βαδίζειν.
ὦ Στρυμόδωρε Κονθυλεῦ, βέλτιστε συνδικαστῶν,
Εὐεργίδης ἄρ' ἐστί που 'νταῦθ', ἢ Χάβης ὁ Φλυεύς;

Wer möchte es z. B. Richter a. O. S. 65 glauben, dass Euergides oder Chabes sich bei einem anderen Gerichtscollegen nach ihrer eigenen Anwesenheit erkundigen? Diese Erscheinung ist so unsinnig, dass sie Hamaker in der Mnemosyne Bd. III S. 43 f. zu der folgenden Veränderung des Textes veranlasst hat:

234 Εὐεργίδης γάρ ἐστί που 'νταυθὶ Χάβης θ' ὁ Φλυεύς,
πάρεσθ', ὃ δὴ λοιπόν γ' ἔτ' ἐστίν, κτλ.

Allein die Conjectur wird überflüssig, sobald wir mit Vs. 233 f. einen Choreuten fragen und 235 einen andern die Rede aufnehmen lassen.

Den Numerus *dualis* gebraucht ein Choreut, während er sich und den zunächst stehenden Genossen im Sinne hat Vs. 236 ff.

ἡνίκ' ἐν Βυζαντίῳ ξυνῆμεν
φρουροῦντ' ἐγώ τε καὶ σύ· κᾆτα περιπατοῦντε
νύκτωρ
τῆς ἀρτοπώλιδος λαθόντ' ἐκλέψαμεν τὸν ὅλμον,

woraus hervorzugehen scheint, dass wenigstens an dieser Stelle die Unterhaltung auf zwei Chorpersonen beschränkt gewesen sei. Eben dahin gehört jenes $\nu\tilde{\omega}\nu$, welches in dem *amoebaeum* der Alten und der Knaben (291—303 = 304—316) zweimal von diesen 307 und 316, einmal von jenen 310 angewendet wird und gleichfalls auf Einzelgesang hindeutet. Wenn Richter, welcher auch hier abwechselnden Einzelgesang leugnet und vielmehr alle Alten mit allen Knaben wechselweis sprechen lässt, trotzdem die Verwendung des Dualis durchaus nicht anstössig sondern vollkommen in der Ordnung findet S. 55, 77, 222, so muss er nothwendig mit dem Scholiasten zu Vs. 307 einer Meinung sein, der also erklärt: $\tau\tilde{\omega}\ \delta v\ddot{\imath}\varkappa\tilde{\omega}\ \dot{\varepsilon}\chi\varrho\acute{\eta}\sigma\alpha\tau o\ o\dot{v}\ \varkappa\alpha\varkappa\tilde{\omega}\varsigma.\ \pi\alpha\tilde{\imath}\delta\varepsilon\varsigma\ \gamma\acute{\alpha}\varrho\ \varepsilon\dot{\imath}\sigma\imath\ \varkappa\alpha\dot{\imath}\ \pi\alpha\tau\acute{\varepsilon}\varrho\varepsilon\varsigma\ \dot{\omega}\varsigma\ \ddot{\varepsilon}\nu\ \pi\varrho\acute{o}\sigma\omega\pi o\nu\ \pi\varrho\dot{o}\varsigma\ \ddot{\varepsilon}\nu$, eine Interpretation, deren Wunderlichkeit ich nicht erst ausführlich darzulegen brauche. Doch irrt der Scholiast nur in Rücksicht des Numerus; darin hat er ganz Recht, dass mit $\nu\tilde{\omega}\nu$ ein Knabe und ein Greis bezeichnet werde, nicht wie Hermann a. O. S. 9 f. will, zwei Knaben. Hermann nämlich ist der Ansicht, dass einer von den Alten des Chors zwei Knaben bei sich habe, und glaubt demgemäss, dass mit $\nu\tilde{\omega}\nu$ im Munde des Knaben dieser und sein Bruder gemeint sei, im Munde des Vaters aber ist er genöthigt $\nu\tilde{\omega}\nu$ Vs. 310 in $\sigma\varphi\tilde{\omega}\nu$ zu ändern, damit der Vater seine beiden Söhne anrede. Diese Meinung Hermanns beruht indes auf gar keiner objectiven Stütze und ist zu künstlich ersonnen. Festzuhalten ist nur, dass mit dem Dualis $\nu\tilde{\omega}\nu$ zwei Personen vom Dichter bezeichnet werden: ein Knabe und ein Greis oder ein Greis und ein Knabe, je nachdem Knabe oder Greis sprechen und $\nu\tilde{\omega}\nu$ anwenden.

Oft entbehren die Worte des Chors der logischen Verknüpfung, sodass ohne verbindenden Uebergang von einem Gedanken zu einem gänzlich verschiedenen gesprungen wird. Dies Verhältniss ist ebenfalls durch Personenwechsel veranlasst. Es stehen aber hier in einem solchen Verhältniss folgende Verse: 239: 240, 258: 259, 265: 266, 345: 346, 378: 379, 407: 408. Auch in den daktylo-epitritischen Strophen 273—281 = 282—290 wechselt an derselben Stelle in

Strophe und Antistrophe der Gedanke: Vs. 278 ἦ μὴν πολύ
κτλ. = Vs. 286 ἀλλ᾽, ὠγάθε κτλ. Dies tritt besonders in
der Antistrophe klar zu Tage. Denn während der Chor
bis Vs. 286 von Philokleon wie von einem abwesenden in
der dritten Person gesprochen hat, redet er ihn plötzlich in
zweiter Person an:

> ἀλλ᾽, ὠγάθ᾽, ἀνίστασο μηδ᾽ οὕτως σεαυτὸν
> ἔσθιε, μηδ᾽ ἀγανάκτει. κτλ.

In den so entstehenden vier Chorkommata zeigt sich eine
Responsion der Gedanken: 273—277 = 282—285 und
278—280 = 286—289, der zufolge im ersten Theile beider
Strophen der Chor sich in Vermuthungen über die Ursache
von Philokleons Abwesenheit ergeht, im zweiten Theile dagegen an die alte Richterlust seines Collegen appellirt.
Ausserdem erfordern die der Antistrophe hinzugefügten und
der Strophe mit Hermann S. 8 und Meineke hinzuzufügen-
den, an die Knaben gerichteten Worte ὕπαγ᾽, ὦ παῖ, ὕπαγε
je einen besonderen Sprecher, weil auch sie mit den voranstehenden Worten nicht zusammenhängen. Bei der dar-
gelegten Beschaffenheit dieses Liedes ist gar sehr zu be-
zweifeln, ob Hermann dasselbe richtig vertheilt habe, da er
nicht zwei oder vielmehr drei sich entsprechende Theile in
jeder Strophe, sondern vier an Umfang ungleiche Kommata
in Strophe und Antistrophe unterscheidet. Auf dies Verfahren Hermanns werden wir noch einmal zu sprechen
kommen. Hier mache ich darauf aufmerksam, dass beinahe
alle Verse, bei denen ich aus dem Wechsel des Gedankens
auf Wechsel der Person gefolgert habe, mit der Adhortativ-
partikel ἀλλά beginnen Vs. 240. 259. 286. 346. 379. 408.
Wie nun gerade dies ἀλλά zu Anfang einer Rede und bei
eintretendem Personenwechsel seine Stelle hat, das ersehen wir am besten aus denjenigen Stellen, an denen nach
einstimmigem Urtheil der Vortrag vom Chore auf den Chorführer übergieng. Es beginnt also der Chorführer We. 546
ἀλλ᾽ ὦ, Wo. 959 ἀλλ᾽ ὦ, 1351 ἀλλ᾽ ἐξ ὅτου, Fri. 601
ἀλλά ποῦ, Lys. 484 ἀλλ᾽ ἀνερώτα = 549 ἀλλ᾽ ὦ, Thesm. 531

ἀλλ' οὐ, Frö. 905 ἀλλ' ὡς = 1004 ἀλλ' ὤ, Ekkles. 581
ἀλλ' οὐ μέλλειν. Vgl. Westphal Griech. Metrik II² S. 402.

Wo aber die Choreuten nicht unter einander sondern
mit den Schauspielern verhandeln, von den Worten Philokleons Vs. 317 ff. an, ist fast kein Fortschritt in der Entwickelung des Dialogs bemerkbar, da vom Chor immer dieselben Aussprüche wiederholt werden. So fordert der Chor
Vs. 346 Philokleon zu einem Fluchtversuch auf und nach
geraumer Zeit abermals 365; er ermuthigt ihn Vs. 373. 380.
384. 387. In dem Wortwechsel der Choreuten mit Bdelykleon endlich sind es zwei Gedanken, welche sie dem grau-
samen Sohne vorzurücken nicht müde werden: *tyrannus es,*
qui tam atrociter in patrem saevias! Vs. 411. 417. 464. 474.
487 und *mitte patrem, sin minus malum patiere!* Vs. 422. 428.
437. 453. 480.

Diese und vielleicht noch andere Gründe mögen es gewesen sein, welche Hermann bestimmten, hier alle 24 Choreuten einzeln sprechen zu lassen. Allein bei Durchführung
der Vertheilung gieng er von einer Annahme aus, die auf
allgemeinen Widerspruch stossen musste und darauf besonders durch ihre Consequenzen das Unternehmen Hermanns
überhaupt in Misscredit brachte. Die Annahme betrifft
jene den Chor mit Fackeln begleitenden Knaben, welche
Vs. 408 ff. von den erzürnten Alten zu Kleon abgesandt
werden und, wie Beer Ueber die Zahl der Schauspieler bei
Ar. S. 49 f. erkannt hat, am Ende des Stücks 1505 ff. als
Söhne des Karkinos tanzen. Die gewöhnliche und unzweifelhaft richtige Auffassung ist nun, dass die Knaben
von extraordinären Chorpersonen dargestellt würden; Hermann
dagegen hat sich zweimal (a. O. S. 4 und Wiener Jahrbb.
Bd. 110 S. 58 f.) mit grosser Entschiedenheit dahin ausgesprochen, dass sie in die Zahl der regulären 24 Choreuten
aufzunehmen seien. Allein dieser Ansicht stehen die be-
denklichsten Schwierigkeiten im Wege. Einmal hat Hermann
keinen zweiten Fall beibringen können, in dem wie in vor-
liegendem der Chor nach dem Abhange der Knaben den

grössten Theil des Stücks hindurch unvollständig dagestanden hätte. Sodann erregt die Aufstellung des Chors sowohl während der Anwesenheit als auch namentlich während der späteren Abwesenheit der Knaben Bedenken der gewichtigsten Art. Denn da gemäss der Hermannschen Anordnung der siebente, zehnte, zweiundzwanzigste und dreiundzwanzigste Choreut einen Knaben darstellt, so müssen die Knaben, mag die Stellung der Choreuten κατὰ ζυγά oder κατὰ στοίχους gewesen sein, nothwendiger Weise nicht allein in einzelnen Gliedern zerstreut, sondern sogar mit einer Ausnahme alle mitten in den Gliedern gestanden haben. Das wäre aber für Fackelträger, die doch mit ihren Leuchten vorangehen sollen, eine höchst unpassende Stellung und, was wichtiger ist, eine solche, die alle Gleichmässigkeit und nöthige Symmetrie verleugnet. Wie gestaltete sich ferner die Sache nach dem Abzug der Knaben? Blieben die von ihnen vorher eingenommenen Plätze leer, oder nahm der Chor eine neue Gestalt an? Das erstere Verhältniss hat Hermann einmal beim Chore in den Hiketiden des Euripides angenommen, worin ihm ein Clever Programm d. J. 1826 von Axt mit Recht entgegentrat. Hier nimmt er auf eine geregelte Chorstellung mehr Rücksicht. Ihr zu Liebe bestimmt er die Anzahl der Knaben, welche nach allen Andeutungen in der Komödie selbst und nach Hermanns eigener Ueberzeugung (s. S. 4) eigentlich drei an der Zahl gewesen sein müssen, anstatt auf drei auf vier, indem er S. 5 bemerkt: „Non solum enim qui dimissis tribus pueris relinquuntur unus et viginti senes insolitam praebent chori quadrati formam ter septenum vel septies ternum choreutarum, sed etiam, cum in re scenica omnia aequaliter distribui mos fuerit, perturbaretur iusta personarum descriptio nisi quattuor pueri ad Cleonem ablegarentur.“ Nun beträgt aber, wie schon gesagt, die Zahl der Knaben in Wirklichkeit keineswegs vier, sondern drei. Denn drei ihnen angehörige Aussprüche finden wir in den synkopirten katalektischen iambischen Tetrametern 248—272, ebensoviel darauf in der Strophe 291—303, ebensoviel in der Antistrophe 304—316. Hermann muss daher zugeben: „*In libris quidem quae pueris tribuuntur, trium esse puerorum videntur;*" und nur dadurch dass er gegen die Ueberlieferung und ohne zureichenden Grund Vs. 262 f. einem Knaben zuweist, gelingt es ihm auch seinen vierten Knaben redend einzuführen. Endlich, und dieser Grund ist durchschlagend, treten nicht vier sondern drei Karkiniten als Tänzer auf, der erste Vs. 1501 (*υίὸς Καρκίνου ὁ μέσατος*), der zweite 1505 (*ἕτερος τραγῳδὸς Καρκινίτης*), der dritte 1508 (*ἕτερος αὖ τῶν Καρκίνου*). Da also nur drei Karkiniten tanzen, nur drei Knaben singen, so waren zu ihrer Darstellung auch nur drei ausserordentliche Chorpersonen erforderlich. Denn Vater Karkinos selber tanzt nicht wie seine Söhne, sondern *προσέρπει* Vs. 1531 um dem Ballet zuzuschauen und macht deshalb keinen besonderen Choreuten, sondern nur ein *κωφὸν πρόσωπον* nöthig. Aus diesem Grunde irrt Richter, wenn er um des Karkinos willen glaubt vier fackeltragende Knaben annehmen zu dürfen. Doch würde es schwer halten Richters wahre Ansicht von der Sache festzustellen, da er nach seiner Gewohnheit, das verschiedenartigste zu gleicher Zeit für gleich wahrscheinlich zu halten, bald drei, bald vier, ja sogar vierzehn Knaben vermuthet S. 53 ff. und S. 62.

Gehen wir zur Prüfung der Hermannschen Vertheilung selbst über, so werden wir alsbald gewahr, dass der eben aufgedeckte Irrthum Hermanns auch auf seine Anordnung von sehr schädlichem Einfluss gewesen ist und verwerfliche Zustände zu Wege gebracht hat. Hermann kann mit den ihm übrigbleibenden 20 Alten eben keine regelrechte und strengem Gleichmasse genügende Vertheilung zu Stande bringen. Richter tadelt ihn S. 65 nicht ohne Grund darum, dass er einige Choreuten zweimal zum reden habe gelangen lassen; so spricht bei ihm in den Versen 248—257 der siebente und achte, 291—316 der einundzwanzigste, zweiundzwanzigste, dreiundzwanzigste Choreut mehr als einmal. Indessen ist es noch um vieles tadelnswerther, wenn Her-

mann zuweilen ohne alle Rücksichtnahme auf die bestimmt
gegliederte Choraufstellung unter den Choreuten der späteren
Glieder einen und den anderen aus den früheren Gliedern
abermals zum Vortrage kommen lässt. Es kommt aber bei
ihm nach dem siebenten und achten Choreuten plötzlich
Vs. 258 wiederum der vierte, nach dem zwölften Vs. 403
der erste, nach dem dreizehnten Vs. 416 der zweite, nach
dem sechszehnten der dritte 430 (430—432 hat Hermann
nämlich ohne Angabe eines Grundes Philokleon genommen
und dem Chore gegeben; vgl. aber Wiener Jahrbb. a. O.
S. 59), der vierte 437, der fünfte 441, der sechste 453 zum
Vortrage heran, dann erst folgt der siebzehnte Choreut.
Hiermit kann ich mich in keiner Weise einverstanden erklären. Denn dieses hin und her springen der Rede aus
einem Chorgliede in das andere musste den einzelnen Personen des Chors ganz unberechtigte Schwierigkeiten verursachen und konnte bei einem kleinen Versehen leicht er-
hebliche Confusion herbeiführen. Und vor allem vermisst
man dabei die von Hermann sonst so eifrig gewahrte Ein-
fachheit des griechischen Theaterwesens. Ein anderer Umstand, den ich an der Hermannschen Anordnung auszusetzen
habe, trifft die antistrophische Partie 273—281 = 282—290,
deren Disposition schon oben aus einander gesetzt wurde.
In diesem Theile verletzt Hermann das durch zahlreiche
Beispiele der Tragödie gesicherte und dort anerkannte Gesetz, welches Bamberger a. O. S. 16 so angibt: *„Personarum vices iisdem strophae et antistrophae locis fieri debent.“*
Vgl. Ahrens in Zimmermanns Schulz. 1833 S. 269. Dies
Gesetz finden wir nun aber, wie wir im Laufe unserer
Untersuchung oft genug zu sehen Gelegenheit haben werden,
mit gleicher Strenge bei Aristophanes beobachtet.

Die erwähnten Unzulänglichkeiten in Hermanns Vertheilung verschwinden, wenn wir die Knaben vom Chore
trennend und einen vollzähligen Chor von 24 Greisen an-
nehmend genau die aufgefundenen Spuren des Personenwechsels verfolgen. Danach haben wir

I. 6 Choreuten oder den ersten στοῖχος in den iambischen Tetrametern 230—247, nämlich 230, 233, 235, 240, 242, 246 je einen Choreuten (in diesem Theile stimme ich Hermann durchaus bei).

II. 6 Choreuten (nicht 7, wie Hermann annimmt) oder den zweiten στοῖχος in den synkopirten katalektischen iambischen Tetrametern 248—272, nämlich 249, 251, 258, 259, 262, 266 je einen Choreuten (hier kommen die Aussprüche der drei Knaben hinzu Vs. 248, 250, 254).

III. 6 Choreuten (nicht 8, wie Hermann annimmt) oder den dritten στοῖχος in den daktylo-epitritischen Strophen 273—281 = 282—290, nämlich 273, 278, 281, 282, 286, 290 je einen Choreuten (an denselben Versstellen tritt in Strophe und Antistrophe Personenwechsel ein).

IV. 6 Choreuten (nicht 4, wie Hermann annimmt) oder den vierten und letzten στοῖχος in den fast durchweg aus ionischen Versen bestehenden Strophen 291—303 = 304—316, nämlich 293, 297, 300, 309, 310, 313 je einen Choreuten (hier tritt nicht an denselben Versstellen Personenwechsel ein, weil in jeder der beiden Strophen die drei Knaben dazwischen sprechen).

Hiernach sind also alle 24 Mitglieder des Chors einmal zum sprechen oder singen herangekommen.

Zwei Dinge sind es, welche bei dieser unserer Anordnung sogleich in die Augen fallen. Erstens ist offenbar, dass die einzelnen Choreuten unter die vier durch das Metrum von einander geschiedenen Abschnitte so vertheilt sind, dass jeder Abschnitt einen στοῖχος des Chors enthält. Hieraus können wir mit Sicherheit den Schluss ziehen, dass die Choreuten in den Wespen κατὰ στοίχους aufgestellt waren. Zweitens bemerken wir, dass in den antistrophischen Partien an derselben Versstelle Wechsel der Person stattfindet, wenn der Chor allein singt, dagegen nicht an derselben ·Versstelle, wenn andere Personen, wie hier die Knaben, redend hinzutreten; doch ist auch in letzterem Falle so gut wie im ersten wenigstens die Zahl der sprechenden Choreuten in Strophe und Antistrophe die gleiche. Und diese beiden Beobachtungen begegnen uns nicht etwa nur hier in den Wespen sondern überall, wo wir in den aristophaneischen Komödien chorischen Einzelgesang aus triftigen Gründen vorauszusetzen haben, sodass wir sie für feststehende Gesetze halten müssen, die sich Aristophanes bei Behandlung des Chors selber gegeben und streng beachtet hat.

Gehen wir weiter, so treten wir nunmehr in das erste Epeisodion ein, und zwar zunächst in den Abschnitt 334—394, welcher ein Gespräch des Chors mit dem Schauspieler Philokleon enthält. Die in diesem Epeisodion herrschende Responsion hat zuerst Enger Fleckeis. Jahrbb. Bd. 79 S. 738 ff. dargelegt. Hier bilden demnach die sich entsprechenden Theile naturgemäss jene metrischen Glieder, welche die einzelnen στοῖχοι enthalten. Der Abschnitt 334—394 zerfällt aber in 334—364 = 365—394, eine Responsion trochäischer und anapästischer Masse. Je weniger nun in diesen beiden Theilen, in denen die Kommata des Chors fast durchgängig durch die des Schauspielers von einander getrennt sind, ein Zweifel darüber entstehen kann, wo man Personenwechsel anzusetzen habe: um so mehr ist auf die merkwürdige Thatsache Gewicht zu legen, dass jeder der zwei Theile gerade 6 Chorpersonen, d. h. einen στοῖχος bietet. Denn wir finden

I. 6 Choreuten oder den ersten στοῖχος in den Versen 334—364, nämlich 334, 338, 342, 346, 350, 354 je einen Choreuten.

II. 6 Choreuten oder den zweiten στοῖχος in den respondirenden Versen 365—394, nämlich 365, 369, 373, 379, 383, 387 je einen Choreuten.

Bevor wir zum folgenden Abschnitt schreiten, in welchem zwei neue Bühnenpersonen, Bdelykleon und Xanthias hinzutreten, müssen wir die Personenbezeichnung des Verses 416 berichtigen, welche falsch überliefert ist und über deren Herstellung Zweifel herrschen. Darüber freilich darf kein

Zweifel Platz greifen, dass Richter Unrecht daran thut der
Vulgate zu folgen und den ganzen Vers dem Chore zu geben:

BΔE. ὠῖγαθοί, τὸ πρᾶγμ' ἀκούσατ', ἀλλὰ μὴ κεκράγατε.
416 *XOP.* νὴ Δί' ἐς τὸν οὐρανόν γ', ὡς τόνδ' ἐγὼ οὐ
μεθήσομαι.

Es handelt sich hier um Philokleon, den sein Sohn Bdelykleon zusammen mit dem Sklaven Xanthias festhält und
nicht zu dem Wespenchor fliehen lassen will, während der
Chor den Alten durch Wort und That zu befreien sucht.
Dass die Sache sich so verhalte, ersehen wir aus vielen
Stellen. Vs. 428 sagt der Chor zu Xanthias *ἀλλ', ἀφίει
τὸν ἄνδρα* und 437 zu Bdelykleon selber gewandt *εἰ δὲ μὴ
τοῦτον μεθήσεις, ἐν τί σοι παγήσεται.* Bdelykleon dagegen gebietet den seinen Vater haltenden Sklaven Vs.
434 *μὴ μεθῆσθε μηδενί* (sc. *Philocleonem*). Hieraus erhellt, dass der Chor die Worte *ὡς τόνδ' ἐγὼ οὐ μεθήσομαι* unmöglich gesprochen haben kann. Ebenso urtheilen
Hamaker (Mnemosyne Bd. III S. 46), Bergk und Meineke,
welche folgendermassen emendiren:

BΔE. ὠῖγαθοί, τὸ πρᾶγμ' ἀκούσατ', ἀλλὰ μὴ κεκράγατε.
XOP. νὴ Δί' ἐς τὸν οὐρανόν γ'. *BΔE.* ὡς τόνδ' ἐγὼ οὐ
μεθήσομαι.

Und doch dürfte hiermit noch nicht aller Anstoss beseitigt
sein. Denn die Worte werden durch diese Anordnung der
Verse gar zu sehr aus einander gerissen; namentlich hat
ὡς keine rechte Beziehung. Obgleich dasselbe in dieser
seiner absoluten Stellung mit den von Elmsley zu Ach. 335
angeführten Beispielen erklärt werden kann (vgl. jedoch
Woldemar Ribbeck zu demselben Vse): so scheint sich
doch gerade hier unschwer eine viel leichtere und der Sachlage angemessenere Wortverbindung zu ergeben, wenn wir
den ganzen Vers so gut wie den vorangehenden dem
Bdelykleon zuweisen und so übersetzen Bdel. „*o boni rem
ipsam audite et ne clamaveritis (per Jovem!) in coelum usque:
nam hunc ego non dimittam.*" In diesem beschwörenden Sinne
finden wir *νὴ Δία* in einem Aufforderungs- oder Wunsch-

satze wie hier angewendet z. B. Vö. 661, Frö. 164, 1460,
Ri. 725. Der von uns vorgeschlagenen Personenbezeichnung
kann es zur Empfehlung dienen, dass sie am leichtesten
den Fehler in den Handschriften erklärt. In ihnen sind
Vs. 416 und 417 auf folgende Weise vertheilt:

XOP. νὴ Δί᾽ ες τὸν οὐρανόν γ᾽, ὡς τόνδ᾽ ἐγὼ οὐ μεθήσομαι.
ΒΔΕ. ταῦτα δῆτ᾽ οὐ δεινὰ καὶ τυραννίς ἐστιν ἐμφανής;

Nun haben schon Bentley und Tyrwhitt 417 Bdelykleon genommen und dem Chore gegeben, wir umgekehrt den davor
stehenden Vs. 416 dem Chore genommen und Bdelykleon
gegeben. Es ist also offenbar, dass der Abschreiber durch
ein Abirren des Auges die beiden Versen vorzusetzenden
Bezeichnungen einfach vertauscht hat. Dazu kommt noch
ein anderer empfehlender Umstand. Mag man nämlich der
Anordnung der Handschriften oder der Hamakers folgen,
in beiden Fällen ist in den einander entsprechenden Theilen
405—429 und 463—487 der Vs. 416 der einzige, bei
welchem nicht an derselben Stelle in System und Antisystem Wechsel zwischen dem Chor und den Bühnenpersonen stattfindet; nur bei unserer Vertheilung ist diese Entsprechung gewahrt. Dass aber Aristophanes selbst in den
respondirenden Stücken der Dialogpartien zuweilen auch
eine solche Responsion der Personen bezweckt habe, dafür
liefert der soeben behandelte Abschnitt 334—364 = 365—
394 ein Beispiel und ebenso Ach. 284—301 = 335—346;
obgleich nicht zu leugnen ist, dass der Dichter auch andrerseits hierauf häufig keine Rücksicht genommen habe.

Trifft unsere Auseinandersetzung das richtige, so haben
wir in den respondirenden, aus trochäischen und kretischen
Massen bestehenden Theilen 403—429 = +[1])—487 12 Chorpersonen, welche den vorher in Vs. 334—394 gefundenen
zugezählt, den Chor zum zweiten Male vollständig machen.
Wir haben nämlich

---

1) Den Ausfall zweier trochäischer Tetrameter des Chors vor Vs. 463,
entsprechend 403 und 404, nehme ich mit Wolfgang Helbig Rhein.
Mus. N. F. XV S. 260 an.

III. 6 Choreuten oder den dritten στοῖχος in den Versen 403—429, nämlich 403, 405, 408, 417, 422, 428 je einen Choreuten.

IV. 6 Choreuten oder den vierten und letzten στοῖχος in den entsprechenden Versen + — 487, nämlich +, 463, 466, 474, 480, 486 je einen Choreuten.

Uebrig bleiben die drei zwischen den beiden eben behandelten Abschnitten befindlichen Chorkommata 437, 441— 447 und 453—455, welche keine entsprechenden Chorkommata haben und daher dem Chorführer ausser der Reihe zuzuweisen sind. — Die von uns gefundene Anordnung der ganzen Stelle aber ist folgende.

ΧΟΡΟΥ

ὁ α΄ χώρει, πρόβαιν᾽ ἐρρωμένως. ὦ Κωμία, βραδύνεις;
μὰ τὸν Δί᾽, οὐ μέντοι πρὸ τοῦ γ᾽, ἀλλ᾽ ἦσθ᾽ ἱμὰς
       κύνειος·   231
νυνὶ δὲ κρείττων ἐστὶ σοῦ Χαρινάδης βαδίζειν.
ὁ β΄ ὦ Στρυμόδωρε Κονθυλεῦ, βέλτιστε συνδικαστῶν,
Εὐεργίδης ἆρ᾽ ἐστί που ᾽νταῦθ᾽, ἢ Χάβης ὁ Φλυεύς;
ὁ γ΄ πάρεσθ᾽, ὃ δὴ λοιπόν γ᾽ ἔτ᾽ ἐστίν, ἀππαπαῖ πα-
       παιάξ,   235
ἥβης ἐκείνης, ἡνίκ᾽ ἐν Βυζαντίῳ ξυνῆμεν
φρουροῦντ᾽ ἐγώ τε καὶ σύ· κᾆτα περιπατοῦντε νύκτωρ
τῆς ἀρτοπώλιδος λαθόντ᾽ ἐκλέψαμεν τὸν ὅλμον,
κᾆθ᾽ ἥψομεν τοῦ κορκόρου, κατασχίσαντες αὐτόν.
ὁ δ΄ ἀλλ᾽ ἐγκονῶμεν, ὦνδρες, ὡς ἔσται Λάχητι νυνί·   240
σίμβλον δέ φασι χρημάτων ἔχειν ἅπαντες αὐτόν.
ὁ ε΄ χθὲς οὖν Κλέων ὁ κηδεμὼν ἡμῖν ἐφεῖτ᾽ ἐν ὥρᾳ
ἥκειν ἔχοντας ἡμερῶν ὀργὴν τριῶν πονηρὰν
ἐπ᾽ αὐτόν, ὡς κολωμένους ὧν ἠδίκησεν. ἀλλὰ
σπεύδωμεν, ὦνδρες ἥλικες, πρὶν ἡμέραν γενέσθαι.   245
ὁ ϛ΄ χωρῶμεν, ἅμα τε τῷ λύχνῳ πάντη διασκοπῶμεν,
μή που λίθος τις ἐμποδὼν ἡμᾶς κακόν τι δράσῃ.

ΠΑΙΣ α΄.

τὸν πηλόν, ὦ πάτερ πάτερ, τουτονὶ φύλαξαι.

ΧΟΡΟΥ

ὁ ζ΄ κάρφος χαμᾶθέν νυν λαβὼν τὸν λύχνον πρόβυσον.

ΠΑΙΣ β΄.

οὔκ, ἀλλὰ τῳδί μοι δοκῶ τὸν λύχνον προβύσειν.

ΧΟΡΟΥ

ὁ η΄ τί δὴ μαθὼν τῷ δακτύλῳ τὴν θρυαλλίδ' ὠθεῖς,   251
    καὶ ταῦτα τοὐλαίου σπανίζοντος, ὦνόητε;
    οὐ γὰρ δάκνει σ', ὅταν δέῃ τίμιον πρίασθαι.

ΠΑΙΣ γ΄.

εἰ νὴ Δί' αὖθις κονδύλοις νουθετήσεθ' ἡμᾶς,
ἀποσβέσαντες τοὺς λύχνους ἄπιμεν οἴκαδ' αὐτοί.
κᾆπειτ' ἴσως ἐν τῷ σκότῳ τουτουὶ στερηθεὶς   256
τὸν πηλὸν ὥσπερ ἀτταγᾶς τυρβάσεις βαδίζων.

ΧΟΡΟΥ

ὁ θ΄ ἦ μὴν ἐγώ σου χἀτέρους μείζονας κολάζω.
ὁ ι΄ ἀλλ' οὑτοσί μοι μάρμαρος φαίνεται πατοῦντι·
    κοὐκ ἔσθ' ὅπως οὐχ ἡμερῶν τεττάρων τὸ πλεῖστον
    ὕδωρ ἀναγκαίως ἔχει τὸν θεὸν ποιῆσαι.   261
ὁ ια΄ ἔπεισι γοῦν τοῖσιν λύχνοις οὑτοὶ μύκητες·
    φιλεῖ δ', ὅταν τοῦτ' ᾖ, ποιεῖν ὑετὸν μάλιστα.
    δεῖται δὲ καὶ τῶν καρπίμων ἄττα μή' στι πρῷα
    ὕδωρ γενέσθαι κἀπιπνεῦσαι βόρειον αὐτοῖς.   265
ὁ ιβ΄ τί χρῆμ' ἄρ' οὐκ τῆς οἰκίας τῆσδε συνδικαστὴς
    πέπονθεν, ὡς οὐ φαίνεται δεῦρο πρὸς τὸ πλῆθος·
    οὐ μὴν πρὸ τοῦ γ' ἐφολκὸς ἦν, ἀλλὰ πρῶτος ἡμῶν
    ἡγεῖτ' ἂν ᾄδων Φρυνίχου· καὶ γάρ ἐστιν ἀνὴρ
    φιλῳδός. ἀλλά μοι δοκεῖ στάντας ἐνθάδ', ὦνδρες,
    ᾄδοντας αὐτὸν ἐκκαλεῖν, ἤν τί πως ἀκούσας   271
    τοὐμοῦ μέλους ὑφ' ἡδονῆς ἐρπύσῃ θύραζε.
ὁ ιγ΄ τί ποτ' οὐ πρὸ θυρῶν φαίνετ' ἄρ' ἡμῖν ὁ γέρων οὐδ'
                                   ὑπακούει;

μῶν ἀπολώλεκε τὰς
ἐμβάδας, ἢ προσέκοψ' ἐν   275
τῷ σκότῳ τὸν δάκτυλόν που,
εἶτ' ἐφλέγμηνεν αὐτοῦ

        273 — 281 = 282 — 290

τὸ σφυρὸν γέροντος ὄντος;
καὶ τάχ' ἂν βουβωνιῴη.

ὁ ιδ' ἦ μὴν πολὺ δριμύτατός γ' ἦν τῶν παρ' ἡμῖν,
καὶ μόνος οὐκ ἂν ἐπείθετ',
ἀλλ' ὁπότ' ἀντιβολοίη
τις, κάτω κύπτων ἂν οὕτω,
λίθον ἕψεις, ἔλεγεν.   280

ὁ ιε' ὕπαγ', ὦ παῖ, ὕπαγε.

ὁ ις' τάχα δ' ἂν διὰ τὸν χθιζινὸν ἄνθρωπον, ὃς ἡμᾶς διεδύετ'
ἐξαπατῶν καὶ λέγων
ὡς φιλαθήναιος ἦν καὶ
τἀν Σάμῳ πρῶτος κατείποι,
διὰ τοῦτ' ὀδυνηθεὶς
εἶτ' ἴσως κεῖται πυρέττων.
ἔστι γὰρ τοιοῦτος ἀνήρ.   285

ὁ ιζ' ἀλλ', ὦγάθ', ἀνίστασο μηδ' οὕτως σεαυτὸν
ἔσθιε, μηδ' ἀγανάκτει.
καὶ γὰρ ἀνὴρ παχὺς ἥκει
τῶν προδόντων τἀπὶ Θρᾴκης·
ὃν ὅπως ἐγχυτριεῖς.

ὁ ιη' ὕπαγ', ὦ παῖ, ὕπαγε.   290

ΠΑΙΣ α΄.

ἐθελήσεις τί μοι οὖν, ὦ
πάτερ, ἤν σού τι δεηθῶ;

ΧΟΡΟΥ

ὁ ιθ' πάνυ γ', ὦ παιδίον. ἀλλ' εἰ-
πὲ τί βούλει με πρίασθαι
καλόν; οἶμαι δέ σ' ἐρεῖν ἀ-   295
στραγάλους δήπουθεν, ὦ καῖ.

ΠΑΙΣ β΄.

μὰ Δί', ἀλλ' ἰσχάδας, ὦ παπ-
πία· ἥδιον γάρ.

ΧΟΡΟΥ

ὁ κ'   οὐκ ἂν
μὰ Δί', εἰ κρέμαισθέ γ' ὑμεῖς.

ΠΑΙΣ γ΄

μὰ Δί᾽ οὔ τἄρα προπέμψω σε τὸ λοιπόν.

ΧΟΡΟΥ

ὁ κα΄ ἀπὸ γὰρ τοῦδέ με τοῦ μισθαρίου   300
τρίτον αὐτὸν ἔχειν ἄλ-
φιτα δεῖ καὶ ξύλα κὤψον·
σὺ δὲ σῦκά μ᾽ αἰτεῖς.

ΠΑΙΣ α΄.

ἄγε νυν, ὦ πάτερ, ἢν μὴ
τὸ δικαστήριον ἄρχων
καθίσῃ νῦν, πόθεν ὠνη-   305
σόμεθ᾽ ἄριστον; ἔχεις ἐλ-
πίδα χρηστήν τινα νῷν ἢ
πόρον Ἕλλας ἱερόν;

ΧΟΡΟΥ

ὁ κβ΄ ἀπαπαῖ, φεῦ, ἀπαπαῖ, φεῦ.
ὁ κγ΄ μὰ Δί᾽ οὐκ ἔγωγε νῷν οἶδ᾽   310
ὁπόθεν γε δεῖπνον ἔσται.

ΠΑΙΣ β΄.

τί με δῆτ᾽, ὦ μελέα μῆτερ, ἔτικτες;

ΧΟΡΟΥ

ὁ κδ΄ ἵν᾽ ἐμοὶ πράγματα βόσκειν παρέχῃς.

ΠΑΙΣ γ΄.

ἀνόνητον ἄρ᾽ ὦ θυ-
λάκιόν σ᾽ εἶχον ἄγαλμα.   315
ἒ ἔ.
πάρα νῷν στενάζειν.   316

. . . .

ΧΟΡΟΥ

ὁ α΄ τίς γὰρ ἔσθ᾽ ὁ ταῦτά σ᾽ εἴργων   334
κἀποκλείων τῇ θύρᾳ; λέ-
ξον· πρὸς εὔνους γὰρ φράσεις.   335

ΦΙΛΟΚΛΕΩΝ.

οὑμὸς υἱός. ἀλλὰ μὴ βοᾶτε· καὶ γὰρ τυγχάνει
οὑτοσὶ πρόσθεν καθεύδων. ἀλλ᾽ ὕφεσθε τοῦ τόνου·

334—364 = 365—394

ΧΟΡΟΥ

ὁ β' τοῦ δ' ἔφεξιν, ὦ μάταιε, ταῦτα δρᾶν σε βούλεται;
καὶ τίνα πρόφασιν ἔχων;

ΦΙΛΟΚΛΕΩΝ.

οὐκ ἐᾷ μ', ὦνδρες, δικάζειν οὐδὲ δρᾶν οὐδὲν
κακόν,   340
ἀλλά μ' εὐωχεῖν ἕτοιμός ἐσθ' · ἐγὼ δ' οὐ βούλομαι.

ΧΟΡΟΥ

ὁ γ' τοῦτ' ἐτόλμησ' ὁ μιαρὸς χα-
νεῖν ὁ Δημολογοκλέων ὅδ',
ὅτι λέγεις τι περὶ τῶν νε-   343
ῶν ἀληθές. οὐ γὰρ ἄν ποθ
οὗτος ἀνὴρ τοῦτ' ἐτόλμη-
σεν λέγειν, εἰ
μὴ ξυνωμότης τις ἦν. ·   345
ὁ δ' ἀλλ' ἐκ τούτων ὥρα τινά σοι ζητεῖν καινὴν ἐπίνοιαν,
ἥτις σε λάθρα τἀνδρὸς τουδὶ καταβῆναι δεῦρο ποιήσει.

ΦΙΛΟΚΛΕΩΝ.

τίς ἂν οὖν εἴη; ζητεῖθ' ὑμεῖς, ὡς πᾶν ἂν ἔγωγε ποιοίην·
οὕτω κιττῶ διὰ τῶν σανίδων μετὰ χοιρίνης περιελθεῖν.

ΧΟΡΟΥ

ὁ ε' ἔστιν ὀπὴ δῆθ' ἥντιν' ἂν ἔνδοθεν οἷός τ' εἴης
διορύξαι,   350
εἶτ' ἐκδῦναι ῥάκεσιν κρυφθείς, ὥσπερ πολύμητις
Ὀδυσσεύς;

ΦΙΛΟΚΛΕΩΝ.

πάντα πέφρακται κοὐκ ἔστιν ὀπῆς οὐδ' εἰ σέρφῳ
διαδῦναι.
ἀλλ' ἄλλο τι δεῖ ζητεῖν ὑμᾶς· ὀπίαν δ' οὐκ ἔστι
γενέσθαι.

ΧΟΡΟΥ

ὁ ς' μέμνησαι δῆθ', ὅτ' ἐπὶ στρατιᾶς κλέψας ποτὲ τοὺς
ὀβελίσκους
ἵεις σαυτὸν κατὰ τοῦ τείχους ταχέως, ὅτε Νάξος
ἑάλω;   355

ΦΙΛΟΚΛΕΩΝ.

οἶδ'· ἀλλὰ τί τοῦτ'; οὐδὲν γὰρ τοῦτ' ἐστὶν ἐκείνῳ
    προσόμοιον.
ἤβων γὰρ κἀδυνάμην κλέπτειν, ἰσχυόν τ' αὐτὸς
    ἐμαυτοῦ,
κοὐδείς μ' ἐφύλαττ', ἀλλ' ἐξῆν μοι
φεύγειν ἀδεῶς. νῦν δὲ ξὺν ὅπλοις
ἄνδρες ὁπλῖται διαταξάμενοι   360
κατὰ τὰς διόδους σκοπιωροῦνται,
τὼ δὲ δύ' αὐτῶν ἐπὶ ταῖσι θύραις
ὥσπερ με γαλῆν κρέα κλέψασαν
τηροῦσιν ἔχοντ' ὀβελίσκους.

ΧΟΡΟΥ

ὁ ζ' ἀλλα καὶ νῦν ἐκπόριζε   365
μηχανὴν ὅπως τάχισθ'· ἕ-
ως γάρ, ὦ μελίττιον.

ΦΙΛΟΚΛΕΩΝ.

διατραγεῖν τοίνυν κράτιστόν ἐστί μοι τὸ δίκτυον.
ἡ δέ μοι Δίκτυννα συγγνώμην ἔχοι τοῦ δικτύου.

ΧΟΡΟΥ

ὁ η' ταῦτα μὲν πρὸς ἀνδρός ἐστ' ἄνοντος ἐς σωτηρίαν.
ἀλλ' ἔπαγε τὴν γνάθον.   370

ΦΙΛΟΚΛΕΩΝ.

διατέτρωκται τοῦτό γ'. ἀλλὰ μὴ βοᾶτε μηδαμῶς,
ἀλλὰ τηρώμεσθ' ὅπως μὴ Βδελυκλέων αἰσθήσεται.

ΧΟΡΟΥ

ὁ θ' μηδέν, ὦ τάν, δέδιθι, μηδέν·
ὡς ἐγὼ τοῦτόν γ', ἐὰν γρύ-
ξῃ τι, ποιήσω δακεῖν τὴν
καρδίαν καὶ τὸν περὶ ψυ-   375
χῆς δρόμον δραμεῖν, ἵν' εἰδῇ
μὴ πατεῖν τὰ
ταῖν θεαῖν ψηφίσματα.
ὁ ι' ἀλλ' ἐξάψας διὰ τῆς θυρίδος τὸ καλῴδιον εἶτα καθίμα
δήσας σαυτὸν καὶ τὴν ψυχὴν ἐμπλησάμενος Διο-
    πείθους.   380

ΦΙΛΟΚΛΕΩΝ.

ἄγε νῦν, ἢν αἰσθομένω τούτω ζητητόν μ᾽ ἐσκαλαμᾶσθαι
κἀνασπαστὸν ποιεῖν εἴσω, τί ποιήσετε; φράζετε νυνί.

ΧΟΡΟΥ

ὁ ια΄ ἀμυνοῦμέν σοι τὸν πρινώδη θυμὸν ἅπαντ᾽ ἐκκαλέσαντες,
ὥστ᾽ οὐ δυνατόν σ᾽ εἴργειν ἔσται· τὰ τοιαῦτα ποιήσο-
μεν ἡμεῖς.

ΦΙΛΟΚΛΕΩΝ.

δράσω τοίνυν ὑμῖν πίσυνος· καὶ μανθάνετ᾽· ἤν τι
πάθω᾽ γώ,   385
ἀνελόντες καὶ κατακλαύσαντες θεῖναί μ᾽ ὑπὸ τοῖσι
δρυφάκτοις.

ΧΟΡΟΥ

ὁ ιβ΄ οὐδὲν πείσει· μηδὲν δείσῃς. ἀλλ᾽, ὦ βέλτιστε, καθίει
σαυτὸν θαρρῶν κἀπευξάμενος τοῖσι πατρῴοισι θεοῖσιν.

ΦΙΛΟΚΛΕΩΝ.

ὦ Λύκε δέσποτα, γείτων ἥρως· σὺ γὰρ οἷσπερ ἐγὼ
κεχάρησαι,
τοῖς δακρύοισιν τῶν φευγόντων ἀεὶ καὶ τοῖς ὀλο-
φυρμοῖς·   390
ᾤκησας γοῦν ἐπίτηδες ἰὼν ἐνταῦθ᾽, ἵνα ταῦτ᾽ ἀκροῷο,
κἀβουλήθης μόνος ἡρώων παρὰ τὸν κλάοντα καθῆσθαι.
ἐλέησον καὶ σῶσον νυνὶ τὸν σαυτοῦ πλησιόχωρον·
κοὐ μή ποτέ σου παρὰ τὰς κάννας οὐρήσω μηδ᾽
ἀποπάρδω.   394

. . . .

ΧΟΡΟΥ

ὁ ιγ΄ εἰπέ μοι, τί μέλλομεν κινεῖν ἐκείνην τὴν χολήν,   403
ἥπερ, ἡνίκ᾽ ἄν τις ἡμῶν ὀργίσῃ τὴν σφηκιάν;
ὁ ιδ΄ νῦν ἐκεῖνο νῦν ἐκεῖνο   405
τοὐξύθυμον, ᾧ κολαζό-
μεσθα, κέντρον ἐντέτατ᾽ ὀξύ.
ὁ ιε΄ ἀλλὰ θαἰμάτια βαλόντες ὡς τάχιστα, παιδία,
θεῖτε καὶ βοᾶτε, καὶ Κλέωνι ταῦτ᾽ ἀγγέλλετε,
καὶ κελεύετ᾽ αὐτὸν ἥκειν   410

403—429 = +—487

ὡς ἐπ' ἄνδρα μισόπολιν
ὄντα κἀπολούμενον,
ὅστις τόνδε λόγον εἰσφέρει,
ὡς χρὴ μὴ δικάζειν δίκας.

ΒΔΕΛΥΚΛΕΩΝ.

ὦγαθοί, τὸ πρᾶγμ' ἀκούσατ', ἀλλὰ μὴ κεκράγατε
νὴ Δί' ἐς τὸν οὐρανόν γ', ὡς τόνδ' ἐγὼ οὐ με-
θήσομαι.   416

ΧΟΡΟΥ

ὁ ις΄ ταῦτα δῆτ' οὐ δεινὰ καὶ τυραννίς ἐστιν ἐμφανής;
ὦ πόλι καὶ Θεώρου θεοσεχθρία,
κεἴ τις ἄλλος προέστηκεν ὑμῶν κόλαξ.

ΞΑΝΘΙΑΣ.

Ἡράκλεις, καὶ κέντρ' ἔχουσιν. οὐχ ὁρᾷς, ὦ δέ-
σποτα;   420

ΒΔΕΛΥΚΛΕΩΝ.

οἷς γ' ἀπώλεσαν Φίλιππον ἐν δίκῃ τὸν Γοργίου.

ΧΟΡΟΥ

ὁ ιζ΄ καὶ σέ γ' αὐτοῖς ἐξολοῦμεν· ἀλλ' ἅπας ἐπίστρεφε
δεῦρο κἀξείρας τὸ κέντρον εἶτ' ἐπ' αὐτὸν ἵεσο,
ξυσταλείς, εὔτακτος, ὀργῆς καὶ μένους ἐμπλήμενος,
ὡς ἂν εὖ εἰδῇ τὸ λοιπὸν σμῆνος οἷον ὤργισεν.   425

ΞΑΝΘΙΑΣ.

τοῦτο μέντοι δεινὸν ἤδη νὴ Δί', εἰ μαχούμεθα·
ὡς ἔγωγ' αὐτῶν ὁρῶν δέδοικα τὰς ἐγκεντρίδας.

ΧΟΡΟΥ

ὁ ιη΄ ἀλλ' ἀφίει τὸν ἄνδρ'· εἰ δὲ μή, φήμ' ἐγὼ
τὰς χελώνας μακαριεῖν σε τοῦ δέρματος.

ΦΙΛΟΚΛΕΩΝ.

εἶά νυν, ὦ ξυνδικασταί, σφῆκες ὀξυκάρδιοι,   430
οἱ μὲν ἐς τὸν πρωκτὸν αὐτῶν εἰσπέτεσθ' ὠργισμένοι,
οἱ δὲ τὠφθαλμὼ κύκλῳ κεντεῖτε καὶ τοὺς δακτύλους.

ΒΔΕΛΥΚΛΕΩΝ.

ὦ Μίδα καὶ Φρὺξ βοήθει δεῦρο καὶ Μασυντία,
καὶ λάβεσθε τουτουὶ καὶ μὴ μεθῆσθε μηδενί·

εἰ δὲ μή, 'ν πέδαις παχείαις οὐδὲν ἀριστήσετε.   435
ὡς ἐγὼ πολλῶν ἀκούσας οἶδα θρίων τὸν ψόφον.

ΚΟΡΥΦΑΙΟΣ.

εἰ δὲ μὴ τοῦτον μεθήσεις, ἕν τί σοι παγήσεται.

ΦΙΛΟΚΛΕΩΝ.

ὦ Κέκροψ ἥρως ἄναξ, τὰ πρὸς ποδῶν Δρακοντίδη,
περιορᾷς οὕτω μ' ὑπ' ἀνδρῶν βαρβάρων χειρούμενον,
οὓς ἐγὼ' δίδαξα κλάειν τέτταρ' ἐς τὴν χοίνικα;   440

ΚΟΡΥΦΑΙΟΣ.

εἶτα δῆτ' οὐ πόλλ' ἔνεστι δεινὰ τῷ γήρᾳ κακά;
δηλαδή· καὶ νῦν γε τούτω τὸν παλαιὸν δεσπότην
πρὸς βίαν χειροῦσιν, οὐδὲν τῶν πάλαι μεμνημένοι
διφθερῶν κἀξωμίδων, ἃς οὗτος αὐτοῖς ἠμπόλα,
καὶ κυνᾶς, καὶ τοὺς πόδας χειμῶνος ὄντος ὠφέλει,   445
ὥστε μὴ ῥιγῶν ἑκάστοτ'· ἀλλὰ τούτοις γ' οὐκ ἔνι
οὐδ' ἐν ὀφθαλμοῖσιν αἰδὼς τῶν παλαιῶν ἐμβάδων.

ΦΙΛΟΚΛΕΩΝ.

οὐκ ἀφήσεις οὐδὲ νυνί μ', ὦ κάκιστον θηρίον;
οὐδ' ἀναμνησθεὶς ὅθ' εὑρὼν τοὺς βότρυς κλέπτοντά σε
προσαγαγὼν πρὸς τὴν ἐλάαν ἐξέδειρ' εὖ κἀνδρικῶς,   450
ὥστε σε ζηλωτὸν εἶναι, σὺ δ' ἀχάριστος ἦσθ' ἄρα.
ἀλλ' ἄνες με καὶ σὺ καὶ σύ, πρὶν τὸν υἱὸν ἐκδραμεῖν.

ΚΟΡΥΦΑΙΟΣ.

ἀλλὰ τούτων μὲν τάχ' ἡμῖν δώσετον καλὴν δίκην,
οὐκέτ' ἐς μακράν, ἵν' εἰδῆθ' οἷός ἐστ' ἀνδρῶν τρόπος
ὀξυθύμων καὶ δικαίων καὶ βλεπόντων κάρδαμα.

ΒΔΕΛΥΚΛΕΩΝ.

παῖε παῖ', ὦ Ξανθία, τοὺς σφῆκας ἀπὸ τῆς οἰκίας.   456

ΞΑΝΘΙΑΣ.

ἀλλὰ δρῶ τοῦτ'.

ΒΔΕΛΥΚΛΕΩΝ.

                  ἀλλὰ καὶ σὺ τῦφε πολλῷ τῷ καπνῷ.
οὐχὶ σοῦσθ', οὐκ ἐς κόρακας; οὐκ ἄπιτε; παῖε τῷ ξύλῳ.
καὶ σὺ προσθεὶς Αἰσχίνην ἔντυφε τὸν Σελλαρτίου.

ΞΑΝΘΙΑΣ.

ἆρ' ἐμέλλομέν ποθ' ὑμᾶς ἀποσοβήσειν τῷ χρόνῳ.

ΒΔΕΛΥΚΛΕΩΝ.

ἀλλὰ μὰ Δί᾽ οὐ ῥᾳδίως οὕτως ἂν αὐτοὺς διέφυγες, 461
εἴπερ ἔτυχον τῶν μελῶν τῶν Φιλοκλέους βεβρωκότες.

ΧΟΡΟΥ

ὁ ιθ᾽ . . . .
. . . .

ὁ κ᾽ ἆρα δῆτ᾽ οὐκ αὐτὰ δῆλα
τοῖς πένησιν, ἡ τυραννὶς
ὡς λάθρᾳ γ᾽ ἐλάμβαν᾽ ὑπιοῦσά με;   465
ὁ κα᾽ εἰ σύ γ᾽, ὦ πόνῳ πονηρὲ καὶ κομηταμυνία,
τῶν νόμων ἡμᾶς ἀπείργεις ὧν ἔθηκεν ἡ πόλις,
οὔτε τιν᾽ ἔχων πρόφασιν
οὔτε λόγον εὐτράπελον,
αὐτὸς ἄρχων μόνος.   470

ΒΔΕΛΥΚΛΕΩΝ.

ἔσθ᾽ ὅπως ἄνευ μάχης καὶ τῆς κατοξείας βοῆς
ἐς λόγους ἔλθοιμεν ἀλλήλοισι καὶ διαλλαγάς;

ΧΟΡΟΥ

ὁ κβ᾽ σοὶ λόγους, ὦ μισόδημε καὶ μοναρχίας ἐραστά,
καὶ ξυνὼν Βρασίδᾳ, καὶ φορῶν κράσπεδα   475
στεμμάτων, τήν θ᾽ ὑπήνην ἄκουρον τρέφων;

ΒΔΕΛΥΚΛΕΩΝ.

νὴ Δί᾽ ἦ μοι κρεῖττον ἐκστῆναι τὸ παράπαν τοῦ πατρὸς
μᾶλλον ἢ κακοῖς τοσούτοις ναυμαχεῖν ὁσημέραι.

ΧΟΡΟΥ

ὁ κγ᾽ οὐδὲ μὴν οὐδ᾽ ἐν σελίνῳ σοὖστὶν οὐδ᾽ ἐν πηγάνῳ· 480
τοῦτο γὰρ παρεμβαλοῦμεν τῶν τριχοινίκων ἐπῶν.
ἀλλὰ νῦν μὲν οὐδὲν ἀλγεῖς, ἀλλ᾽ ὅταν ξυνήγορος
ταὐτὰ ταῦτά σου καταντλῇ ξυνωμότας καλῇ.

ΒΔΕΛΥΚΛΕΩΝ.

ἆρ᾽ ἄν, ὦ πρὸς τῶν θεῶν, ἡμεῖς ἀπαλλαχθεῖτέ μου;
ἢ δέδοκταί σοι δέρεσθαι καὶ δέρειν δι᾽ ἡμέρας.   485

ΧΟΡΟΥ

ὁ κδ᾽ οὐδέποτέ γ᾽, οὔχ, ἕως ἄν τί μου λοιπὸν ᾖ,
ὅστις ἡμῶν ἐπὶ τυραννίδ᾽ ὧδ᾽ στάλης.

Schliesslich stellen wir die Gesetze zusammen, welche sich aus unserer obigen Darstellung ergeben und welche, wie wir weiterhin erkennen werden, vom Dichter bei Anwendung des chorischen Solovortrages stets beobachtet worden sind.

1. In den einzelnen, durch den Wechsel des Metrums von einander gesonderten Gliedern der betreffenden Chorpartien gelangen die einzelnen Glieder des Chors, in der einen Komödie die στοῖχοι, in der andern die ζυγά zum sprechen oder singen, sodass, wenn einmal in dem ersten metrischen Abschnitte 6 Choreuten gefunden wurden, die gleiche Zahl sich in den folgenden Abschnitten wiederfindet, wenn dagegen 4 einzelne Chorpersonen sich ergaben, alsdann diese Zahl fest und durchgehend ist. Hieraus ziehen wir einen doppelten Nutzen. Einmal erfahren wir hierdurch die Aufstellung des Chors κατὰ στοίχους oder κατὰ ζυγά, und ferner gewinnen wir für die praktische Ausführung der Vertheilung den sichern Anhalt und die rücksichtslose Controle, welche nur die Zahl und die Berechnung zu bieten im Stande ist.

2. In den antistrophischen Chorliedern tritt an denselben Versstellen in Strophe und Antistrophe Personenwechsel ein, wenn der Chor für sich allein singt, nicht an denselben Stellen, wenn andere Personen dazwischen einreden. In beiden Fällen aber, auch im zweiten, ist die Anzahl der in Strophe und Antistrophe auftretenden Choreuten dieselbe, welche Zahl bald ein ganzes Chorglied in der Strophe und ein ganzes in der Antistrophe, bald in der Strophe das erste halbe und in der Antistrophe das andere halbe Chorglied umfasst.

3. Für die epeisodischen Dialogpartien, in denen Bühnenpersonen mit dem Chore sich unterreden, gilt natürlich ebenfalls 1, nur mit der Modifikation, dass mitunter nicht antistrophische oder nicht einander respondirende Abschnitte nicht blos ein Chorglied, sondern zwei oder drei enthalten. Entsprechen sich die Abschnitte, so tritt bald an denselben Stellen in System und Antisystem

der Wechsel der Rede zwischen Orchestra und Bühne ein, bald an verschiedenen.

4. Der Chorführer wird wie in der Tragödie bei vereinzelten Chorkommata ohne Entsprechung bisweilen, wenn auch nicht eben häufig, ausser der Reihe verwandt.

II.

Der Chor in den Acharnern Vs. 204—346.

Ein schlagendes Beispiel für die Verwendung der Reihe nach sprechender Choreuten bei Aristophanes liefert auch der Acharnerchor 204—346, indem sich hier die Vertheilung der Chorpartien unter die 24 Personen des Chors mit grösster Leichtigkeit und völlig gesetzmässig ergibt.

Auch in der eben bezeichneten Stelle nämlich finden wir diejenigen Erscheinungen, welche als Indicien dafür gelten müssen, dass nicht der vollstimmige Chor sondern die einzelnen Bestandtheile desselben zum Vortrage gelangten. Diese Indicien sind zunächst in dem Stück 204—240 Aufforderungen und Fragen (resp. Antworten) eines Choreuten an die übrigen. Hierher gehören die Anreden und Befehle, die der Chor an sich selbst richtet und zwar mit $\pi\tilde{\alpha}\varsigma$, welche zum mindesten weit weniger passend im Munde aller als einzelner Chorpersonen sind, wie

Vs. 204 $\tau\tilde{\eta}\delta\varepsilon \ \pi\tilde{\alpha}\varsigma \ \tilde{\varepsilon}\pi o v, \ \delta\iota\omega\varkappa\varepsilon - \pi v v\vartheta\acute{\alpha}v o v,$

Vs. 238 $\sigma\tilde{\iota}\gamma\alpha \ \pi\tilde{\alpha}\varsigma,$

Vs. 239 $\dot{\alpha}\lambda\lambda\dot{\alpha} \ \delta\varepsilon\tilde{v}\varrho o \ \pi\tilde{\alpha}\varsigma \ \dot{\varepsilon}\varkappa\pi o\delta\acute{\omega}v.$

Eine Frage eines Acharners an seine Stammgenossen lesen wir Vs. 206 ff.

$$\dot{\alpha}\lambda\lambda\acute{\alpha} \ \mu o\iota \ \mu\eta\nu\acute{v}\sigma\alpha\tau\varepsilon,$$

$\varepsilon\check{\iota} \ \tau\iota\varsigma \ o\tilde{\iota}\delta' \ \ddot{o}\pi o\iota \ \tau\acute{\varepsilon}\tau\varrho\alpha\pi\tau\alpha\iota \ \gamma\tilde{\eta}\varsigma \ \dot{o} \ \tau\dot{\alpha}\varsigma \ \sigma\pi o v\delta\dot{\alpha}\varsigma \ \varphi\acute{\varepsilon}\varrho\omega v,$

wozu Albert Müller richtig bemerkt: *„His verbis chorus se ipsum alloquitur, non spectatores."* Eigenthümlich ist die Polemik Woldemar Ribbecks hiergegen in der Recension der Müllerschen Ausgabe (Fleckeis. Jahrbb. Bd. 87 S. 746): „Wie soll aber der Chor von sich selbst verlangen ihm den

Amphitheos nachzuweisen, da ja alle seine Mitglieder, seit sie jenen verfolgen, immer zusammengeblieben sind, sodass kein einzelner etwas anderes wissen kann als der ganze Chor? Speciell an die Zuschauer sind die Worte allerdings auch nicht gerichtet, sondern an alle Leute, die da hören können, ohne Rücksicht darauf, ob sie sich im Theater befinden oder nicht" u. s. w. Woher weiss denn Ribbeck so genau, dass alle Acharner vereint die Verfolgung des Amphitheos betrieben, und nicht die einen hier, die andern dort ihn gesucht haben? Hier erscheint der Chor zum ersten Mal auf der Bühne; seine Verfolgung vorher liegt ausserhalb der Darstellung unseres Stückes, und der Bericht des Amphitheos von der Verfolgung (178—185) enthält keine Andeutung über die Art und Weise derselben. Wir sind demnach, um die vorliegende Frage zu entscheiden, einzig auf die Aussprüche des Chors bei seinem jetzt erfolgenden Auftreten gewiesen; und da möchte man aus Aeusserungen wie der schon citirten τῇδε πᾶς ἕπου vielmehr geneigt sein zu schliessen, dass erst durch dies Commandowort eine Vereinigung der zerstreuten Verfolger auf einen Platz stattfinde. Aber hiervon abgesehen, wer könnte sich bei einer solchen Frage an Alle und Niemand, wie sie Ribbeck annimmt, beruhigen? Hat es doch Ribbeck selbst nicht gekonnt, der schon nach wenigen Monaten seine Ansicht änderte und diese Frage des Chors nach dem Aufenthaltsorte des Amphitheos in seiner Ausgabe der Ach. als an die Zuschauer gerichtet erklärte. Denn dies kann doch nur seine Meinung sein, wenn er zu unserer Stelle Vs. 20 des Fri. anführt:

$$\text{ὑμῶν δέ γ' εἴ τις οἶδ', ἐμοὶ κατειπάτω,}$$

mit welchen Worten der dort sprechende οἰκέτης sich fragend an die Zuschauer wendet. Allein an letzterm Orte ist diese Wendung an das θέατρον und die Abwendung vom Mitspieler drastisch durch jenes ὑμῶν bezeichnet: nicht so in den Acharnern. Sodann ist ein unwiderleglicher Beweis dafür, dass hier ein Acharner den andern nach dem Resultat seiner Verfolgung befragt, der Umstand, dass auf die Frage:

$$\dot{\alpha}\lambda\lambda\dot{\alpha}\;\mu o\iota\;\mu\eta\nu\acute{\upsilon}\sigma\alpha\tau\varepsilon,$$

$\varepsilon\check{\iota}\;\tau\iota\varsigma\;o\check{\iota}\delta$' $\ddot{o}\pi o\iota\;\tau\acute{\varepsilon}\tau\rho\alpha\pi\tau\alpha\iota\;\gamma\tilde{\eta}\varsigma\;\dot{o}\;\tau\dot{\alpha}\varsigma\;\sigma\pi o\nu\delta\dot{\alpha}\varsigma\;\varphi\acute{\varepsilon}\rho\omega\nu;$
im folgenden Verse eine förmliche negirende Antwort
erfolgt:

$\dot{\varepsilon}\varkappa\pi\acute{\varepsilon}\varphi\varepsilon\nu\gamma$', $o\check{\iota}\chi\varepsilon\tau\alpha\iota\;\varphi\rho o\tilde{\upsilon}\delta o\varsigma.$

Ich habe daher nicht angestanden hinter $\varphi\acute{\varepsilon}\rho\omega\nu$ ein Frage-
zeichen zu setzen und stehe nicht an mit Vs. 210 Wechsel
der Person anzunehmen.

Ich wende mich zu einem andern Indiz, den Wiederholungen. Vier Hauptgedanken sind es, welche die genannten
Verse enthalten, und diese kehren mehr oder minder variirt
so oft wieder, dass dieselben Gedanken nicht von ein und
denselben Personen immer wiederholt worden sein können.
Diese Gedanken sind folgende:

1. Amphitheos ist entflohen. $o\check{\iota}\chi\varepsilon\tau\alpha\iota$ 210. $o\check{\iota}\chi\varepsilon\tau\alpha\iota$ 221.

2. Man verfolge ihn daher. $\delta\acute{\iota}\omega\varkappa\varepsilon$ 204. $\delta\iota\omega\varkappa\tau\acute{\varepsilon}o\varsigma$ 221.
$\delta\varepsilon\tilde{\iota}\;\zeta\eta\tau\varepsilon\tilde{\iota}\nu$ — $\varkappa\alpha\dot{\iota}\;\delta\iota\acute{\omega}\varkappa\varepsilon\iota\nu$ 233 f.

3. Wenn uns diese Verfolgung auch wegen unsers Alters
schwer wird. $o\check{\iota}\mu o\iota\;\tau\acute{\alpha}\lambda\alpha\varsigma\;\tau\tilde{\omega}\nu\;\dot{\varepsilon}\tau\tilde{\omega}\nu\;\tau\tilde{\omega}\nu\;\dot{\varepsilon}\mu\tilde{\omega}\nu\;\varkappa\tau\lambda.$ 210 ff.
$\nu\tilde{\upsilon}\nu\;\delta$' $\dot{\varepsilon}\pi\varepsilon\iota\delta\dot{\eta}\;\sigma\tau\varepsilon\rho\rho\dot{o}\nu\;\check{\eta}\delta\eta\;\tau o\dot{\upsilon}\mu\dot{o}\nu\;\dot{\alpha}\nu\tau\iota\varkappa\nu\acute{\eta}\mu\iota o\nu\;\varkappa\tau\lambda.$ 219 ff.
Hier erhält auch das $\varkappa\alpha\dot{\iota}\;\pi\alpha\lambda\alpha\iota\tilde{\omega}\;\varLambda\alpha\varkappa\rho\alpha\tau\varepsilon\acute{\iota}\delta\eta\;\tau\dot{o}\;\sigma\varkappa\acute{\varepsilon}\lambda o\varsigma$
$\beta\alpha\rho\acute{\upsilon}\nu\varepsilon\tau\alpha\iota$ durch unsere Annahme eines Personenwechsels
bei Vs. 219 eine bessere Beziehung als bisher, indem nun
damit der gerade sprechende Choreut seinen Vorredner bezeichnet, welcher soeben über sein Alter und die Abnahme
seiner Schenkelgeschwindigkeit geklagt hat.

4. Aber Amphitheos hat zu schlecht am Staat und uns
gehandelt. Vgl. 205 f. 221 f. 225 ff. Sollten diese Wiederholungen an sich unbedeutend erscheinen, so werden sie es
gewiss nicht, wenn man die Kürze des Abschnittes in Er-
wägung zieht, in dem sie sich finden.

Dazu kommt ferner der Wechsel des Metrums. Es ist
eine treffende Bemerkung von Westphal Griech. Metr. II[2]
S. 850 f., dass die Abwechselung zwischen den trochäischen
und päonischen Tacten, welche uns hier begegnet, auch
einen Wechsel in der Stimmung der sprechenden abspiegele ·

und ausdrücke. Diesen in regelmässigen Absätzen wiederkehrenden Umschlag der Stimmung, diesen Uebergang von
ruhigerer Bewegung (Trochäen) zu leidenschaftlicher Heftig-
keit (Päonen) und dann wieder zu grösserer Ruhe werden
wir wenig angemessen bei ein und denselben Personen wieder
und wieder eintreten lassen; vielmehr werden wir für den
verschiedenen Ausdruck des Gefühls auch verschiedene Urheber desselben d. h. verschiedene Sprecher annehmen müssen.
Und um wie viel lebhafter, um wie viel natürlicher wird
die Scene, wenn wir jeden einzelnen je nach seiner Gemüths-
bewegung seinen Zorn, seinen Schmerz aussprechen lassen!
Zugleich gewinnen wir einen sichern Anhalt für die Stellen,
an denen wir Personenwechsel anzusetzen haben: mit dem
Wechsel des Metrums geht der Wechsel der Person Hand
in Hand.

Dieselben Kategorien von Indicien für einzelne Choreuten
treffen wir in dem zweiten Stück 280—346 an. Ich will
sie daher in gleicher Reihenfolge wie beim ersten Stück
aufführen. Ist es wohl glaublich, dass alle Chorpersonen
einstimmig sich selber auffordern Vs. 281

$$\beta άλλε \; \beta άλλε \; \beta άλλε \; \beta άλλε,$$

dass darauf alle den bedrohten Dikaeopolis — nicht werfen,
sondern alle insgesammt ihre Aufforderung halb fragend halb
befehlend wiederholen Vs. 283

$$ο ὐ \; \beta αλεῖς, \; ο ὐ \; \beta αλεῖς \; —?$$

Dazu kommt eine andere Aufforderung Vs. 282

$$π αῖε \; π ᾶς \; τ ὸν \; μιαρόν,$$

wie Bergk und Meineke den Vers wohl mit Recht lesen.
Mir scheint es wenigstens weitaus wahrscheinlicher, dass
verschiedene Mitglieder des Chors diese wiederholten Er-
munterungen zu werfen und zu schlagen gesprochen haben.
So gelangen wir zur Betrachtung weiterer Wiederholungen.
Der Dialog zwischen dem Chor und Dikaeopolis, welcher
sich hier entspinnt, schreitet äusserst langsam vorwärts, weil
in der grössern Hälfte dieses Abschnittes bis Vs. 325 fortwährend dieselben Gedanken von den Choreuten wiederholt

werden. Wir finden diese Gedanken zusammen von einem
Choreuten ausgesprochen Vs. 302 f.

σοῦ δ' ἐγὼ λόγους λέγοντος οὐκ ἀκούσομαι μακρούς,
ὅστις ἐσπείσω Λάκωσιν, ἀλλὰ τιμωρήσομαι.

Es sind also folgende drei: 1. Wir wollen dich nicht hören.
2. Denn du hast mit den Lakonern Frieden geschlossen.
3. Darum werden wir dich bestrafen. Sonst sehen wir diese
Aussprüche nicht vereint sondern im ganzen Dialog zerstreut
und auf die verschiedentlichste Weise combinirt; aber immer
sind es jene drei Hauptgedanken, die wir lesen:

1. Wir wollen dich nicht hören. σοῦ γ' ἀκούσωμεν; 295.
οὐκ ἀνασχήσομαι· μηδὲ λέγε μοι σὺ λόγον 297. σοῦ δ' ἐγὼ
λόγους λέγοντος οὐκ ἀκούσομαι μακρούς 302. οὐκ ἀκουσόμεσθα δῆτα 323. ἐξολοίμην, ἢν ἀκούσω 324. Demgemäss
ist denn auch Dikaeopolis genöthigt unaufhörlich um Gehör
zu bitten. Vgl. Vs. 292. 296. 306. 322.

2. Denn du hast mit den Lakonern Frieden geschlossen.
σπεισάμενος 291. ἐσπείσω 304. ἐσπείσω 307.

3. Darum gehen wir dir zu Leibe und werden dich
bestrafen. σὲ μὲν οὖν καταλεύσομεν 285. ἀπολεῖ· κατά σε
χώσομεν τοῖς λίθοις 295. ἀλλὰ τιμωρήσομαι 304. εἶτ' ἐγώ
σου φείσομαι; 312. τί φειδόμεσθα τῶν λίθων; 319. ὡς
τεθνήξων ἴσθι νυνί 325.

Der Wechsel des Metrums trifft hier in den Strophen
284—301 = 335—346 offenkundig mit dem Wechsel der
Person zusammen: die aufgeregten Kretiker des Chors werden durch ruhigere Trochäen des Dikaeopolis unterbrochen.
Nur an einer Stelle bei Vs. 302 tritt der Umschlag in der
Stimmung mitten im Chorgesang ein, an einer Stelle, wo
nicht nur eben dieser wechselnde Tact sondern auch der
Gedanke, die Wiederholung desselben Gedankens in einem
Athemzuge (299 = 302) deutlich genug für den Eintritt einer
neuen Person mit Vs. 302 spricht. Mit der Annahme verschiedener Sprecher an dieser Stelle schwinden auch die
von Brambach Rhein. Mus. N. F. Bd. XXI S. 151 geäusserten Bedenken. — Dieser ganze Disput des Chors mit

Dikaeopolis trägt den Stempel höchster Aufregung an der
Stirn. Ich kann es aber nur für matt halten, wenn der
vollstimmige Chor wie eine Person, oder der Chorführer
allein, wie manche Uebersetzer angenommen haben, ihn mit
dem Schauspieler führen sollte. Es entspricht einzig der
Lebendigkeit dieser Scene, dass jeder der alten Kohlen-
brenner einzeln und für sich seiner Leidenschaft Luft mache
und dem verhassten Gegner seine Meinung sage.

Nachdem ich nachgewiesen zu haben glaube, dass die
Vertheilung der Chorgesänge an die einzelnen Choreuten
durchaus geboten sei, gehe ich zu der Vertheilung selbst
über. Sie ergibt ohne alle Künstelei ein arithmetisches Verhältniss der Chorkommata zur Zahl der Personen im komischen Chor und bestätigt somit ihrerseits die Richtigkeit
unserer bisherigen Behauptungen. Betrachten wir in dieser
Beziehung zuvörderst das soeben behandelte Stück 280—346.
Die strophische Composition desselben ist der Art, dass auf
eine Proodos von 2 trochäischen und 2 kretischen Dimetern
(280—283) eine kretisch-trochäische Strophe (284—301)
folgt, deren Antistrophe wir 335—346 lesen; zwischen den
beiden Strophen liegt ein mesodischer Theil aus 32 trochäischen Tetrametern. Um nun vom unzweifelhaften aus-
zugehen, so haben wir 4 Chorkommata und demgemäss 4
Choreuten in der Strophe

Vs. 285. 287. 295. 297,

desgleichen 4 Choreuten in der Antistrophe

Vs. 336. 338. 342. 344,

sodass an den gleichen Versstellen der Wechsel zwischen
Chor und Dikaeopolis in Strophe und Antistrophe statthat.
Ebenso bieten die 4 in sich abgeschlossenen Verse des
proodischen Theiles 4 andere Choreuten

Vs. 280. 281. 282. 283.

Diese sich durchgängig gleichbleibende Zahl der Chorpersonen in den einzelnen Abschnitten kann nicht zufällig
sein: sie beruht vielmehr auf der Aufstellung des Acharner-
chors. Dass dieselbe κατὰ ζυγά gewesen sei, können wir

aus der regelmässig wiederkehrenden Vierzahl mit Sicherheit
entnehmen. Auch hier sehen wir also bestätigt, was wir in
den Wespen als oberstes Gesetz vom Dichter beobachtet
fanden, nämlich dass in den einzelnen durch das Metrum
von einander gesonderten Gliedern des Chorgesangs die
einzelnen Glieder des Chors, mögen sie nun ζυγά oder
στοῖχοι sein, zum sprechen oder singen kommen. Doch ist
es, wie wir schon dort bemerkten und bei der vorliegenden
Mesodos alsbald sehen werden, nicht nöthig, dass jeder
metrische Abschnitt nur je eine Choreutenreihe umfasse;
vielmehr kann ein solcher Abschnitt, wenn er von grösserer
Länge ist, auch mehrere ζυγά oder στοῖχοι enthalten, nur
muss die in ihm vorgefundene Choreutenzahl immer eine
Theilung durch 4 oder 6 zulassen.

Bis jetzt fanden wir 3 ζυγά oder einen Halbchor: die
andere Hälfte des Chors werden wir in der Mesodos zu
suchen haben. In dieser haben wir, sowie sie jetzt gewöhnlich gelesen wird, an folgenden Stellen je einen Choreuten

Vs. 302. 307. 311. 315.
319. 323. 324.
325. 328. 333. 334,

d. h. 11 Chorpersonen. Es fehlt eine und zwar, wie in
meiner Uebersicht angedeutet ist, im mittleren ζυγόν. Bei
Vs. 324 ist nämlich ohne Zweifel ein Fehler in der überlieferten Personenfolge. Darüber sind die neueren Erklärer
der Ach. (Hamaker, Meineke, Ribbeck) einig, nur über die
Art der Heilung schwankt man und hat sie, wie ich glaube,
auf falschem Wege gesucht. Hamaker (Mnemos. Bd. II
S. 14) bemerkte zuerst, dass es ein Unsinn ist, wenn Dikaeopolis auf die Worte des Chors ἐξολοίμην, ἢν ἀκούσω
in der Vulgate antwortet μηδαμῶς, ὠχαρνικοί. Das μηδαμῶς
hat nichts im vorhergehenden, worauf es sich im Munde
des Dikaeopolis beziehen könnte oder, wie Hamaker sich
ausdrückt „μηδαμῶς, ὠχαρνικοί kan slechts volgen op eene
bedreiging, welke in ἐξολοίμην, ἢν ἀκούσω niet ligt." Daher

greift Hamaker zu dem Mittel der Versumstellung und ordnet die Verse 324—327 auf folgende Weise:

XOP. ἐξολοίμην, ἢν ἀκούσω. *ΔΙΚ.* δήξομ' ἄρ' ὑμᾶς ἐγώ.
326 ἀνταποκτενῶ γὰρ ὑμῖν τῶν φίλων τοὺς φιλτάτους.
XOP. ὡς τεθνήξων ἴσθι νυνί. *ΔΙΚ.* μηδαμῶς, ὠχαρνικοί.
327 ὡς ἔχω γ' ὑμῶν ὁμήρους, οὓς ἀποσφάξω λαβών.

Allein bei dieser Anordnung fällt auf, dass, nachdem Dikaeopolis bereits mit Mord gedroht hat, der Chor nichtsdestoweniger in seinen Drohungen noch fortfährt, was der Dichter, wie wir sehen, vermieden hat und gewiss nicht ohne Absicht vermieden hat. Derselbe Uebelstand bleibt bei einer andern Stellung der Verse, die Hamaker versucht hat, indem er den vierten Vers mit dem zweiten vertauscht: immer begreift man nicht, warum der Chor erst bei der zweiten Drohung des Dikaeopolis, die mit der ersten ziemlich auf eins hinausläuft, bedenklich wird. Zudem ist jene Umstellung keineswegs eine leichte. Woher auch Meineke, die Wahrscheinlichkeit eines Verderbnisses zugebend, doch zu Hamakers Vorschlag bemerkt in seiner Ausgabe Adn. crit. S. LX: „*Quae quamvis probabilia sint, mutare tamen aliquid nolui, praesertim cum etiam alia via iniri possit.*" Leider hat sich Meineke weder hier noch in seinen Vindic. Arist. über diese *via* erklärt. Dagegen betrat Ribbeck (Ausg. S. 213) einen andern Weg der Versumstellung, indem er die beiden ersten Hälften von Vs. 324 und 325 verstellte und mithin so las:

XOP. ὡς τεθνήξων ἴσθι νυνί. *ΔΙΚ.* μηδαμῶς, ὠχαρνικοί.
XOP. ἐξολοίμην, ἢν ἀκούσω. *ΔΙΚ.* δήξομ' ἄρ' κτλ.

Das ist allerdings leichter und einfacher, empfiehlt sich aber ganz und gar nicht. Denn durch Ribbecks Aenderung wird die schöne Steigerung der Leidenschaft, welche Aristophanes klar genug in die Worte des Chors gelegt hat (οὐκ ἀκουσόμεσθα δῆτα — ἐξολοίμην, ἢν ἀκούσω — ὡς τεθνήξων ἴσθι νυνί), sehr mit Unrecht gestört.

Es thut eben ein ganz anderes Mittel noth als Umstellung. Die Worte μηδαμῶς, ὠχαρνικοί gehören nicht Dikaeopolis an, sondern dem Chore, aber nicht dem Choreuten, welcher vorher, oder dem, welcher nachher spricht, sondern einem dritten. Leicht ergänzt sich zu μηδαμῶς᾽ aus dem unmittelbar voraufgegangenen ἀκούσω der Begriff des hörens. Die abgerissene Sprechweise kann nicht anstössig sein in dem Augenblick höchster Aufregung. Es sagt demnach ein Acharner: „ich will verdammt sein, wenn ich höre,“ ein anderer: „nichts da, ihr Acharner,“ ein dritter: „sterben sollst du, und auf der Stelle.“ Auch jenes δεινά τἄρα πείσομαι Vs. 323, das Dikaeopolis mehr für sich spricht, deutet darauf hin, dass er sich gefasst macht einen heftigen Sturm stillschweigend über sich ergehen zu lassen: er lässt ihn austoben und schweigt, bis er sich erschöpft hat; währenddes hat er Zeit auf seine List zu sinnen und kann darauf seinen Gegnern mit siegreicher Ruhe entgegentreten. Es ist kein Wunder, dass man nicht auf diese höchst einfache Aenderung verfiel, weil man überhaupt nie an einzelne Choreuten in dieser ganzen Partie dachte. Denn ohne diese Annahme kann man allerdings meine Personenbezeichnung des Verses 324 nicht verstehen. Aber ich wage nach meinen obigen Ausführungen zu behaupten, dass diese sich gerade dadurch als richtig erweist, weil wir nur durch sie den fehlenden Choreuten erhalten. Und wenn es überhaupt nöthig ist bei Personenverderbnissen eine Veranlassung der Corruptel anzugeben, so ist das in diesem Falle sehr leicht gemacht. Im spätern Alterthum wusste man, wie ich an den Scholien zum Aristophanes gezeigt habe, nichts mehr von einzeln sprechenden Chorpersonen: so begriff man nicht, wie der Chor in einem Athem Vs. 324 aussprechen könne. Deshalb gab ein nicht allzuverständiger Kritiker die zweite Hälfte des Verses dem Schauspieler. Man wolle nicht einwenden, dass durch meine Anordnung die „aequabilitas, qua totum hoc chori et Dicaeopolidis colloquium regitur“ (Meineke Vindic. S. 7), gestört werde. Sie würde an dieser Stelle ohnehin gestört sein (vgl. Vs. 325—327 = 328—330), und

sie soll gestört werden, indem hier bei Vs. 324 f. die Leidenschaft des Chors ihren Culminationspunkt erreicht, sodass
er den Dikaeopolis eine Zeit lang nicht zu Wort kommen
lässt. Erst als die Wuth der Acharner sich in kurzen
Ausrufen erschöpft hat, erhält Dikaeopolis 325 zu einer
ruhigen aber entscheidenden Auseinandersetzung das Wort
und damit das Uebergewicht über den Chor, sodass Chor
und Dikaeopolis im folgenden Dialog die Rollen tauschen,
und dieser der drohende, jener der bittende wird.

Wir können nunmehr zum ersten Stück 204—240 über-
gehen. Wie wir schon oben bemerkten, bildet hier den
Hauptanhalt für die Stellen, wo Personenwechsel anzunehmen
ist, das Metrum. Dies Indiz fällt zusammen mit dem aus
den Wiederholungen desselben Gedankens zu entnehmenden,
und beide weisen vereint in den päonisch-trochäischen
Strophen 204—218 = 219—233 4 Choreuten nach, nämlich
Χοροῦ ὁ α´ Vs. 204, ὁ β´ Vs. 210, ὁ γ´ Vs. 219, ὁ δ´ Vs. 225.
An derselben Versstelle findet demnach mitten in Strophe
und Antistrophe der Wechsel der Person statt (Vs. 210 =
225). Auch hier sehen wir die Stellung des Chors κατὰ
ζυγά bestätigt, indem jede der beiden Strophen eine Hälfte
des ersten ζυγόν enthält. Denn daran habe ich keinen
Augenblick gezweifelt, dass die 4 hier sprechenden Chorpersonen dieselben sind, welche später jene 4 kleinen Verse
280—283 vortragen und das erste ζυγόν ausmachen. Dass
sie zweimal zum sprechen gelangen, ist in der Anlage der
ganzen Scene begründet, indem der Chor beim Erscheinen
des die Dionysien feiernden Dikaeopolis abbricht und sich
versteckt, um plötzlich gegen den sich arglos nähernden
wieder hervorzubrechen. Die trochäischen Tetrameter aber
234—236 und 238—240 sind unbedenklich dem Chorführer
zuzutheilen, wofür auch der Sinn derselben spricht, da sie
Befehle des Führers an den geführten Zug enthalten (vgl.
z. B. Vs. 239 ἀλλὰ δεῦρο πᾶς ἐκποδών). Es ergibt sich
also nach vorstehendem folgende Vertheilung des Chorgesangs unter die 24 Personen des Chors.

ΧΟΡΟΥ

ὁ α΄ τῇδε πᾶς ἕπου, δίωκε, καὶ τὸν ἄνδρα πυνθάνου
τῶν ὁδοιπόρων ἁπάντων· τῇ πόλει γὰρ ἄξιον   205
ξυλλαβεῖν τὸν ἄνδρα τοῦτον. ἀλλά μοι μηνύσατε,
εἴ τις οἶδ᾽ ὅποι τέτραπται γῆς ὁ τὰς σπονδὰς φέρων;
ὁ β΄ ἐκπέφευγ᾽, οἴχεται φροῦδος. οἴμοι τάλας τῶν ἐτῶν
                   τῶν ἐμῶν·   210
οὐκ ἂν ἐπ᾽ ἐμῆς γε νεότητος, ὅτ᾽ ἐγὼ φέρων ἀνθρά-
                κων φορτίον
ἠκολούθουν Φαΰλλῳ τρέχων, ὧδε φαύλως ἂν ὁ   215
σπονδοφόρος οὗτος ὑπ᾽ ἐμοῦ τότε διωκόμενος
ἐξέφυγεν οὐδ᾽ ἂν ἐλαφρῶς ἂν ἀπεπλίξατο.
ὁ γ΄ νῦν δ᾽ ἐπειδὴ στερρὸν ἤδη τοὐμὸν ἀντικνήμιον
καὶ παλαιῷ Λακρατείδῃ τὸ σκέλος βαρύνεται,   220
οἴχεται. διωκτέος δέ· μὴ γὰρ ἐγχάνοι ποτὲ
μηδέ περ γέροντας ὄντας ἐκφυγὼν Ἀχαρνέας.
ὁ δ᾽ ὅστις, ὦ Ζεῦ πάτερ καὶ θεοί, τοῖσιν ἐχθροῖσιν
                ἐσπείσατο,   225
οἷσι παρ᾽ ἐμοῦ πόλεμος ἐχθοδοπὸς αὔξεται τῶν ἐμῶν
                χωρίων·
κοὐκ ἀνήσω πρὶν ἂν σχοῖνος αὐτοῖσιν ἀντεμπαγῶ
ὀξύς, ὀδυνηρός, **** ἐπίκωπος, ἵνα   231
μήποτε πατῶσιν ἔτι τὰς ἐμὰς ἀμπέλους.

ΚΟΡΥΦΑΙΟΣ.
ἀλλὰ δεῖ ζητεῖν τὸν ἄνδρα καὶ βλέπειν Βαλλήναδε
καὶ διώκειν γῆν πρὸ γῆς, ἕως ἂν εὑρεθῇ ποτέ·   235
ὡς ἐγὼ βάλλων ἐκεῖνον οὐκ ἂν ἐμπλῄμην λίθοις.

ΔΙΚΑΙΟΠΟΛΙΣ.
εὐφημεῖτε, εὐφημεῖτε.

ΚΟΡΥΦΑΙΟΣ.
σῖγα πᾶς. ἠκούσατ᾽, ἄνδρες, ἆρα τῆς εὐφημίας;
οὗτος αὐτός ἐστιν ὃν ζητοῦμεν. ἀλλὰ δεῦρο πᾶς
ἐκποδών· θύσων γὰρ ἀνήρ, ὡς ἔοικ᾽, ἐξέρχεται.   240

  . . .   .

ΧΟΡΟΥ

ὁ α΄ οὗτος αὐτός ἐστιν, οὗτος.   280

ὁ β΄ βάλλε βάλλε βάλλε βάλλε.

ὁ γ΄ παῖε πᾶς τὸν μιαρόν.

ὁ δ΄ οὐ βαλεῖς, οὐ βαλεῖς;

ΔΙΚΑΙΟΠΟΛΙΣ.

Ἡράκλεις, τουτὶ τί ἐστι; τὴν χύτραν συντρίψετε.

ΧΟΡΟΥ

ὁ ε΄ σὲ μὲν οὖν καταλεύσομεν, ὦ μιαρὰ κεφαλή.   285

ΔΙΚΑΙΟΠΟΛΙΣ.

ἀντὶ ποίας αἰτίας, ὦχαρνέων γεραίτατοι;

ΧΟΡΟΥ

ὁ ϛ΄ τοῦτ᾽ ἐρωτᾷς; ἀναίσχυντος εἶ καὶ βδελυρός,

ὦ προδότα τῆς πατρίδος, ὅστις ἡμῶν μόνος   290

σπεισάμενος εἶτα δύνασαι πρὸς ἔμ᾽ ἀποβλέπειν.

ΔΙΚΑΙΟΠΟΛΙΣ.

ἀντὶ δ᾽ ὧν ἐσπεισάμην ἀκούσατ᾽, ἀλλ᾽ ἀκούσατε.

ΧΟΡΟΥ

ὁ ζ΄ σοῦ γ᾽ ἀκούσωμεν; ἀπολεῖ· κατά σε χώσομεν τοῖς

λίθοις.   295

ΔΙΚΑΙΟΠΟΛΙΣ.

μηδαμῶς, πρὶν ἄν γ᾽ ἀκούσητ᾽· ἀλλ᾽ ἀνάσχεσθ᾽ ὦγαθοί.

ΧΟΡΟΥ

ὁ η΄ οὐκ ἀνασχήσομαι· μηδὲ λέγε μοι σὺ λόγον·

ὡς μεμίσηκά σε Κλέωνος ἔτι μᾶλλον, ὃν   300

κατατεμῶ τοῖσιν ἱππεῦσι καττύματα.

ὁ θ΄ σοῦ δ᾽ ἐγὼ λόγους λέγοντος οὐκ ἀκούσομαι μακρούς,

ὅστις ἐσπείσω Λάκωσιν, ἀλλὰ τιμωρήσομαι.

ΔΙΚΑΙΟΠΟΛΙΣ.

ὦγαθοί, τοὺς μὲν Λάκωνας ἐκποδὼν ἐάσατε,   305

τῶν δ᾽ ἐμῶν σπονδῶν ἀκούσατ᾽, εἰ καλῶς ἐσπεισάμην.

ΧΟΡΟΥ

ὁ ι΄ πῶς δέ γ᾽ ἂν καλῶς λέγοις ἄν, εἴπερ ἐσπείσω γ᾽ ἅπαξ

οἷσιν οὔτε βωμὸς οὔτε πίστις οὔθ᾽ ὅρκος μένει;

284 — 301 = 335 — 346

ΔΙΚΑΙΟΠΟΛΙΣ.

οἶδ' ἐγὼ καὶ τοὺς Λάκωνας, οἷς ἄγαν ἐγκείμεθα,　309
οὐχ ἁπάντων ὄντας ἡμῖν αἰτίους τῶν πραγμάτων.

ΧΟΡΟΥ

ὁ ια΄ οὐχ ἁπάντων ὦ πανοῦργε; ταῦτα δὴ τολμᾷς λέγειν
ἐμφανῶς ἤδη πρὸς ἡμᾶς; εἶτ᾽ ἐγώ σου φείσομαι;

ΔΙΚΑΙΟΠΟΛΙΣ.

οὐχ ἁπάντων οὐχ ἁπάντων· ἀλλ᾽ ἐγὼ λέγων ὁδὶ
πόλλ᾽ ἂν ἀποφήναιμ᾽ ἐκείνους ἔσθ᾽ ἃ κἀδικουμένους.

ΧΟΡΟΥ

ὁ ιβ΄ τοῦτο τοὔπος δεινὸν ἤδη καὶ ταραξικάρδιον,　315
εἰ σὺ τολμήσεις ὑπὲρ τῶν πολεμίων ἡμῖν λέγειν.

ΔΙΚΑΙΟΠΟΛΙΣ.

κἄν γε μὴ λέξω δίκαια, μηδὲ τῷ πλήθει δοκῶ,
ὑπὲρ ἐπιξήνου θελήσω τὴν κεφαλὴν ἔχων λέγειν.

ΧΟΡΟΥ

ὁ ιγ΄ εἰπέ μοι, τί φειδόμεσθα τῶν λίθων, ὦ δημόται,
μὴ οὐ καταξαίνειν τὸν ἄνδρα τοῦτον ἐς φοινικίδα;

ΔΙΚΑΙΟΠΟΛΙΣ.

οἷος αὖ μέλας τις ὑμῖν θυμάλωψ ἐπέζεσεν.　321
οὐκ ἀκούσεσθ᾽ οὐκ ἀκούσεσθ᾽ ἐτεόν, ὦχαρνηΐδαι;

ΧΟΡΟΥ

ὁ ιδ΄ οὐκ ἀκοισόμεσθα δῆτα.

ΔΙΚΑΙΟΠΟΛΙΣ.

δεινά τἄρα πείσομαι.

ΧΟΡΟΥ

ὁ ιε΄ ἐξολοίμην, ἢν ἀκούσω. ὁ ιϛ΄ μηδαμῶς, ὦχαρνικοί.
ὁ ιζ΄ ὡς τεθνήξων ἴσθι νυνί.

ΔΙΚΑΙΟΠΟΛΙΣ.

δήξομ᾽ ἀρ᾽ ὑμᾶς ἐγώ.
ἀνταποκτενῶ γὰρ ὑμῖν τῶν φίλων τοὺς φιλτάτους·　326
ὡς ἔχω γ᾽ ὑμῶν ὁμήρους, οὓς ἀποσφάξω λαβών.

ΧΟΡΟΥ

ὁ ιη΄ εἰπέ μοι, τί τοῦτ᾽ ἀπειλεῖ τοὔπος, ἄνδρες δημόται,
τοῖς Ἀχαρνικοῖσιν ἡμῖν; μῶν ἔχει του παιδίον　329
τῶν παρόντων ἔνδον εἴρξας; ἢ 'πὶ τῷ θρασύνεται;

ΔΙΚΑΙΟΠΟΛΙΣ.

βάλλετ᾽, εἰ βούλεσθ᾽. ἐγὼ γὰρ τουτονὶ διαφθερῶ.
εἴσομαι δ᾽ ὑμῶν τάχ᾽ ὅστις ἀνθράκων τι κήδεται.

ΧΟΡΟΥ

ὁ ιθ᾽ ὡς ἀπωλόμεσθ᾽. ὁ λάρκος δημότης ὅδ᾽ ἔστ᾽ ἐμός.
ὁ κ᾽ ἀλλὰ μὴ δράσῃς ὃ μέλλεις· μηδαμῶς, ὦ μηδαμῶς.

ΔΙΚΑΙΟΠΟΛΙΣ.

ὡς ἀποκτενῶ· κέκραχθ᾽· ἐγὼ γὰρ οὐκ ἀκούσομαι.

ΧΟΡΟΥ

ὁ κά ἀπολεῖς ἄρ᾽ ὁμήλικα τόνδε φιλανθρακέα;   336

ΔΙΚΑΙΟΠΟΛΙΣ.

οὐδ᾽ ἐμοῦ λέγοντος ὑμεῖς ἀρτίως ἠκούσατε.

ΧΟΡΟΥ

ὁ κβ᾽ ἀλλὰ νυνὶ λέγ᾽, εἴ τοι δοκεῖ σοι, τὸ Λακε-
δαιμόνιον αὖθ᾽ ὅτῳ τῷ τρόπῳ σοὐστὶ φίλον·
ὡς τόδε τὸ λαρκίδιον οὐ προδώσω ποτέ.   340

ΔΙΚΑΙΟΠΟΛΙΣ.

τοὺς λίθους νῦν μοι χαμᾶζε πρῶτον ἐξεράσατε.

ΧΟΡΟΥ

ὁ κγ᾽ οὑτοιί σοι χαμαί, καὶ σὺ κατάθου πάλιν τὸ ξίφος.

ΔΙΚΑΙΟΠΟΛΙΣ.

ἀλλ᾽ ὅπως μὴ ᾽ν τοῖς τρίβωσιν ἐγκάθηνταί που λίθοι.

ΧΟΡΟΥ

ὁ κδ᾽ ἐκσέσεισται χαμᾶζ᾽. οὐχ ὁρᾷς σειόμενον;
ἀλλὰ μή μοι πρόφασιν, ἀλλὰ κατάθου τὸ βέλος.   345
ὡς ὅδε γε σειστὸς ἅμα τῇ στροφῇ γίγνεται.

III.

Der Chor in den Rittern Vs. 247—497.

Für die vorliegende Partie der Ritter trifft es sich un-
glücklich, dass Beer, der Begründer einer rationellen Personenvertheilung bei Aristophanes, hier in die Irre gegangen
ist und dadurch eine heillose Unsicherheit in der Personenbezeichnung bei den Herausgebern veranlasst hat, die
übrigens schon bei den alten Erklärern herrschte; vgl. das

Scholion zu 319 (mit Beers Deutung S. 25) und dagegen zu
320 und das Scholion zu 366. Er geht S. 26 von dem
offenbar falschen Grundgedanken aus, Demosthenes oder
vielmehr *OIKETHΣ A* in dem ganzen Abschnitt von der
Bühne zu entfernen, indem er Vs. 234 als dessen letzte
Worte bezeichnet. Die Sache wurde nach meiner Ueberzeugung von Enger wieder ins rechte Geleise gebracht,
welcher Fleckeis. Jahrbb. Bd. 69 S. 365 f. schreibt: „Uebrigens
spricht diese Verse (490 f.) nicht der Chorführer, der erst
auf die Bühne hätte gehen müssen, sondern der Diener, der
passend zum Schluss den Wursthändler ermahnt, da ja von
ihm der ganze Plan ausgegangen war. Ebenso spricht der
Sklave 493. 494. 495—497. Das zeigen ganz deutlich die
Worte des Chors 498 ff. *ἀλλ' ἴθι χαίρων —*, wo nicht nur
diese Worte dem soeben gebrauchten *μέμνησό νυν* entsprechen (vgl. Wo. 887. Thesm. 275), sondern auch derselbe
Gedanke wiederkehrt, der Chor sich also auf eine ganz
unzulässige Weise wiederholen würde. Wie hier, betheiligt
sich überhaupt in dieser ganzen Scene der Sklave ebenso
sehr an der Handlung wie der Chor, die lyrischen Gesänge
natürlich abgerechnet, und es ist zu verwundern, dass dies
nicht nur von den Herausgebern, sondern auch von Beer
nicht bemerkt worden ist, der gerade der Personenvertheilung
seine besondere Aufmerksamkeit zugewandt hat. Dass in
den trochäischen Tetrametern 319—321 der Sklave spricht,
ist bereits (S. 355) erwähnt. In dem strophischen Theile
der iambischen Tetrameter spricht 337 und 341 der Chor,
dagegen sind 359. 360 offenbar dem Sklaven zuzutheilen
und ebenso 366. In dem antistrophischen Theile spricht
421. 422 der Chor, dagegen 427. 428 der Sklave, was auch
der Dichter ganz bestimmt bezeichnet, indem er darauf den
Kleon sagen lässt *ἐγώ σε παύσω τοῦ θράσους, οἶμαι δὲ
μᾶλλον ἄμφω.*" In allen diesen Punkten stimme ich mit
Enger überein, nur die zuletzt genannten Verse 427. 428
belasse ich mit den besten Handschriften, mit Kock, Bergk,
Meineke und v. Velsen ebenso gut wie 421. 422 dem Chore.

Denn der von Enger und nach ihm von Woldemar Ribbeck
zu Vs. 429 angeführte Grund der Personenveränderung,
jenes ἄμφω im Munde des Paphlagoniers, ist in Wahrheit
keiner oder nur ein scheinbarer. Beide Interpreten nehmen
an, dass die Worte: „ich werde dir deine Frechheit schon
austreiben, oder lieber gleich euch beiden" zum Wursthändler und zum Diener gesprochen würden, was sicherlich
das einzig richtige ist (vgl. G. Hermann Wiener Jahrbb.
Bd. 110 S. 55). Dies Verhältniss kann indes immerhin
stattfinden, auch wenn Diener und Wursthändler nicht
gerade unmittelbar vorher geredet haben. Man vergisst bei
Erklärung der Dramatiker leicht, was man stets im Auge
behalten sollte, dass man einen Bühnentext und kein Lese-
stück vor sich hat. Vom Standpunkt des Lesers aus sind
wir natürlich geneigt, ἄμφω auf die beiden letzten Sprecher
zu deuten; der attische Zuschauer aber, für den der Chor
bei aller seiner Theilnahme an dem Vorgang auf der Bühne
durch die lokale Scheidung von den Schauspielern scharf
getrennt blieb, konnte keinen Augenblick darüber in Zweifel
sein, auf wen er ἄμφω zu beziehen habe, wenn er Kleon
mit lebhafter Gestikulation auf den Wursthändler und den
Diener einstürmen sah, mochte auch der Chor sein Sprüch-
lein dazwischen einschalten. Ist also der von Enger an-
gezogene Vers kein Grund für eine Aenderung der überlieferten Person, so ist ein entscheidender Grund dagegen,
dass gerade der Chor es ist, welcher an dem verschmitzten
Fleischdiebstahl des zukünftigen Ministers Vs. 421 f. seine
Freude gehabt hat und demnach hier wie vorhin auf denselben eingehen muss. Ganz derselbe Gesichtspunkt hat
Bergk bei Vertheilung von 436. 437 und 440. 441 (bei 436.
437 auch Meineke) mit Recht geleitet und ihn bewogen mit
Rücksicht auf 433, welche Worte der Sklave spricht, die
angeführten darauf folgenden Verse gleichfalls diesem zuzuweisen. Es erscheint auch in diesem Fall angemessen,
dass ein und dieselbe Person sich in jenen der Schiffer-
sprache entlehnten Bildern bewege. Ausserdem sind noch

zwei Stellen nachzubessern. 274 ertheilt Ribbeck zu diesem
Verse ausser Zweifel richtig dem Wursthändler mit folgenden Worten: „Aus Vs. 276 geht hervor, dass 275 an den
Wursthändler gerichtet ist, folglich 274 vom Wursthändler
gesprochen wird, der sich seit 240 so weit ermuthigt hat,
um jetzt seine Rolle anzufangen. Der Chor greift 276 das
Wort des Kleon, er wolle den Gegner durch schreien sich
vom Halse schaffen, begierig auf und führt so den Anfang
des beabsichtigten Kampfes herbei. Spricht der Chor 274,
wie man bisher angenommen hat, so muss auch σέ 275 den
Chor bedeuten, denn der Wursthändler hat dem Kleon bisher noch gar nicht gezeigt, dass er ihm feindlich entgegentreten will; dann aber fehlt der Zusammenhang mit dem
folgenden.‟ Endlich hat v. Velsen erkannt, dass die Worte
453 ff. $\pi\alpha\tilde{\iota}$ $\alpha\dot{\upsilon}\tau\grave{o}\nu$ $\dot{\alpha}\nu\delta\varrho\iota\varkappa\acute{\omega}\tau\alpha\tau\alpha$ $\varkappa\tau\lambda.$ nicht dem Chore sondern Demosthenes zugehören; nur musste er, um con-
sequent zu handeln, alsdann auch 451 $\pi\alpha\tilde{\iota}$ $\dot{\alpha}\nu\delta\varrho\iota\varkappa\tilde{\omega}_{\varsigma}$ demselben anweisen, da er nur für einen Augenblick durch
Kleons Schmerzensschrei $\dot{\iota}o\grave{\upsilon}$ $\dot{\iota}o\acute{\upsilon},$ $\tau\acute{\upsilon}\pi\tau o\upsilon\sigma\acute{\iota}$ μ' $o\acute{\iota}$ $\xi\upsilon\nu\omega\mu\acute{o}\tau\alpha\iota$
in seiner Anfeuerung unterbrochen wird und gleich darauf
mit dem Wursthändler vereint auf Kleon losschlägt.

Die Anordnungen der Chorkommata in dieser Scene,
die bisher unternommen wurden, beruhen fast sämmtlich
auf der durch gar nichts gebotenen Annahme, dass der
Ritterchor in zwei Halbchöre gespalten aufgetreten sei. Von
der Behauptung Beers, welcher S. 30 f. sogar einen Ritter-
und einen Richterchor unterscheiden wollte, als wäre Vs. 255
zum Chore und nicht vielmehr zum Publikum gesagt, ist
man freilich allgemein zurückgekommen. Aber nachdem
einmal Sauppe in seiner *Epist. crit. ad G. Hermannum*, *Lipsiae*
1841 S. 116 und früher schon Droysen in seiner Uebersetzung den Chor in zwei Hälften getheilt hatte, hat sich
diese irrthümliche Vorstellung von Buch zu Buch fortgepflanzt
und festgesetzt. Enger bietet a. O. S. 360 f. eine Uebersicht
und Kritik der von Sauppe und im Anschluss an diesen
Gelehrten von Th. Kock versuchten Vertheilung und schliesst

hieran, wenn auch nur hypothetisch, seine eigene. „Nach Sauppe sprechen die beiden Halbchöre je 8 Verse, denen je 3 Verse des Kleon folgen, dann der erste Halbchor 4 Verse, der zweite 2 Verse, der erste 2 Verse. Hierin ist keine Symmetrie, da der zweite Halbchor ebenfalls 4 Verse sprechen müsste, und da den letzten 2 Versen des ersten Halbchors nichts entspricht. Dies mag wohl auch Hrn. Kock zu der Annahme (zu Vs. 247) veranlasst haben, dass die 4 Verse 269—272 zu je zweien den Führern der Halbchöre, in welche der Chor der Ritter zerfällt, zuzutheilen seien. Aber dann müsste man auch annehmen, dass in den beiden ersten Stellen zu 8 Versen jedesmal je 4 Verse von den Halbchören gesprochen wurden, was in der Stelle 258—265 nicht angenommen werden kann, da der Sinn der Stelle eine Theilung nicht zulässt. Sind gesonderte Halbchöre anzunehmen, so spricht der erste Halbchor die ersten 8 Verse, worauf Kleon in 3 Versen die Heliasten zu Hülfe ruft, dann der zweite Halbchor wieder 8 Verse, worauf Kleon in 3 Versen die nun auf der eigentlichen Orchestra aufgestellten Ritter zu begütigen sucht. Von nun an spricht wohl nur der Chorführer, allein selbst wenn sich in die 4 Verse der Chor theilte, so tritt doch eine aufgeregtere Stimmung ein und es ist ganz in der Ordnung, dass Kleon einen, dann der Chor gleichfalls einen und wieder Kleon einen Vers spricht. Hierauf entwirft der Chor in zwei Versen den Schlachtplan, die beiden Gegner sprechen gleichfalls je 2 und zum Abschluss auch der Sklave 2 Verse, worauf ein hitziges Gefecht zwischen den beiden Gegnern in einzelnen Dimetern erfolgt." Enger verfährt mit besonnener Vorsicht, wenn er die vorgeschlagene Anordnung ganz von der Bedingung, dass gesonderte Halbchöre anzunehmen seien, abhängig macht. Diese Bedingung ist hier aber keinesfalls erfüllt. Denn worauf kann jene Annahme gegründet werden? Im besten Falle auf den Aufruf des Dieners Vs. 242 f.

ἄνδρες ἱππῆς, παραγένεσθε· νῦν ὁ καιρός. ὦ Σίμων,
ὦ Παναίτι', οὐκ ἐλᾶτε πρὸς τὸ δεξιὸν κέρας;

Hier werden zwei Choreuten namentlich genannt. Da nun Simon und Panaetios uns völlig unbekannt sind, so müssen wir ihre Namen mit denen auf eine Stufe stellen, die Aristophanes so häufig für Personen des Chors erfindet; und wenn ein Scholiast bemerkt: ἵππαρχοι δὲ ὁ Σίμων καὶ ὁ Παναίτιος, so hat er bei unserer totalen Unkenntniss der beiden Persönlichkeiten seine Notiz zu verantworten, und noch mehr haben es die Gelehrten zu verantworten, welche einen beträchtlichen Schritt weiter gehen und aus diesen höchst zweifelhaften Hipparchen sofort zwei Führer des Chors machen. In den Wespen 400 f. lesen wir folgenden an den Chor gerichteten Anruf Philokleons:

οὐ ξυλλήψεσθ᾽ ὁπόσοισι δίκαι τῆτες μέλλουσιν ἔσεσθαι,
ὦ Σμικυθίων καὶ Τισιάδη καὶ Χρήμων καὶ Φερέδειπνε;

Wir haben also genau dasselbe Verhältniss wie in den Rittern, und doch wäre es im höchsten Grade leichtfertig, aus den vier Namen etwa auf die ἡγεμόνες der vier στοῖχοι zu schliessen.

Auf die richtige Auffassung kann uns auch hier das Vorhandensein der gewöhnlichen Indicien für amöbäischen Einzelvortrag des Chors führen, auf welche wir diesmal, um den Leser nicht zu ermüden, nur im vorübergehen hinweisen wollen: zunächst und vor allem auf den leidenschaftlichen Ton der Scene, sodann auf die wiederholte Aufforderung zum dreinschlagen (274. 251), auf die Wiederholungen in der Schimpferei auf Kleons Habgier (248. 258 ff. 313. 326. 402 ff.) und Unverschämtheit (304 ff. 322 f. 397 ff.), auf die wiederkehrende Freude der Choreuten über das Erscheinen eines noch unverschämteren (328 ff. ἀλλ᾽ ἐφάνη γὰρ ἀνὴρ ἕτερος πολὺ σοῦ μιαρώτερος .. 383 ff. ἦν ἄρα πυρός γ᾽ ἕτερα θερμότερα, καὶ λόγων ἐν πόλει τῶν ἀναιδῶν ἀναιδέστεροι ..), auf die vielfachen dem Wursthändler geltenden Ermuthigungsreden (vgl. 421 ὦ δεξιώτατον κρέας und 457 ὦ γεννικώτατον κρέας), ferner auf den Wechsel in der Stimmung des Chors 327: 328, endlich auf die Anrede eines Choreuten an die übrigen 269 f.

Die Vertheilung selber basirt allen Gesetzen entsprechend auf der in diesem ganzen Stück zum ersten Mal von Enger a. O. S. 362 f., später von Wolfgang Helbig Rhein. Mus. N. F. XV S. 253 ff. und Oeri Fleckeis. Jahrbb. 1870 S. 356 ff. nachgewiesenen und behandelten Responsion. Enger unterscheidet einen proodischen, antistrophischen und epodischen Theil, welche er folgendermassen gliedert.

I. Proodischer Theil.

1) 247—283 trochäische Tetrameter und 2) 284—302 trochäische Dimeter.

II. Strophischer und	III. Antistrophischer Theil.
1) 303—313 lyrischer Gesang des Chors mit 2 trochäischen Tetrametern am Schluss.	1) 382—390 (um einen kretischen Dimeter kürzer).
2) 314—321 Dialog, 8 trochäische Tetrameter.	2) 391—396 (2 trochäische Tetrameter ausgefallen).
3) 322—334 lyrischer Gesang des Chors nebst 2 iambischen Tetrametern als Schluss.	3) 397—408.
4) 335—366 Dialog, 32 iambische Tetrameter.	4) 409—440.
5) 367—381 System von 14 iambischen Dimetern und 1 (dem vorletzten) Monometer.	5) 441—456 (442?).

IV. Epodischer Theil.

1) 457—460 4 iambische Tetrameter und 2) 461—497 Trimeter.

In jedem der vier Theile kommt nun immer ein στοῖχος des Chors zur Verwendung, nämlich je ein Choreut in dem proodischen Theil: Vs. 247. 251. 253. 258. 269. 276, in dem strophischen: Vs. 303. 322. 328. 333. 337. 341, in dem antistrophischen: Vs. 382. 397. 402 (an der Versstelle der Strophe). 407. 421. 427, in dem epodischen: Vs. 457.

460. 467. 470. 482. 485. Hiernach schrieb der Dichter vermuthlich in folgender Weise die Rollen aus.

ΧΟΡΟΥ

ὁ α΄ παῖε παῖε τὸν πανοῦργον καὶ ταραξιππόστρατον
καὶ τελώνην καὶ φάραγγα καὶ Χάρυβδιν ἁρπαγῆς,
καὶ πανοῦργον καὶ πανοῦργον· πολλάκις γὰρ αὔτ' ἐρῶ.
καὶ γὰρ οὗτος ἦν πανοῦργος πολλάκις τῆς ἡμέρας.
ὁ β΄ ἀλλὰ παῖε καὶ δίωκε καὶ τάραττε καὶ κύκα   251
καὶ βδελύττου, καὶ γὰρ ἡμεῖς, κἀπικείμενος βόα.
ὁ γ΄ εὐλαβοῦ δὲ μὴ 'κφύγῃ σε· καὶ γὰρ οἶδε τὰς ὁδούς,
ᾅσπερ Εὐκράτης ἔφευγεν εὐθὺ τῶν κυρηβίων.

ΚΛΕΩΝ.

ὦ γέροντες ἡλιασταί, φράτορες τριωβόλου,   255
οὓς ἐγὼ βόσκω κεκραγὼς καὶ δίκαια κἄδικα,
παραβοηθεῖθ', ὡς ὑπ' ἀνδρῶν τύπτομαι ξυνωμοτῶν.

ΧΟΡΟΥ

ὁ δ΄ ἐν δίκῃ γ', ἐπεὶ τὰ κοινὰ πρὶν λαχεῖν κατεσθίεις,
κἀποσυκάζεις πιέζων τοὺς ὑπευθύνους, σκοπῶν
ὅστις αὐτῶν ὠμός ἐστιν ἢ πέπων ἢ μὴ πέπων,   260
κἄν τιν' αὐτῶν γνῷς ἀπράγμον' ὄντα καὶ κεχηνότα,
καταγαγὼν ἐκ Χερρονήσου, διαλαβών, ἀγκυρίσας,
εἶτ' ἀποστρέψας τὸν ὦμον αὐτὸν ἐνεκολήβασας·
καὶ σκοπεῖς γε τῶν πολιτῶν ὅστις ἐστὶν ἀμνοκῶν,
πλούσιος καὶ μὴ πονηρὸς καὶ τρέμων τὰ πράγματα.   265

ΚΛΕΩΝ.

ξυνεπίκεισθ' ὑμεῖς; ἐγὼ δ', ἄνδρες, δι' ὑμᾶς τύπτομαι,
ὅτι λέγειν γνώμην ἔμελλον ὡς δίκαιον ἐν πόλει
ἱστάναι μνημεῖον ὑμῶν ἐστιν ἀνδρείας χάριν.

ΧΟΡΟΥ

ὁ ε΄ ὡς δ' ἀλαζών, ὡς δὲ μάσθλης· εἶδες οἷ' ὑπέρχεται
ὡσπερεὶ γέροντας ἡμᾶς καὶ κοβαλικεύεται;   270
ἀλλ' ἐὰν ταύτῃ γε νικᾷ, ταυτῃὶ πεπλήξεται·
ἢν δ' ὑπεκκλίνῃ γε δευρί, τὸ σκέλος κυρηβάσει.

ΚΛΕΩΝ.

ὦ πόλις καὶ δῆμ', ὑφ' οἵων θηρίων γαστρίζομαι.

ΑΛΛΑΝΤΟΠΩΛΗΣ.
καὶ κέκραγας, ὥσπερ ἀεὶ τὴν πόλιν καταστρέφει;
ΚΛΕΩΝ.
ἀλλ' ἐγώ σε τῇ βοῇ ταύτῃ γε πρῶτα τρέψομαι.   275
ΧΟΡΟΥ
ό ϛ' ἀλλ' ἐὰν μὲν τόνδε νικᾷς τῇ βοῇ, τήνελλος ᾿εἶ·
ἢν δ' ἀναιδείᾳ παρέλθῃ σ', ἡμέτερος ὁ πυραμοῦς.   277

. . . .

ΧΟΡΟΥ
ό ζ' ὦ μιαρὲ καὶ βδελυρὲ καὶ κεκράκτα, [τοῦ] σοῦ θράσους   303
πᾶσα μὲν γῆ πλέα, πᾶσα δ' ἐκκλησία,   305
καὶ τέλη καὶ γραφαὶ καὶ δικαστήρι', ὦ
βορβοροτάραξι καὶ
τὴν πόλιν ἅπασαν ἡμῶν ἀνατετυρβακώς,   310
ὅστις ἡμῶν τὰς Ἀθήνας ἐκκεκώφηκας βοῶν,
κἀπὸ τῶν πετρῶν ἄνωθεν τοὺς φόρους θυννο-
σκοπῶν.   313

. . . .

ΧΟΡΟΥ
ό η' ἆρα δῆτ' οὐκ ἀπ' ἀρχῆς ἐδήλους ἀναί-   322
δειαν, ἥπερ μόνη προστατεῖ τῶν ῥητόρων;
ἦ σὺ πιστεύων ἀμέλγει τῶν ξένων τοὺς καρπίμους,
πρῶτος ὤν· ὁ δ' Ἱπποδάμου λείβεται θεώμενος.   327
ό θ' ἀλλ' ἐφάνη γὰρ ἀνὴρ ἕτερος πολὺ
σοῦ μιαρώτερος, ὥστε με χαίρειν,
ὅς σε παύσει καὶ πάρεισι, δῆλός ἐστιν, αὐτόθεν,
πανουργίᾳ τε καὶ θράσει   331
καὶ κοβαλικεύμασιν.
ό ι' ἀλλ' ὦ τραφεὶς ὅθενπέρ εἰσιν ἄνδρες οἵπερ εἰσίν,
νῦν δεῖξον ὡς οὐδὲν λέγει τὸ σωφρόνως τραφῆναι.
ΑΛΛΑΝΤΟΠΩΛΗΣ.
καὶ μὴν ἀκούσαθ' οἷός ἐστιν οὑτοσὶ πολίτης.   335
ΚΛΕΩΝ.
οὐκ αὖ μ' ἐάσεις;

303 — 381 = 382 — 456

4*

ΑΛΛΑΝΤΟΠΩΛΗΣ.

μὰ Δί᾽, ἐπεὶ κἀγὼ πονηρός εἰμι.

ΧΟΡΟΥ

ὁ ια΄ ἐὰν δὲ μὴ ταύτῃ γ᾽ ὑπείκῃ, λέγ᾽ ὅτι κἀκ πονηρῶν.

ΚΛΕΩΝ.

οὐκ αὖ μ᾽ ἐάσεις;

ΑΛΛΑΝΤΟΠΩΛΗΣ.

μὰ Δία.

ΚΛΕΩΝ.

ναὶ μὰ Δία.

ΑΛΛΑΝΤΟΠΩΛΗΣ.

μὰ τὸν Ποσειδῶ,

ἀλλ᾽ αὐτὸ περὶ τοῦ πρότερος εἰπεῖν πρῶτα διαμα-
χοῦμαι.

ΚΛΕΩΝ.

οἴμοι, διαρραγήσομαι.

ΑΛΛΑΝΤΟΠΩΛΗΣ.

καὶ μὴν ἐγὼ οὐ παρήσω. 340

ΧΟΡΟΥ

ὁ ιβ΄ πάρες πάρες πρὸς τῶν θεῶν αὐτῷ διαρραγῆναι. 341

. . . .

ΧΟΡΟΥ

ὁ ιγ΄ ἦν ἄρα πυρός γ᾽ ἕτερα θερμότερα, καὶ λόγων   382
ἐν πόλει τῶν ἀναιδῶν ἀναιδέστεροι·   385
καὶ τὸ πρᾶγμ᾽ ἦν ἄρ᾽ οὐ φαῦλον ὧδ᾽ ***
ἀλλ᾽ ἔπιθι καὶ στρόβει,
μηδὲν ὀλίγον ποίει. νῦν γὰρ ἔχεται μέσος·
ὡς ἐὰν νυνὶ μαλάξῃς αὐτὸν ἐν τῇ προσβολῇ,
δειλὸν εὑρήσεις· ἐγὼ γὰρ τοὺς τρόπους ἐπίσταμαι. 390

. . . .

ΧΟΡΟΥ

ὁ ιδ΄ ὡς δὲ πρὸς πᾶν ἀναιδεύεται κοὐ μεθί-   397
στησι τοῦ χρώματος τοῦ παρεστηκότος.
εἰ σὲ μὴ μισῶ, γενοίμην ἐν Κρατίνου κῴδιον,   400
καὶ διδασκοίμην προσᾴδειν Μορσίμου τραγῳδίαν.
ὁ ιε΄ ὦ περὶ πάντ᾽ ἐπὶ πᾶσί τε πράγμασι

δωροδόκοισιν ἐπ᾽ ἄνθεσιν ἵζων,
εἴτε φαύλως, ὥσπερ εὗρες, ἐκβάλοις τὴν ἔνθεσιν.
ᾄσαιμι γὰρ τότ᾽ ἂν μόνον·   405
πῖνε πῖν᾽ ἐπὶ συμφοραῖς.
ὁ ις΄ τὸν Ἰουλίου τ᾽ ἂν οἶμαι, γέροντα πυροπίπην,
ἡσθέντ᾽ ἰηπαιωνίσαι καὶ Βακχέβακχον ᾄσαι.   408

. . . .

ΧΟΡΟΥ

ὁ ιζ΄ ὦ δεξιώτατον κρέας, σοφῶς γε προὐνοήσω·   421
ὥσπερ ἀκαλήφας ἐσθίων πρὸ χελιδόνων ἔκλεπτες.

ΑΛΛΑΝΤΟΠΩΛΗΣ.

καὶ ταῦτα δρῶν ἐλάνθανόν γ᾽· εἰ δ᾽ οὖν ἴδοι τις
                              αὐτῶν,
ἀποκρυπτόμενος εἰς τὰ κοχώνα τοὺς θεοὺς ἀπώμνυν·
ὥστ᾽ εἶπ᾽ ἀνὴρ τῶν ῥητόρων ἰδών με τοῦτο δρῶντα·   425
οὐκ ἔσθ᾽ ὅπως ὁ παῖς ὅδ᾽ οὐ τὸν δῆμον ἐπιτροπεύσει.

ΧΟΡΟΥ

ὁ ιη΄ εὖ γε ξυνέβαλεν αὔτ᾽· ἀτὰρ δῆλόν γ᾽ ἀφ᾽ οὗ ξυν-
                              έγνω·
ὁτιὴ ᾽πιώρκεις θ᾽ ἡρπακὼς καὶ κρέας ὁ πρωκτὸς
                              εἶχεν.   428

. . . .

ΧΟΡΟΥ

ὁ ιθ΄ ὦ γεννικώτατον κρέας ψυχήν τ᾽ ἄριστε πάντων,   457
καὶ τῇ πόλει σωτὴρ φανεὶς ἡμῖν τε τοῖς πολίταις,
ὡς εὖ τὸν ἄνδρα ποικίλως θ᾽ ὑπῆλθες ἐν λόγοισιν.
ὁ κ΄ πῶς ἄν σ᾽ ἐπαινέσαιμεν οὕτως ὥσπερ ἡδόμεσθα;   460

ΚΛΕΩΝ.

ταυτὶ μὰ τὴν Δήμητρά μ᾽ οὐκ ἐλάνθανεν
τεκταινόμενα τὰ πράγματ᾽, ἀλλ᾽ ἠπιστάμην
γομφούμεν᾽ αὐτὰ πάντα καὶ κολλώμενα.

ΑΛΛΑΝΤΟΠΩΛΗΣ.

οὔκουν μ᾽ ἐν Ἀργείοις ἃ πράττει λανθάνει.
πρόφασιν μὲν Ἀργείους φίλους ἡμῖν ποιεῖ·   465
ἰδίᾳ δ᾽ ἐκεῖ Λακεδαιμονίοις ξυγγίγνεται.

ΧΟΡΟΤ

ὁ κα΄ οἴμοι, σὺ δ' οὐδὲν ἐξ ἁμαξουργοῦ λέγεις;

ΑΛΛΑΝΤΟΠΩΛΗΣ.

καὶ ταῦτ' ἐφ' οἷσίν ἐστι συμφυσώμενα
ἐγῷδ'· ἐπὶ γὰρ τοῖς δεδεμένοις χαλκεύεται.

ΧΟΡΟΤ

ὁ κβ΄ εὖ γ' εὖ γε, χάλκευ' ἀντὶ τῶν κολλωμένων.   470

ΑΛΛΑΝΤΟΠΩΛΗΣ.

καὶ ξυγκρυτοῦσιν ἄνδρες αὖτ' ἐκεῖθεν αὖ,
καὶ ταῦτά μ' οὔτ' ἀργύριον οὔτε χρυσίον
διδοὺς ἀναπείσεις, οὔτε προσπέμπων φίλους,
ὅπως ἐγὼ ταῦτ' οὐκ Ἀθηναίοις φράσω.

ΚΛΕΩΝ.

ἐγὼ μὲν οὖν αὐτίκα μάλ' εἰς βουλὴν ἰὼν   475
ὑμῶν ἁπάντων τὰς ξυνωμοσίας ἐρῶ,
καὶ τὰς ξυνόδους τὰς νυκτερινὰς ἐν τῇ πόλει,
καὶ πάνθ' ἃ Μήδοις καὶ βασιλεῖ ξυνώμνυτε,
καὶ τἀκ Βοιωτῶν ταῦτα συντυρούμενα.

ΑΛΛΑΝΤΟΠΩΛΗΣ.

πῶς οὖν ὁ τυρὸς ἐν Βοιωτοῖς ὤνιος;   480

ΚΛΕΩΝ.

ἐγώ σε νὴ τὸν Ἡρακλέα παραστορῶ.

ΧΟΡΟΤ

ὁ κγ΄ ἄγε δὴ σὺ τίνα νοῦν ἢ τίνα γνώμην ἔχεις;
νυνὶ διδάξεις, εἴπερ ἀπεκρύψω τότε
εἰς τὰ κοχώνα τὸ κρέας, ὡς αὐτὸς λέγεις.
ὁ κδ΄ θεύσει γὰρ ᾄξας εἰς τὸ βουλευτήριον,   485
ὡς οὗτος εἰσπεσὼν ἐκεῖσε διαβαλεῖ
ἡμᾶς ἅπαντας καὶ κράγον κεκράξεται.

IV.

Der Chor im Frieden Vs. 301—519.

Auch im Frieden müssen wir einer Vorstellung entgegentreten, die sich seit einer Reihe von Jahren in den
Büchern eingenistet hat. Droysen stellte in seiner Uebersetzung die Ansicht auf, dass hier ausser dem legitimen
Chore von 24 Landleuten ein Nebenchor aufgetreten sei,
der aus den Vertretern verschiedener griechischer Städte
bestanden habe. Seine Vermuthung fand allgemeinen Bei-
fall und besonders von Richter in den Prolegomena seiner
Ausgabe S. 33 ff. S. 45 und in den Anmerkungen zu Vs.
301. 556. 730 weitere Ausführung und Begründung. Selbst
Enger ist im Rhein. Mus. N. F. Bd. IX S. 576 ff. nur
der Annahme begegnet, dass innerhalb des Chores im
Frieden neben den Landleuten auch griechische Städte re-
präsentirt und kenntlich gewesen wären; dann fährt er
fort: „Eher könnte man annehmen, dass ausser den 24
Choreuten, welche die Landleute darstellten, noch andere
Chorpersonen auftraten." Dies ist aber gerade Droysens
Ansicht, wie sowohl aus dessen Einleitung zu der Komödie,
als auch aus seinen παρεπιγραφαί im Texte selbst deutlich
hervorgeht.

Als Trygaeos zur Befreiung der Friedensgöttin auffordert, werden von ihm Vs. 296 ff. γεωργοί, ἔμποροι,
τέκτονες, δημιουργοί, μέτοικοι, ξένοι, νησιῶται, überhaupt
das gesammte Hellenenvolk herbeigerufen. Und als darauf
der Chor erschienen ist und sich daran gemacht hat, die
Göttin aus ihrer Grube heraufzuwinden, werden Böoter 466,
Lamachos 473, Argiver 475, Lakoner 478, Megarer 481
und 500, Athener 503 als solche von Trygaeos oder Hermes
getadelt, die sich der rüstigen Arbeit des Chors hindernd
in den Weg stellen. Alle die genannten Personen sollen
den zweiten, ausserordentlichen Chor gebildet und sich dann
später, man weiss nicht wie, in die Diener (ἀκόλουθοι 730)

der Landleute verwandelt haben, welche diesen das Hand-
werkszeug forttragen. Auf die angeführten Verse und auf
weiter nichts beruft man sich um jenen Nebenchor zu
statuiren.

Da wir aus der ersten Hypothesis wissen, dass unser
Stück ἐπὶ ἄρχοντος Ἀλκαίου, ἐν ἄστει, d. h. im März des
Friedensjahres 421 aufgeführt worden ist, da uns ferner
Thukydides V, 20 berichtet, dass der Friede ἐκ Διονυσίων
εὐθὺς τῶν ἀστικῶν (am 26. Tage des Monats Artemisios zu
Sparta und am 24. Tage des Elaphebolion zu Athen Thuk. V,
19) abgeschlossen wurde, so werden wir annehmen dürfen,
dass die Gesandten von Sparta und von ihren Bundes-
staaten sich zur Beschwörung des Friedens bereits in Athen
eingefunden hatten, als der Frieden von Aristophanes in
Scene gesetzt wurde. Dagegen sind wir andrerseits nicht
gezwungen zu behaupten, dass Lamachos, um in Sparta zu
unterzeichnen (Thuk. V, 19. 24), Athen schon verlassen
hatte; er mochte gerade die Feier der grossen Dionysien
noch abwarten und mitmachen wollen. Aber selbst wenn
wir leugnen, dass neben den lakedämonischen Gesandten
auch Abgeordnete ihrer Verbündeten den Eid in Athen
leisteten (Grote Gesch. Gr. übers. von Meissner Bd. III
S. 696), so leuchtet doch wenigstens die Thatsache aus
Aristophanes Worten Vs. 538 ff. mit voller Sicherheit hervor, dass zur Festfeier wo nicht officielle Friedensvertreter,
doch Gastfreunde und Fremde aus den verschiedenen griechischen Städten herbeigeströmt waren. Denn dort sagt
Hermes zu Trygaeos mit einem Blick auf die Zuschauer:

ἴθι νυν, ἄθρει
οἷον πρὸς ἀλλήλας λαλοῦσιν αἱ πόλεις
διαλλαγεῖσαι καὶ γελῶσιν ἄσμεναι, κτλ.

Es ist nun mit ein Hauptingredienz der aristophaneischen Komik, das Publikum in die Handlung des Stücks
hineinzuziehen und über einzelne aus demselben eine oft
bittere Kritik zu üben. Dies geschieht nicht nur in der
Parabase, sondern auch unendlich oft in den Prologen und

Epeisodien. Und gerade die Friedenskomödie, welche ganz
und gar in den Verhältnissen des Augenblicks lebt, und in
ihr wieder diejenige Scene, in welcher die heissersehnte
Εἰρήνη Hellas erscheint, musste dem Dichter die beste Gelegenheit bieten, die im Theater sitzenden und zuschauenden Städter und ihre Zuneigung oder Abneigung dem
Frieden gegenüber zu kritisiren. So erkläre ich denn alle
jene Verse, in denen Lamachos, Böoter, Megarer u. s. w.
gescholten werden, als gesprochen mit Rücksicht auf anwesende Gäste, nicht mit Rücksicht auf ein stummes und
dummes παραχορήγημα. In gleicher Weise redet der Chor
Vs. 302 mit ὦ Πανέλληνες, βοηθήσωμεν nicht jenes, sondern die allgemeine Festversammlung an, ebenso wie Trygaeos 292 ff. die verschiedenen Stände im Zuschauerkreise
und alle Söhne von Hellas zur Hülfe entbietet. Genau so
macht es Demosthenes in den Rittern 225 ff.

> ἀλλ᾽ εἰσὶν ἱππῆς ἄνδρες ἀγαθοὶ χίλιοι
> μισοῦντες αὐτόν, οἳ βοηθήσουσί σοι,
> καὶ τῶν πολιτῶν οἱ καλοί τε κἀγαθοί,
> καὶ τῶν θεατῶν ὅστις ἐστὶ δεξιός,

nur hier mit einem auch für kurzsichtige offenbaren Hin-
weis auf das Publikum. Gehen wir mit dieser Anschauung
an die Lectüre, so empfinden wir noch heute den Effekt,
den die mit einer drohenden Geberde begleiteten Worte des
Trygaeos hervorzubringen geeignet waren:

> οὐ ξυλλήψεσθ᾽; οἳ᾽ ὀγκύλλεσθ᾽·
> οἰμώξεσθ᾽ οἱ Βοιωτοί,

oder wenn derselbe zu dem müssig dasitzenden Lamachos
sagte:

> ὦ Λάμαχ᾽, ἀδικεῖς ἐμποδὼν καθήμενος.

Aber, wird man erwiedern, einige Lakoner müssen doch
sicher mit am Seile gezogen haben wegen Vs. 478

> ΤΡΥ. ἀλλ᾽ οἱ Λάκωνες, ὦγάθ᾽, ἕλκουσ᾽ ἀνδρικῶς.

Wenn nur nicht darauf die Worte folgten:

> ΕΡΜ. ἆρ᾽, οἶσθ᾽ ὅσοι γ᾽ αὐτῶν ἔχονται τοῦ ξύλου,
> μόνοι προθυμοῦντ᾽· ἀλλ᾽ ὁ χαλκεὺς οὐκ ἐᾷ.

Denn hieraus müssten wir alsdann zugleich entnehmen, dass die Gefangenen von Sphakteria her in der Orchestra vom Schmied an den Block gefesselt worden seien. Das ist Unsinn, aber richtige Consequenz der Droysenschen Ansicht. Und eine andere Consequenz ist aus 503 ff. zu schliessen, dass einzelne Athener in einem eigens dazu errichteten δικαστήριον eifrig thätig gewesen sind. — Aus allem erhellt, dass im Frieden nur der reguläre Chor von 24 Personen die Orchestra betrat, welcher aus Landleuten zusammengesetzt war (vgl. Vs. 507. 511. 550. 551. 556. 603). Schon der Zusatz, dieselben wären aus Attika oder speciell aus Athmone gewesen, rührt nicht vom Dichter, sondern von Scholiasten her; bei Aristophanes sind die Choreuten nichts als Bauern. Jene ἀκόλουθοι aber, die dazu verwandt werden dem Chor Seile, Hebebäume u. s. f. abzunehmen, waren natürlich nur Theatersklaven, Manes in der Mehrheit (Vö. 1311, Lys. 908 u. a.), deren Aufgabe es ist, das unnöthig gewordene Theatergeräth fortzuschaffen.

Der also gestaltete Chor wiederholt gleich in seinen beiden ersten Einzugsversen 301 und 302 die Aufforderung an alle Anwesende zu Hülfe herbei zu kommen (δεῦρο πᾶς χώρει = ὦ Πανέλληνες, βοηθήσωμεν). Hierauf geräth er 305 mit Trygaeos in einen Dialog, der sich bis Vs. 345 nur in der beständigen Wiederkehr zweier Gedanken bewegt. Denn bis 321 will das Jubelgeschrei, und von da an auch der Jubeltanz der Bauern kein Ende nehmen. Trygaeos wird nicht müde, sie zur Ruhe zu verweisen, der Chor hingegen motivirt unaufhörlich Geschrei und Tanz durch die Freude über das Aufhören des Krieges. Derselbe Ton der Einzelrede dauert in der folgenden kretisch-trochäischen Strophe 346—360 fort, welche aus in sich abgerundeten Kommata besteht. 346 wünscht sich ein Choreut den Tag des Friedens zu erleben; ein anderer erinnert 347 an die ausgestandenen Kriegsstrapazen; andere wieder versichern dann ihren harten Sinn mit einem sanften vertauschen zu wollen 349 und 351; 354 springt die Unterhaltung wie-

der auf die Kriegsexercitien zurück; endlich wird 357 Trygaeos das Obercommando übertragen. Zu dieser Abtheilung
nach dem Sinn stimmt genau die eurhythmische Gliederung
bei J. H. Heinrich Schmidt Antike Compositionsl. S. CCLV.

Als die Antistrophe von 346—360 trage ich keinen
Zweifel mit Porson das Lied 385· 399 zu bezeichnen,
nicht 582—600, wie Bergk angibt, oder gar 385—399 und
582—600, wie Dindorf *Metra Aeschyli etc.* S. 348 und Enger
De respons. apud Ar. S. 4 behaupten. Denn obschon alle
drei Lieder in erkennbarer metrischer Entsprechung stehen,
so konnte doch vom Zuschauer nur eines als Antistrophe
zu 346—360 empfunden werden, und dieses musste das
zunächst folgende sein; 582—600 konnte der Hörer wegen
des bedeutenden Zeitabstandes zwischen Vs. 360 und 582
unmöglich als Antistrophe fühlen. Ausserdem liegt es im
Wesen antistrophischer Composition, dass paarweise Responsion stattfindet, was seinen Grund in der scenischen Darstellung hat, mag man nun Halbchöre oder Rechts- und
Linksschwenkung bei Ausführung der Strophen annehmen.
Wir dürfen daher nur sagen, dass 582—600 nach dem
Muster der voraufgegangenen Strophen gesetzt sei. Jene
Verse 385—399, welche sich hiernach als Antistrophe her-
ausstellen, enthalten in einzelnen, von einander abgegrenzten
Kommata die wiederholte Beschwichtigung des zürnenden
Hermes. Vs. 389 mischt sich Trygaeos mit einer Einrede
in die Worte des Chors: dies konnte er sehr wohl thun,
wenn ein einzelner Choreut bei 388 zu sprechen aufhörte
und einen Augenblick Pause war; den volltönenden Gesang
des Gesammtchors aber hätte er nicht unterbrechen können.

Unter den folgenden zur Arbeit gesungenen Versen ist
einer, den der Chor nun und nimmer in seiner Gesammtheit aussprechen konnte, 496

ὡς κακόνοι τινές εἰσιν ἐν ἡμῖν.

Da trotz aller Anstrengung das Werk nicht fortrückt, so
kommt hier ein Landmann auf die Vermuthung, es möchten
unter seinen Genossen doch auch böswillige mit am Tau

sein. Unter *ἐν ἡμῖν* im Munde des Chors ist selbstver-
ständlich der Chor, und nicht etwa, wie auch behauptet
worden ist, das vermeintliche *παραχορήγημα* zu verstehen.
Denn wenn der Chor von sich spricht, meint er doch wohl
sich, und nicht Lamachos, Lakoner, Megarer und wer weiss
wen? 499 vermuthet ein anderer Landmann allgemeiner
als der erste:

$$\text{ἀλλ' εἴσ' οἳ κωλύουσιν.}$$

Und dieses Wort gibt dann Hermes Veranlassung 500 von
neuem gegen die Megarer im Zuschauerraum loszubrechen.
Hier will ich noch nachtragen, dass auch weder 508 noch
511 als Beweisstellen für den Nebenchor angeführt werden
dürfen. Es versteht sich, dass die Bauern allein zugreifen
und die Göttin allein hervorziehen — *κάλλος οὐδείς*, da das
Publikum ruhig auf seinen Plätzen bleibt.

Völlig auf der Hand liegt endlich die Bemerkung, dass
in dem letzten Liede dieser Scene 512—519 abwechselnder
Solovortrag statthatte, da es ganz und gar aus gesonderten,
anfeuernden Ausrufen, die der Chor an sich selber richtet,
zusammengesetzt ist. Die Interjectionen am Schluss dürfen
wir uns bei der Aufführung beliebig erweitert denken. In
betreff ihrer rhythmischen Herstellung vgl. Richter a. O.
S. 54 und O. Hense Heliodoreische Unters., Leipzig 1870
S. 91.

Das Resultat ist Annahme einzelner Choreuten in der
behandelten Stelle. Alles aber, was Muff S. 26 ausführt,
und überhaupt das ganze von ihm beigebrachte Moment der
Orchesis beweist nur, dass hier 321 ff. wie auch sonst bei
Aristophanes der ganze Chor getanzt hat (woran wohl
Niemand zweifelt), nicht beweist jenes Moment, dass in
Tanzscenen der ganze Chor auch gesungen hat. Vgl.
übrigens H. Buchholtz Tanzkunst des Euripides, Leipzig
1871 S. 146 f.

Die Scene hat es mit der in den Rittern gemeinsam,
dass die Personenbezeichnung in ihr unsicher ist, namentlich von der Stelle ab, wo der Chor an die Arbeit geht.

Indem wir Bergks Vertheilung zu Grunde legen, geben wir unsere Abweichungen. Betrachten wir zunächst die Strophen 459—472 = 486—499, so bemerken wir deutliche Spuren einer beabsichtigten Responsion auch in den redenden Personen, auf welche wir als von Aristophanes hie und da beliebt und gesucht schon bei den Wespen 405—429 = 463—487 hingewiesen haben. Hier ist die Personenfolge in der Antistrophe richtig überliefert und danach in der Strophe zu berichtigen. 472 hat schon Dindorf und Bergk mit Recht dem Chor angewiesen, derselbe erhält nach Massgabe der Antistrophe 463, wogegen er 460 und 462 verliert und an Trygaeos abgibt. Damit werden wir dem von v. Velsen Rhein. Mus. N. F. Bd. XX S. 398 treffend beobachteten Vertheilungsprincip gerecht, dem zur Folge Hermes in erster, Trygaeos in zweiter, der Chor in dritter Linie steht. Dasselbe Verfahren die Personenzeichen zu berichtigen, hat übrigens schon Heliodor eingeschlagen, indem er jedoch irrig die Strophe als massgebend ansah. O. Hense a. O. In den zwischen den beiden Strophen liegenden Trimetern ist Bergk mit Unrecht bei Vs. 484 und 481 von der Anordnung des Rav. abgewichen. Vielmehr ist 484 Trygaeos, 481 Hermes zu lassen, die übrigen Bezeichnungen aber sind rückwärts schreitend so zu bessern, dass 479 Trygaeos, 478 Hermes, 475 Trygaeos, 473 Hermes erhält.

Wir setzen nun diesmal sogleich den Text nach unserer Anordnung hin und lassen darnach erst die scenisch- metrische Erläuterung folgen.

ΧΟΡΟΥ

ὁ α΄ δεῦρο πᾶς χώρει προθύμως εὐθὺ τῆς σωτηρίας.
ὁ β΄ ὦ Πανέλληνες, βοηθήσωμεν, εἴπερ πώποτε,
  τάξεων ἀπαλλαγέντες καὶ κακῶν φοινικικῶν·
  ἡμέρα γὰρ ἐξέλαμψεν ἥδε μισολάμαχος.
ὁ γ΄ πρὸς τάδ' ἡμῖν, εἴ τι χρὴ δρᾶν, φράξε κἀρχιτε-
      κτόνει,   305
  οὐ γὰρ ἔσθ' ὅπως ἀπειπεῖν ἂν δοκῶ μοι τήμερον,

πρὶν μοχλοῖς καὶ μηχαναῖσιν εἰς τὸ φῶς ἀνελκύσαι
τὴν θεῶν πασῶν μεγίστην καὶ φιλαμπελωτάτην.

ΤΡΥΓΑΙΟΣ.

οὐ σιωπήσεσθ᾽, ὅπως μὴ περιχαρεῖς τῷ πράγματι
τὸν Πόλεμον ἐκζωπυρήσετ᾽ ἔνδοθεν κεκραγότες;   310

ΧΟΡΟΥ

ὃ δ᾽ ἀλλ᾽ ἀκούσαντες τοιούτου χαίρομεν κηρύγματος.
οὐ γὰρ ἦν ἔχοντας ἥκειν σιτί᾽ ἡμερῶν τριῶν.

ΤΡΥΓΑΙΟΣ.

εὐλαβεῖσθέ νυν ἐκεῖνον τὸν κάτωθεν Κέρβερον,
μὴ παφλάζων καὶ κεκραγώς, ὥσπερ ἡνίκ᾽ ἐνθάδ᾽ ἦν,
ἐμποδὼν ἡμῖν γένηται τὴν θεὸν μὴ ᾽ξελκύσαι.   315

ΧΟΡΟΥ

ὃ ε᾽ οὔτι καὶ νῦν ἔστιν αὐτὴν ὅστις ἐξαιρήσεται,
ἣν ἅπαξ ἐς χεῖρας ἔλθῃ τὰς ἐμάς. ἰοῦ ἰοῦ.

ΤΡΥΓΑΙΟΣ.

ἐξολεῖτέ μ᾽, ὦνδρες, εἰ μὴ τῆς βοῆς ἀνήσετε·
ἐκδραμὼν γὰρ πάντα ταυτὶ συνταράξει τοῖν ποδοῖν.

ΧΟΡΟΥ

ὃ ϛ᾽ ὡς κυκάτω καὶ πατείτω πάντα καὶ ταραττέτω,   320
οὐ γὰρ ἂν χαίροντες ἡμεῖς τήμερον παυσαίμεθ᾽ ἄν.

ΤΡΥΓΑΙΟΣ.

τί τὸ κακόν; τί πάσχετ᾽, ὦνδρες; μηδαμῶς, πρὸς τῶν
θεῶν,
πρᾶγμα κάλλιστον διαφθείρητε διὰ τὰ σχήματα.

ΧΟΡΟΥ

ὃ ζ᾽ ἀλλ᾽ ἔγωγ᾽ οὐ σχηματίζειν βούλομ᾽, ἀλλ᾽ ὑφ᾽ ἡδονῆς
οὐκ ἐμοῦ κινοῦντος αὐτὼ τὼ σκέλη χορευέτον.   325

ΤΡΥΓΑΙΟΣ.

μή τι καὶ νυνί.γ᾽ ἔτ᾽, ἀλλὰ παῦε παῦ᾽ ὀρχούμενος.

ΧΟΡΟΥ

ὃ η᾽ ἢν ἰδού, καὶ δὴ πέπαυμαι.

ΤΡΥΓΑΙΟΣ.

φῂς γε, παύει δ᾽ οὐδέπω.

ΧΟΡΟΥ

ὃ θ᾽ ἓν μὲν οὖν τουτί μ᾽ ἔασον ἑλκύσαι, καὶ μηκέτι.

ΤΡΥΓΑΙΟΣ.

τοῦτό νυν, καὶ μηκέτ᾽ ἄλλο μηδὲν ὀρχήσεσθ᾽ ἔτι.

ΧΟΡΟΥ

ὁ ί οὐκ ἂν ὀρχησαίμεθ᾽, εἴπερ ὠφελήσαιμέν τί σε.

ΤΡΥΓΑΙΟΣ.

ἀλλ᾽ ὁρᾶτ᾽, οὔπω πέπαυσθε.

ΧΟΡΟΥ

ὁ ια'   τουτογί νὴ τὸν Δία   331
τὸ σκέλος ῥίψαντες ἤδη λήγομεν τὸ δεξιόν.

ΤΡΥΓΑΙΟΣ.

ἐπιδίδωμι τοῦτό γ᾽ ὑμῖν, ὥστε μὴ λυπεῖν ἔτι.

ΧΟΡΟΥ

ὁ ιβ' ἀλλὰ καὶ τἀριστερόν τοί μοῦστ᾽ ἀναγκαίως ἔχον.
ἤδομαι γὰρ καὶ γέγηθα καὶ πέπορδα καὶ γελῶ   335
μᾶλλον ἢ τὸ γῆρας ἐκδὺς ἐκφυγὼν τὴν ἀσπίδα.

ΤΡΥΓΑΙΟΣ.

μή τι καὶ νυνί γε χαίρετ᾽· οὐ γὰρ ἴστε πω σαφῶς·
ἀλλ᾽ ὅταν λάβωμεν αὐτήν, τηνικαῦτα χαίρετε
καὶ βοᾶτε καὶ γελᾶτ᾽· ἤ-
δη γὰρ ἐξέσται τόθ᾽ ὑμῖν   340
πλεῖν, μένειν, κινεῖν, καθεύδειν,
ἐς πανηγύρεις θεωρεῖν,
ἑστιᾶσθαι, κοτταβίζειν,
συβαρίζειν,
ἰοῦ ἰοῦ κεκραγέναι.   345

ΧΟΡΟΥ

ὁ ιγ' εἰ γὰρ ἐκγένοιτ᾽ ἰδεῖν ταύτην με τὴν ἡμέραν.
ὁ ιδ' πολλὰ γὰρ ἀνεσχόμην
πράγματά τε καὶ στιβάδας,
ἃς ἔλαχε Φορμίων.
ὁ ιε' κοὐκέτ᾽ ἄν μ᾽ εὕροις δικαστὴν δριμὺν οὐδὲ δύσκολον,
οὐδὲ τοὺς τρόπους γε δήπου σκληρόν, ὥσπερ καὶ
πρὸ τοῦ.   350
ὁ ιϛ' ἀλλ᾽ ἁπαλὸν ἄν μ᾽ ἴδοις
καὶ πολὺ νεώτερον,

346 — 360 ═ 385 — 399

ἀπαλλαγέντα πραγμάτων.
ὁ ιζ΄ καὶ γὰρ ἱκανὸν χρόνον ἀ-
πολλύμεθα καὶ κατατε-   355
τρίμμεθα πλανώμενοι
ἐς Λύκειον κἀκ Λυκείου σὺν δόρει σὺν ἀσπίδι.
ὁ ιη΄ ἀλλ᾽ ὅ τι μάλιστα χαρι-
ούμεθα ποιοῦντες, ἄγε
φράζε· σὲ γὰρ αὐτοκράτορ᾽
εἵλετ᾽ ἀγαθή τις ἡμῖν τύχη.   360

. . . .

ΧΟΡΟΥ
ὁ ιθ΄ μηδαμῶς, ὦ δέσποθ᾽ Ἑρμῆ. ὁ κ΄ μηδαμῶς, μηδαμῶς.   385
ὁ κα΄ εἴ τι κεχαρισμένον   386
χοιρίδιον οἶσθα παρ᾽ ἐ-
μοῦ γε κατεδηδοκώς,
τοῦτο μὴ φαῦλον νόμιζ᾽ ἐν τῷδε τῷ πράγματι.

ΤΡΥΓΑΙΟΣ.
οὐκ ἀκούεις οἷα θωπεύουσί σ᾽, ὦναξ δέσποτα;

ΧΟΡΟΥ
ὁ κβ΄ μὴ γένῃ παλίγκοτος   390
ἀντιβολοῦσιν ἡμῖν,
ὥστε τήνδε μὴ λαβεῖν.
ὁ κγ΄ ἀλλὰ χάρισ᾽, ὦ φιλαν-
θρωπότατε καὶ μεγαλο-
δωρότατε δαιμόνων,
εἴ τι Πεισάνδρου βδελύττει τοὺς λόφους καὶ τὰς
ὀφρῦς.   395
ὁ κδ΄ καί σε θυσίαισιν ἱε-
ραῖσι προσόδοις τε μεγά-
λαισι διὰ παντός, ὦ
δέσποτ᾽, ἀγαλοῦμεν ἡμεῖς ἀεί.   399

. . . .

ΕΡΜΗΣ.
οἴμ᾽ ὡς ἐλεήμων εἴμ᾽ ἀεὶ τῶν χρυσίδων.   425

ὑμέτερον ἐντεῦθεν ἔργον, ὦνδρες. ἀλλὰ ταῖς ἅμαις
εἰσιόντες ὡς τάχιστα τοὺς λίθους ἀφέλκετε.

ΚΟΡΥΦΑΙΟΣ.

ταῦτα δράσομεν· σὺ δ' ἡμῖν, ὦ θεῶν σοφώτατε,
ἅττα χρὴ ποιεῖν ἐφεστὼς φράζε δημιουργικῶς·
τἄλλα δ' εὑρήσεις ὑπουργεῖν ὄντας ἡμᾶς οὐ κακούς. 430

ΤΡΥΓΑΙΟΣ.

ἄγε δή, σὺ ταχέως ὕπεχε τὴν φιάλην, ὅπως
ἔργῳ 'φιαλοῦμεν, εὐξάμενοι τοῖσιν θεοῖς.
σπονδὴ σπονδή·
εὐφημεῖτε εὐφημεῖτε.
σπένδοντες εὐχόμεσθα τὴν νῦν ἡμέραν   435
Ἕλλησιν ἄρξαι πᾶσι πολλῶν κἀγαθῶν,
χὥστις προθύμως ξυλλάβοι τῶν σχοινίων,
τοῦτον τὸν ἄνδρα μὴ λαβεῖν ποτ' ἀσπίδα.

ΧΟΡΟΥ

ὁ α΄ μὰ Δί', ἀλλ' ἐν εἰρήνῃ διαγαγεῖν τὸν βίον,
ἔχονθ' ἑταίραν καὶ σκαλεύοντ' ἄνθρακας.   440

ΤΡΥΓΑΙΟΣ.

ὅστις δὲ πόλεμον μᾶλλον εἶναι βούλεται,
μηδέποτε παύσασθ' αὐτόν, ὦ Διόνυσ' ἄναξ,
ἐκ τῶν ὀλεκράνων ἀκίδας ἐξαιρούμενον.

ΧΟΡΟΥ

ὁ β΄ κεἴ τις ἐπιθυμῶν ταξιαρχεῖν σοὶ φθονεῖ
εἰς φῶς ἀνελθεῖν, ὦ πότνι', ἐν ταῖσιν μάχαις   445
πάσχοι γε τοιαῦθ' οἷάπερ Κλεώνυμος.

ΤΡΥΓΑΙΟΣ.

κεἴ τις δορυξὸς ἢ κάπηλος ἀσπίδων,
ἵν' ἐμπολᾷ βέλτιον, ἐπιθυμεῖ μαχῶν,
ληφθεὶς ὑπὸ λῃστῶν ἐσθίοι κριθὰς μόνας.

ΧΟΡΟΥ

ὁ γ΄ κεἴ τις στρατηγεῖν βουλόμενος μὴ ξυλλάβῃ,   450
ἢ δοῦλος αὐτομολεῖν παρεσκευασμένος,
ἐπὶ τοῦ τροχοῦ γ' ἕλκοιτο μαστιγούμενος.

ΤΡΥΓΑΙΟΣ.

ἡμῖν δ' ἀγαθὰ γένοιτ'. ἰὴ παιών, ἰή.

ΧΟΡΟΥ
ὁ δ᾽ ἄφελε τὸ παίειν, ἀλλ᾽ ἰὴ μόνον λέγε.

ΤΡΥΓΑΙΟΣ.
ἰὴ ἰὴ τοίνυν, ἰὴ μόνον λέγω   455
Ἑρμῆ, Χάρισιν, Ὥραισιν, Ἀφροδίτῃ, Πόθῳ.

ΧΟΡΟΥ
ὁ ε΄ Ἄρει δὲ μή.

ΤΡΥΓΑΙΟΣ.
μή.

ΧΟΡΟΥ
ὁ ϛ΄   μηδ᾽ Ἐνυαλίῳ γε.

ΤΡΥΓΑΙΟΣ.
μή.
ὑπότεινε δὴ πᾶς, καὶ κάταγε τοῖσιν κάλως.

ΕΡΜΗΣ.
ὦ εἶα.

ΤΡΥΓΑΙΟΣ.
εἶα μάλα.   460

ΕΡΜΗΣ.
ὦ εἶα.

ΤΡΥΓΑΙΟΣ.
ἔτι μάλα.

ΧΟΡΟΥ
ὁ ζ΄ ὦ εἶα, ὦ εἶα.

ΤΡΥΓΑΙΟΣ.
ἀλλ᾽ οὐχ ἕλκουσ᾽ ἄνδρες ὁμοίως.
οὐ ξυλλήψεσθ᾽; οἳ᾽ ὀγκύλλεσθ᾽·   465
οἰμώξεσθ᾽ οἱ Βοιωτοί.

ΕΡΜΗΣ.
εἶα νῦν.

ΤΡΥΓΑΙΟΣ.
εἶα ὦ.

ΧΟΡΟΥ
ὁ η΄ ἀλλ᾽ ἄγετον, ξυνεφέλκετε καὶ σφώ.

459 — 472 = 486 — 499

ΤΡΥΓΑΙΟΣ.

οὔκουν ἕλκω κἀξαρτῶμαι   470
κἀπεμπίπτω καὶ σπουδάζω;

ΧΟΡΟΥ

ὁ θ' πῶς οὖν οὐ χωρεῖ τοὔργον;

ΕΡΜΗΣ.

ὦ Λάμαχ', ἀδικεῖς ἐμποδὼν καθήμενος.
οὐδὲν δεόμεθ', ὦνθρωπε, τῆς σῆς μορμόνος.

ΤΡΥΓΑΙΟΣ.

οὐδ' οἵδε γ' εἷλκον οὐδὲν ἀργεῖοι πάλαι   475
ἀλλ' ἢ κατεγέλων τῶν ταλαιπωρουμένων,
καὶ ταῦτα διχόθεν μισθοφοροῦντες ἄλφιτα.

ΕΡΜΗΣ.

ἀλλ' οἱ Λάκωνες, ὦγάθ', ἕλκουσ' ἀνδρικῶς.

ΤΡΥΓΑΙΟΣ.

ἆρ' οἶσθ' ὅσοι γ' αὐτῶν ἔχονται τοῦ ξύλου,
μόνοι προθυμοῦντ'· ἀλλ' ὁ χαλκεὺς οὐκ ἐᾷ.   480

ΕΡΜΗΣ.

οὐδ' οἱ Μεγαρῆς δρῶσ' οὐδέν· ἕλκουσιν δ' ὅμως
γλισχρότατα σαρκάζοντες ὥσπερ κυνίδια,
ὑπὸ τοῦ γε λιμοῦ νὴ Δί' ἐξολωλότες.

ΤΡΥΓΑΙΟΣ.

οὐδὲν ποιοῦμεν, ὦνδρες, ἀλλ' ὁμοθυμαδὸν
ἅπασιν ἡμῖν αὖθις ἀντιληπτέον.   485

ΕΡΜΗΣ.

ὦ εἶα.

ΤΡΥΓΑΙΟΣ.

εἶα μάλα.

ΕΡΜΗΣ.

ὦ εἶα.

ΤΡΥΓΑΙΟΣ.

εἶα νὴ Δία.

ΧΟΡΟΥ

ὁ ι' μικρόν γέ κινοῦμεν.   490

ΤΡΥΓΑΙΟΣ.

οὔκουν δεινὸν ****

5*

τοὺς μὲν τείνειν, τοὺς δ' ἀντισπᾶν;
πληγὰς λήψεσθ', ὦργεῖοι.

ΕΡΜΗΣ.

εἶά νυν.

ΤΡΥΓΑΙΟΣ.

εἶα ὦ.   495

ΧΟΡΟΥ

ὁ ια΄ ὡς κακόνοι τινές εἰσιν ἐν ἡμῖν.

ΤΡΥΓΑΙΟΣ.

ὑμεῖς μέν γ' οὖν οἱ κιττῶντες
τῆς εἰρήνης σπᾶτ' ἀνδρείως.

ΧΟΡΟΥ

ὁ ιβ΄ ἀλλ' εἶσ' οἳ κωλύουσιν.

ΕΡΜΗΣ.

ἄνδρες Μεγαρῆς, οὐκ ἐς κόρακας ἐρρήσετε;   500
μισεῖ γὰρ ὑμᾶς ἡ θεὸς μεμνημένη·
πρῶτοι γὰρ αὐτὴν τοῖς σκορόδοις ἠλείψατε.
καὶ τοῖς Ἀθηναίοισι παύσασθαι λέγω
ἐντεῦθεν ἐχομένοις ὅθεν νῦν ἕλκετε·
οὐδὲν γὰρ ἄλλο δρᾶτε πλὴν δικάζετε.   505
ἀλλ' εἴπερ ἐπιθυμεῖτε τήνδ' ἐξελκύσαι,
πρὸς τὴν θάλατταν ὀλίγον ὑποχωρήσατε.

ΚΟΡΥΦΑΙΟΣ.

ἄγ', ὦνδρες, αὐτοὶ δὴ μόνοι λαβώμεθ' οἱ γεωργοί.

ΕΡΜΗΣ.

χωρεῖ γέ τοι τὸ πρᾶγμα πολλῷ μᾶλλον, ὦνδρες, ὑμῖν.

ΚΟΡΥΦΑΙΟΣ.

χωρεῖν τὸ πρᾶγμά φησιν· ἀλλὰ πᾶς ἀνὴρ προ
θυμοῦ.   510

ΤΡΥΓΑΙΟΣ.

οἵ τοι γεωργοὶ τοὔργον ἐξέλκουσι, κἄλλος οὐδείς.

ΧΟΡΟΥ

ὁ ιγ΄ ἄγε νυν, ἄγε πᾶς.
ὁ ιδ΄ καὶ μὴν ὁμοῦ 'στιν ἤδη.
ὁ ιε΄ μή νυν ἀνῶμεν, ἀλλ' ἔπεν
τείνωμεν ἀνδρικώτερον.   515
ὁ ις΄ ἤδη 'στὶ τοῦτ' ἐκεῖνο.

ὁ ιζ' ὦ εἶα νῦν. ὁ ιη' ὦ εἶα πᾶς.
ὁ ιθ' ὦ εἶα, εἶα, εἶα νῦν. ὁ κ' ὦ εἶα, εἶα, εἶα πᾶς.
ὁ κα' ὦ εἶα, εἶα, εἶα νῦν. ὁ κβ' ὦ εἶα, εἶα, εἶα πᾶς.
ὁ κγ' ὦ εἶα, εἶα, εἶα νῦν. ὁ κδ' ὦ εἶα, εἶα, εἶα πᾶς.

Aus vorstehendem ist ersichtlich, dass hier sowie in den Wespen die 24 einzelnen Mitglieder des Chors zweimal hinter einander zum Vortrag herankommen. Die trochäischen Tetrameter mit angeschlossenem trochäischem System 301—345 enthalten gerade 12 Chorkommata, d. h. die zwei ersten στοῖχοι; die folgende Strophe 346—360 umfasst den dritten, und die Antistrophe 385—399 den vierten στοῖχος. In der letzteren tritt bis Vs. 389 der Personenwechsel nicht an gleicher Stelle mit der Strophe ein, weil ein Schauspieler mit jenem Verse die Rede des Chors unterbricht, in Gemässheit des in den Wespen beobachteten zweiten Gesetzes. Obwohl man hier auch an die folgende, der Strophe entsprechende Personenanordnung denken könnte:

XOPOY

ὁ ιθ' μηδαμῶς, ὦ δέσποθ' Ἑρμῆ, μηδαμῶς, μηδαμῶς.
ὁ κ' εἴ τι κεχαρισμένον
χοιρίδιον οἶσθα παρ' ἐ-
μοῦ γε κατεδηδοκώς —
ὁ κα' τοῦτο μὴ φαῦλον νόμιζ' ἐν τῷδε τῷ πράγματι.

Denn bei der übergrossen Erregtheit des Chors ist es denkbar, dass einer dem andern ins Wort fallend ihm dasselbe aus dem Munde nimmt. Weiterhin bieten die Trimeter 431—458 nach der Ueberlieferung 6 Aussprüche des Chors, also einen στοῖχος, die Strophen 459—472 = 486—499 einen zweiten, die Strophe 512—519 endlich den dritten und vierten. Ausserdem gelangt der Chorführer in den trochäischen Tetrametern 426—430 einmal und in den iambischen Tetrametern 508—511 zweimal ausser der Reihe zum sprechen. Die beiden letzteren Kommata sind Commandowörter an die Choreuten, im ersten Falle bezeugt der Koryphaeos Hermes gegenüber im Namen des Gesammtchors seine Ergebenheit.

V.

Der Chor in den Vögeln Vs. 310—450.

Es ist nicht etwa willkürlich, wenn wir bei Vs. 450 einen Abschluss in der Entwickelung der Komödie ansetzen. Hier grenzt sich vielmehr in der That eine Scene ab, wie auch Köchly in seiner Abhandlung über die Vögel des Aristophanes (Züricher Gratulationsschrift zum funfzigjährigen Doctorjubiläum Böckhs 1857) S. 9 die zweite Scene des ersten Acts bis hierher reichen lässt, welche er passend „die Verständigung Vs. 211—450" benennt. Zeigt somit der Gedankengang, dass der 451 beginnende Chorgesang vom vorhergehenden abzutrennen und zum folgenden zu ziehen ist, so beweist dasselbe die äusserliche Form, ich meine die von W. Helbig im Rhein. Mus. N. F. XV S. 251 ff. nachgewiesene Responsion 451 — 538 = 539 — 626, in welchen Abschnitten das „Sonst" und das „Künftig" sich entsprechen. Vgl. Oeri *De responsionis apud Ar. rationibus atque generibus, Bonnae* 1865 S. 25 und in Fleckeis. Jahrbb. 1870 S. 356.

Der erste Abschnitt des ganzen zu behandelnden Stückes ist 310—326, enthaltend einen Dialog zwischen dem Chor und König Epops, in welchem letzterer dem Vogelchor die Ankunft von Peithetaeros und Euelpides mittheilt. Die Vögel in höchster Aufregung anfänglich in dochmischen Trimetern (Vs. 310. 315) sprechend gehen dann zu den ruhigeren trochäischen Tetrametern des Wiedehopfs über. Indiz für einzeln redende Choreuten ist in diesem Theile namentlich die Wiederholung desselben Gedankens sowohl in den Fragen des Chors als in den Antworten des Wiedehopfs. Epops wiederholt fortwährend seine Aussage von der Ankunft zweier Männer, der Chor fragt wegen der Unglaublichkeit der Mittheilung immer von neuem danach. S. die Fragen 315 = 319 = 323. 323 = 325 und die Antworten 317 = 320 = 324. — Den zweiten Abschnitt bilden die beiden Strophen 327—335 = 343—351, freie anapästische Systeme. Der Chor ist empört über den Verrath des Wiedehopfs und wendet sich racheschnaubend in der Strophe gegen diesen, in der Antistrophe gegen seine Schützlinge Peithetaeros und Euelpides. Ausserdem sind der Strophe wie der Antistrophe zwei trochäische Tetrameter angehängt. Dass diese von andern Personen des Chors gesprochen wurden als die voranstehende Strophe resp. Antistrophe, zeigt die Gegensätzlichkeit des Gedankens Vs. 336:335 und Vs. 352:351, welche im ersten Falle auf der Hand liegt, im zweiten darin besteht, dass der Vs. 352 zu sprechen anhebende längeres hin und her reden unterbricht und zur That auffordert. Wer spricht nun die Tetrameter? Der Chorführer, an welchen zu denken zunächst liegt, an den auch Westphal Griech. Metr. II² S. 494, Hornung *De partibus comoed. Graec.* S. 11, Donner in seiner Uebers. u. a. gedacht haben, kann es nicht sein wegen der Frage und Aufforderung Vs. 353 ποῦ 'σϑ' ὁ ταξίαρχος; ἐπαγέτω τὸ δεξιὸν κέρας. Denn alsdann würde der Chorführer nach sich selber fragen, da wir verständiger Weise unter dem ταξίαρχος nur ihn, den wirklichen Anführer des Zuges, verstehen dürfen. Wenn aber Muff S. 153 ausser dem Taxiarchen noch einen Strategen (Koryphaeos) annehmen will, so ist das seine Phantasie, da Aristophanes nichts von einem στρατηγός weiss. Der ganze Chor, also auch der Taxiarch selbst, kann ebensowenig der fragende sein. So bleibt nur übrig, die Verse einzelnen Choreuten zuzuweisen. Und ebendafür sprechen wie die Aufforderung Vs. 353 so auch die Vs. 344 ff. erfolgenden Aufforderungen. Vgl. ferner in der Strophe Vs. 328 = 333 f. In den folgenden trochäischen Tetrametern bis 386 zeigen ebenfalls einmal die Aufforderungen der Choreuten unter einander 364 und 365, sodann die Verschiedenheit der Ansichten des Chors über die Behandlung der Feinde, welche in den Versen 369 f. und 374 f. einerseits und 381 f. andrerseits deutlich zu Tage tritt, dass auch hier verschiedene Sprecher anzunehmen sind.

Mit dem Ausdruck Vs. 381 ὡς ἡμῖν δοκεῖ setzt sich der hier sprechende Choreut in offenbaren und ausgesprochenen Gegensatz zu einem Theile seiner Genossen.

Unternehmen wir, bevor wir zur Besprechung der letzten noch übrigen Chorkommata schreiten, die Vertheilung der bis jetzt von uns behandelten an die einzelnen Choreuten, so finden wir in dem ersten Abschnitt 310—326 im ganzen 7 einzelne durch die Gegenreden des Wiedehopfs getrennte Aussprüche des Chors, nämlich Vs. 310. 315. 319. 322. 323. 325. 326 je einen. Von diesen gehört indes, wie nähere Betrachtung lehrt, der vierte und fünfte Ausspruch des Chors zusammen. Derjenige Choreut, welcher Vs. 322 f. sagt:

ὦ μέγιστον ἐξαμαρτὼν ἐξ ὅτου ᾽τράφην ἐγώ,
πῶς λέγεις;

wird nur für einen Augenblick durch Wiedehopfs schnell dazwischen geworfene Worte:

μήπω φοβηθῇς τὸν λόγον

in seiner Frage unterbrochen und fährt dann in demselben Tone wie vorher fort:

τί μ᾽ εἰργάσω;

Demnach haben wir hier nur 6 hinter einander redende Chorpersonen anzunehmen. Ebensoviel Choreuten ergibt der zweite Abschnitt 327—335 = 343—351, wo in Strophe und Antistrophe an derselben Versstelle (333 = 349) Personenwechsel eintritt, den hier wie dort eintretender Sinnabschluss und Wechsel des Metrums (Uebergang des anapästischen Rhythmus in kretischen) bestätigt. Bieten also Strophe und Antistrophe 4 Choreuten, so wird durch die angehängten trochäischen Tetrameter 336 f. und 352 f. auch in diesem Theile die oben gefundene Sechszahl erfüllt. Und genau derselben Choreutenzahl begegnen wir schliesslich in den nun folgenden Tetrametern, indem wir Vs. 364. 365. 369 f. 374 f. 381 f. 385 je einen in sich abgeschlossenen Ausspruch des Chors und dem entsprechend je einen Choreuten haben.

Unsere Untersuchung hat bis jetzt 18 der Reihe nach
sprechende Mitglieder des Chors ergeben und zwar in der
Aufstellung κατὰ στοῖχον, da jeder der drei Abschnitte
gerade 6 Personen darbot. Wir sind im vorliegenden Falle
in der Lage, die Aufstellung des einziehenden Vogelchors
auch aus einer andern Stelle der Komödie ersehen und daher unser unabhängig davon gefundenes Ergebniss con-
troliren zu können. Bei der Aufzählung der in die Orchestra
rückenden Vögel werden in den Versen 297—304 zunächst
6 Vögel einzeln und dann in drei auf einander folgenden
Versen abermals immer je 6 Vögel zusammen genannt.
Hierdurch ist die Stellung unseres Chors κατὰ στοίχους
ausser Frage gestellt, und unsere Vertheilung gewinnt be-
trächtlich an Wahrscheinlichkeit.

Die nächsten Worte des Chors, denen wir begegnen,
Vs. 400 ff. enthalten zunächst einen Commandoruf zur Samm-
lung und Ordnung der bei dem ungestümen Angriff wohl
etwas aus Reih und Glied gekommenen Vogelsoldaten,
sodann die Erklärung von der Gegenpartei erfragen zu
wollen, wer die Fremdlinge seien (τίνες ποτέ), woher sie
gekommen (πόθεν ἔμολον) und was ihr Begehr sei (ἐπὶ τίνα
τ' ἐπίνοιαν). Diese drei Fragen werden dann auch im
folgenden vom Chor in derselben Reihenfolge und im ruhigen
Tone an den Epops gestellt: Vs. 408 die beiden ersten
(τίνες ποθ' οἵδε καὶ πόθεν;), Vs. 410 ff. die dritte (τύχη δὲ
ποία κομίζει ποτ' αὐτὼ πρὸς ὄρνιθας ἐλθεῖν;). Von da an
aber wird der Ton des über die Mittheilung des Epops
erstaunten Chors lebhafter und unruhiger Vs. 414 f.

τί φῄς;
λέγουσι δὴ τίνας λόγους;

Bald können sich die Choreuten bei den Antworten des
Epops, den sie vor Fragen gar nicht recht zum antworten
gelangen lassen, nicht mehr beruhigen: der Fremdling soll
selber reden: Vs. 432 ff.

λέγειν λέγειν κέλευέ μοι.

κλύων γὰρ ὧν σύ μοι λέγεις
λόγων ἀνεπτέρωμαι.

Schliesslich stellt der zum sprechen aufgeforderte aber durch
die Wuth der Vögel eingeschüchterte Peithetaeros noch jene
derbkomischen Friedensbedingungen (438 ff.), auf welche
der Chor einzugehen erklärt. — Wie ist nun in diesem
letzten Abschnitt die Vertheilung unter die Mitglieder des
Chors vorzunehmen? Das Commando 400 *ἄναγ᾽ ἐς τάξιν
πάλιν ἐς ταὐτόν κτλ.* sowie der Vorschlag, jene drei Fragen
in betreff der Gäste dem Epops vorzulegen, und die alsdann
erfolgenden Fragen selber gehören ohne Zweifel dem Chorführer an; da es für Niemand mehr als für ihn dem Chor
Befehle zu ertheilen sich schickt, und die in ruhigem Ton
und planmässiger Folge hervortretenden Fragen ein und
denselben Sprecher erheischen. Bis Vs. 414 hört der Chor
schweigend dem Examen, das der Koryphaeos mit Epops
anstellt, zu: da kann er seine Verwunderung über die ihm
gewordenen Neuigkeiten nicht länger bemeistern, und ein
Choreut bricht, sich direct an Epops wendend, los: *τί φής;*
ein anderer: *λέγουσι δὴ τίνας λόγους;* und so geht es fort,
bis endlich der Choreut 432 die Fragen seiner Genossen
unterbricht und nicht weiter den Wiedehopf sondern die
Fremden selber hören will. Den Abschluss des Friedens
(442 ff.) aber wird man wieder dem dazu am meisten be-
rechtigten Chorführer zuzuweisen geneigt sein. Nach Abzug also der am Anfang und Ende dieses Abschnittes dem
Chorführer zufallenden Kommata bleiben uns deren noch
folgende: 414. 415. 417 ff. 427. 429. 432 ff. d. s. 6 an der
Zahl übrig, welche der letzte *στοῖχος* des Chors übernimmt.
Wir dürfen uns nicht verhehlen, dass in diesem letzten Stück
die Vertheilung nicht mit solcher Gewissheit wie in den
vorhergehenden hingestellt werden konnte, weil sie sich
nicht nach rein äusserlicher Berechnung der Chorkommata
und der Choreutenzahl, sondern mehr aus eindringender
Betrachtung und Beurtheilung der Scene ergab. Es ist daher
möglich, dass hier ein schärferer Blick eine ansprechendere

Anordnung auffindet. Unsere Untersuchung hat die folgende
Anordnung der ganzen Partie gefunden.

ΧΟΡΟΥ

ὁ α΄ ποποποποποπού μ᾽ ἄρ᾽ ὃς ἐκάλεσε; τίνα τόπον ἄρα
νέμεται;   310

ΕΠΟΨ.

οὑτοσὶ πάλαι πάρειμι κοὐκ ἀποστατῶ φίλων.

ΧΟΡΟΥ

ὁ β΄ τιτιτιτιτιτιτιτιτίνα λόγον ἄρα ποτὲ πρὸς ἐμὲ φίλον
ἔχων;   315

ΕΠΟΨ.

κοινόν, ἀσφαλῆ, δίκαιον, ἡδύν, ὠφελήσιμον.
ἄνδρε γὰρ λεπτὼ λογιστὰ δεῦρ᾽ ἀφῖχθον ὡς ἐμέ.

ΧΟΡΟΥ

ὁ γ΄ ποῦ; πᾶ; πῶς φῄς;

ΕΠΟΨ.

φήμ᾽ ἀπ᾽ ἀνθρώπων ἀφῖχθαι δεῦρο πρεσβύτα δύο · 320
ἥκετον δ᾽ ἔχοντε πρέμνον πράγματος πελωρίου.

ΧΟΡΟΥ

ὁ δ΄ ὦ μέγιστον ἐξαμαρτὼν ἐξ ὅτου 'τράφην ἐγώ,
πῶς λέγεις;

ΕΠΟΨ.

μήπω φοβηθῇς τὸν λόγον.

ΧΟΡΟΥ

ὁ δ΄   τί μ᾽ εἰργάσω;

ΕΠΟΨ.

ἄνδρ᾽ ἐδεξάμην ἐραστὰ τῆσδε τῆς ξυνουσίας.

ΧΟΡΟΥ

ὁ ε΄ καὶ δέδρακας τοῦτο τοὔργον;

ΕΠΟΨ.

καὶ δεδρακώς γ᾽ ἥδομαι. 325

ΧΟΡΟΥ

ὁ ς΄ κἄστὸν ἤδη που παρ᾽ ἡμῖν;

ΕΠΟΨ.

εἰ παρ᾽ ὑμῖν εἰμ᾽ ἐγώ.

ΧΟΡΟΤ

ὁ ζ΄ ἔα ἔα,
προδεδόμεθ᾽ ἀνόσιά τ᾽ ἐπάθομεν· ὃς γὰρ
φίλος ἦν, ὁμότροφά θ᾽ ἡμῖν
ἐνέμετο πεδία παρ᾽ ἡμῖν,   330
παρέβη μὲν θεσμοὺς ἀρχαίους,
παρέβη δ᾽ ὅρκους ὀρνίθων.

ὁ η΄ ἐς δὲ δόλον ἐκάλεσε, παρέβαλέ τ᾽ ἐμὲ παρὰ
γένος ἀνόσιον, ὅπερ ἐξότ᾽ ἐγένετ᾽, ἐπ᾽ ἐμοὶ
πολέμιον ἐτράφη.   335

ὁ θ᾽ ἀλλὰ πρὸς μὲν οὖν τὸν ὄρνιν ἡμῖν ὕστερος λόγος·
τῷ δὲ πρεσβύτα δοκεῖ μοι τῷδε δοῦναι τὴν δίκην
διαφορηθῆναί θ᾽ ὑφ᾽ ἡμῶν.

ΠΕΙΘΕΤΑΙΡΟΣ.
                                                            ὡς ἀπωλόμεσθ᾽ ἄρα.   338

.   .   .   .

· ΧΟΡΟΤ

ὁ ι΄ ἰὼ ἰώ,   343
ἔπαγ᾽, ἔπιθ᾽, ἐπίφερε πολέμιον ὁρμὰν
φονίαν, πτέρυγά τε παντᾷ   345
ἐπίβαλε περί τε κύκλωσαι·
ὡς δεῖ τώδ᾽ οἰμώζειν ἄμφω
καὶ δοῦναι ῥύγχει φορβάν.

ὁ ια΄ οὔτε γὰρ ὄρος σκιερὸν οὔτε νέφος αἰθέριον
οὔτε πολιὸν πέλαγος ἔστιν ὅ τι δέξεται   350
τώδ᾽ ἀποφυγόντε με.

ὁ ιβ΄ ἀλλὰ μὴ μέλλωμεν ἤδη τῷδε τίλλειν καὶ δάκνειν.
ποῦ᾽ σθ᾽ ὁ ταξίαρχος; ἐπαγέτω τὸ δεξιὸν κέρας.   353

.   .   .   .

ΧΟΡΟΤ

ὁ ιγ΄ ἐλελελεῦ χώρει, κάθες τὸ ῥύγχος· οὐ μέλλειν ἐχρῆν.   364
ὁ ιδ΄ ἕλκε, τίλλε, παῖε, δεῖρε, κόπτε πρώτην τὴν χύτραν.   365

ΕΠΟΨ.
εἰπέ μοι τί μέλλετ᾽, ὦ πάντων κάκιστα θηρίων,
327 — 335 = 343 — 351

ἀπολέσαι, παθόντες οὐδέν, ἄνδρε καὶ διασπάσαι
τῆς ἐμῆς γυναικὸς ὄντε ξυγγενέε καὶ φυλέτα;

ΧΟΡΟΥ

ὁ ιε΄ φεισόμεσθα γάρ τι τῶνδε μᾶλλον ἡμεῖς ἢ λύκων;
ἢ τίνας τισαίμεθ᾽ ἄλλους τῶνδ᾽ ἂν ἐχθίους ἔτι;

ΕΠΟΨ.

εἰ δὲ τὴν φύσιν μὲν ἐχθροί, τὸν δὲ νοῦν εἰσιν
              φίλοι,   371
καὶ διδάξοντές τι δεῦρ᾽ ἥκουσιν ὑμᾶς χρήσιμον;

ΧΟΡΟΥ

ὁ ις΄ πῶς δ᾽ ἂν οἵδ᾽ ἡμᾶς τι χρήσιμον διδάξειάν ποτε,
ἢ φράσειαν, ὄντες ἐχθροὶ τοῖσι πάπποις τοῖς ἐμοῖς; 375

ΕΠΟΨ.

ἀλλ᾽ ἀπ᾽ ἐχθρῶν δῆτα πολλὰ μανθάνουσιν οἱ σοφοί. 376

ΧΟΡΟΥ

ὁ ιζ΄ ἔστι μὲν λόγων ἀκοῦσαι πρῶτον, ὡς ἡμῖν δοκεῖ, 381
χρήσιμον· μάθοι γὰρ ἄν τις κἀπὸ τῶν ἐχθρῶν σοφόν.

ΠΕΙΘΕΤΑΙΡΟΣ.

οἵδε τῆς ὀργῆς χαλᾶν εἴξασιν. ἄναγ᾽ ἐπὶ σκέλος.

ΕΠΟΨ.

καὶ δίκαιόν γ᾽ ἐστί, κἀμοὶ δεῖ νέμειν ὑμᾶς χάριν.

ΧΟΡΟΥ

ὁ ιη΄ ἀλλὰ μὴν οὐδ᾽ ἄλλο σοί πω πρᾶγμ᾽ ἐνηντιώμεθα. 385

   .   .   .   .   .   .

ΚΟΡΥΦΑΙΟΣ.

ἄναγ᾽ ἐς τάξιν πάλιν ἐς ταὐτόν,   400
καὶ τὸν θυμὸν κατάθου κύψας
παρὰ τὴν ὀργὴν ὥσπερ ὁπλίτης·
κἀναπυθώμεθα τοίσδε, τίνες ποτέ,
καὶ πόθεν ἔμολον,
[ἐπὶ] τίνα τ᾽ ἐπίνοιαν.   405
ἰὼ ἔποψ, σέ τοι καλῶ.

ΕΠΟΨ.

καλεῖς δὲ τοῦ κλύειν θέλων;

ΚΟΡΥΦΑΙΟΣ.

τίνες ποθ᾽ οἵδε καὶ πόθεν;

ΕΠΟΨ.

ξένω σοφῆς ἀφ' Ἑλλάδος.

ΚΟΡΥΦΑΙΟΣ.

τύχη δὲ ποία κομί-
ζει ποτ' αὐτὼ πρὸς ὄρ-
νιθας ἐλθεῖν;

ΕΠΟΨ.

ἔρως
βίου διαίτης τε καὶ
σοῦ ξυνοικεῖν τέ σοι
καὶ ξυνεῖναι τὸ πᾶν.

ΧΟΡΟΥ

ὁ ιθ' τί φῄς;
ὁ κ' λέγουσι δὴ τίνας λόγους;

ΕΠΟΨ.

ἄπιστα καὶ πέρα κλύειν.

ΧΟΡΟΥ

ὁ κα' ὁρᾷ τι κέρδος ἐνθάδ' ἄξιον μονῆς,
ὅτῳ πέποιθέ μοι ξυνὼν
κρατεῖν ἂν ἢ τὸν ἐχθρὸν ἢ
φίλοισιν ὠφελεῖν ἔχειν;

ΕΠΟΨ.

λέγει μέγαν τιν' ὄλβον οὔτε λεκτὸν οὔτε πιστόν· ὡς
σὰ [ταῦτα] πάντα καὶ
τὸ τῇδε καὶ τὸ κεῖσε, καὶ
τὸ δεῦρο προσβιβᾷ λέγων.

ΧΟΡΟΥ

ὁ κβ' πότερα μαινόμενος;

ΕΠΟΨ.

ἄφατον ὡς φρόνιμος.

ΧΟΡΟΥ

ὁ κγ' ἔνι σοφόν τι φρενί;

ΕΠΟΨ.

πυκνότατον κίναδος,
σόφισμα, κύρμα, τρίμμα, παιπάλημ' ὅλον.

410

415

420

425

430

ΧΟΡΟΤ

ὁ κδ᾽ λέγειν λέγειν κέλευέ μοι.
κλύων γὰρ ὧν σύ μοι λέγεις
λόγων ἀνεπτέρωμαι.

ΕΠΟΨ.

ἄγε δὴ σὺ καὶ σὺ τὴν πανοπλίαν μὲν πάλιν   435
ταύτην λαβόντε κρεμάσατον τύχἀγαθῇ
εἰς τὸν ἱπνὸν εἴσω, πλησίον τοὐπιστάτου·
σὺ δὲ τούσδ᾽ ἐφ᾽ οἷσπερ τοῖς λόγοις συνέλεξ᾽ ἐγώ,
φράσον, δίδαξον.

ΠΕΙΘΕΤΑΙΡΟΣ.

                μὰ τὸν Ἀπόλλω 'γὼ μὲν οὔ,
ἢν μὴ διάθωνταί γ᾽ οἵδε διαθήκην ἐμοὶ   440
ἥνπερ ὁ πίθηκος τῇ γυναικὶ διέθετο,
ὁ μαχαιροποιός, μήτε δάκνειν τούτους ἐμὲ
μήτ᾽ ὀρχίπεδ᾽ ἕλκειν μήτ᾽ ὀρύττειν

ΚΟΡΥΦΑΙΟΣ.

                                οὔ τί που
τόν; οὐδαμῶς.

ΠΕΙΘΕΤΑΙΡΟΣ.

        οὔκ, ἀλλὰ τὠφθαλμὼ λέγω.

ΚΟΡΥΦΑΙΟΣ.

διατίθεμαί 'γώ.

ΠΕΙΘΕΤΑΙΡΟΣ.

        κατόμοσόν νυν ταῦτά μοι.

ΚΟΡΥΦΑΙΟΣ.

ὄμνυμ᾽ ἐπὶ τούτοις πᾶσι νικᾶν τοῖς κριταῖς   445
καὶ τοῖς θεαταῖς πᾶσιν.

ΠΕΙΘΕΤΑΙΡΟΣ.

                ἔσται ταυταγί.

ΚΟΡΥΦΑΙΟΣ.

εἰ δὲ παραβαίην, ἑνὶ κριτῇ νικᾶν μόνον.

ΠΕΙΘΕΤΑΙΡΟΣ.

ἀκούετε λεῴ· τοὺς ὁπλίτας νυνμενὶ
ἀνελομένους θὤπλ᾽ ἀπιέναι πάλιν οἴκαδε,
σκοπεῖν δ᾽ ὅ τι ἂν προγράψωμεν ἐν τοῖς πινακίοις.   450

VI.

Der Chor in der Lysistrata Vs. 254—386.

Abgesehen von der wörtlichen Wiederholung in den Versen 295 und 305 ($\varphi\tilde{v}$ $\varphi\tilde{v}$. $io\grave{v}$ $io\grave{v}$ $\tau o\tilde{v}$ $\varkappa\alpha\pi\nu o\tilde{v}$) spricht hier in der Parodos der Männer namentlich die immerfort wiederkehrende Aufforderung zum vorwärts marschiren dafür, dass nicht dieselben sondern verschiedene Personen des Halbchors gehört wurden. Bis Vs. 305 dauert der Marsch der Männer, und bis zu dieser Stelle finden wir in folgenden Versen jene Aufforderung wiederholt: Vs. 254 $\chi\acute{\omega}\varrho\varepsilon\iota$, $\varDelta\varrho\acute{\alpha}\varkappa\eta\varsigma$, $\dot{\eta}\gamma o\tilde{v}$ $\beta\acute{\alpha}\delta\eta\nu$. Vs. 266 $\dot{\alpha}\lambda\lambda'$ $\dot{\omega}\varsigma$ $\tau\acute{\alpha}\chi\iota\sigma\tau\alpha$ $\pi\varrho\grave{o}\varsigma$ $\pi\acute{o}\lambda\iota\nu$ $\sigma\pi\varepsilon\acute{v}\sigma\omega\mu\varepsilon\nu$, $\tilde{\omega}$ $\varPhi\iota\lambda o\tilde{v}\varrho\gamma\varepsilon$. Vs. 286 ff. $\sigma\pi o\nu\delta\grave{\eta}\nu$ $\check{\varepsilon}\chi\omega$ $\varkappa\tau\lambda$. Vs. 292 $\dot{\alpha}\lambda\lambda'$ $\check{o}\mu\omega\varsigma$ $\beta\alpha\delta\iota\sigma\tau\acute{\varepsilon}o\nu$. Vs. 302 $\sigma\pi\varepsilon\tilde{v}\delta\varepsilon$ $\pi\varrho\acute{o}\sigma\vartheta\varepsilon\nu$ $\dot{\varepsilon}\varsigma$ $\pi\acute{o}\lambda\iota\nu$. Weist nun schon die Wiederkehr desselben Gedankens an und für sich auf einzeln sprechende Chorpersonen hin, so kann uns die Art, wie dieselbe eintritt, in dieser Annahme nur bestärken. Mit Ausnahme nämlich von Vs. 254, wo das Einzugslied beginnt, unterbricht der Befehl vorzurücken jedesmal den vorhergehenden Gedankenverlauf: er steht mit ihm in keiner Verbindung, sondern tritt unvermittelt ein. So unterbricht er bei Vs. 266 die Schilderung von der Einnahme der Akropolis durch die Weiber, so bei Vs. 286 die Erzählung, wie man einst Kleomenes in der Burg belagert habe, so bei Vs. 302 die Klagen über das beissende Feuer in den Kohlentöpfen. Am deutlichsten aber tritt dies Abbrechen bei 292 hervor, wo die Zusammenhangslosigkeit beinahe bis zur Gegensätzlichkeit des Gedankens gesteigert ist. Eben nur hatte der Chor über die drückende Last der Holzkloben geklagt ($\dot{\omega}\varsigma$ $\dot{\varepsilon}\mu o\tilde{v}$ $\gamma\varepsilon$ $\tau\grave{\omega}$ $\xi\acute{v}\lambda\omega$ $\tau\grave{o}\nu$ $\tilde{\omega}\mu o\nu$ $\dot{\varepsilon}\xi\iota\pi\acute{\omega}\varkappa\alpha\tau o\nu$) und über die Schwierigkeit sie ohne Hülfe fortzuschleppen ($\chi\acute{\omega}\pi\omega\varsigma$ $\pi o\tau'$ $\dot{\varepsilon}\xi\alpha\mu\pi\varrho\varepsilon\acute{v}\sigma o\mu\varepsilon\nu$ $\tau o\tilde{v}\tau'$ $\check{\alpha}\nu\varepsilon\nu$ $\varkappa\alpha\nu\vartheta\eta\lambda\acute{\iota}o\nu$): da heisst es plötzlich mit verändertem Tone: $\dot{\alpha}\lambda\lambda'$ $\check{o}\mu\omega\varsigma$ $\beta\alpha\delta\iota\sigma\tau\acute{\varepsilon}o\nu$ $\varkappa\tau\lambda$. Wie können wir diese Erscheinungen besser erklären als durch die Annahme verschiedener Sprecher, welche sich an den bezeichneten Stellen im declamiren ablösen? Führen doch ebendarauf auch die namentlichen Anreden, wie Vs. 254 Δράκης. 259 ὦ Στρυμόδωρε. 266 ὦ Φιλοῦργε. 304 ὦ Λάχης, welche nur im Munde einzelner verständlich, im Munde aller Choreuten unsinnig sind, indem im letztern Falle ein Drakes, ein Strymodoros u. s. w. sich selbst beim Namen rufen, sich selbst diese oder jene Frage vorlegen müsste. Diese im Text vorkommenden Namen der Choreuten haben sogar einen alten Kritiker, wie es scheint, veranlasst sie einzelnen Abschnitten des Chorgesangs vorzusetzen; von welcher Vertheilung der Chorstücke unter Mitglieder des Chors wir noch die Ueberreste in den Scholien und den Personenbezeichnungen der Handschriften vorfinden. Doch ist dabei nicht etwa an eine mit bewusster Absicht und methodischer Durchführung unternommene Vertheilung und Anordnung zu denken. Denn gegen eine solche Ansicht streitet einmal der Umstand, dass der vorliegende Fall ein ganz vereinzelter und daher nicht im Stande ist, die völlige Unkenntniss der alten Philologen von einzeln singenden oder sprechenden Choreuten zu widerlegen, welche sonst in den tragischen und komischen Scholien bemerklich ist. Sodann ist die ganze Art und Weise, wie jener Kritiker hierbei zu Werke gegangen ist, so beschaffen, dass sie uns deutlich ein spielendes Autoschediasma verräth. Wenn bei Vs. 254 das rav. Schol. (χορὸς ἀνδρῶν γερόντων: ἢ Στρυμόδωρος) den Strymodoros sprechen lässt, oder Rav. und Aug. vor Vs. 256 δρα (Δράκης Junt.) und vor Vs. 266 Rav. und Junt. στυμόδωρος Aug. στυμ vorschreiben: so kann man das als verständig gelten lassen. Aber die Spielerei zeigt sich in ihrer Nichtigkeit, wenn Aug. vor 382 und Voss. vor 371 den ganz aus der Luft (oder vielmehr aus den Ekklesiazusen) gegriffenen Namen βλέ und βλέπυρος setzt, oder Voss. bei Vs. 372 einen Namen στρυμοδώρα fingirt. Aehnlich verhält es sich auch mit dem aus Vs. 365 entnommenen und im Rav. und andern Handschriften vor 350 und vor 362 oder

365 ff. (s. Engers Note zu Vs. 362) stehenden Frauennamen
Στρατυλλίς, welcher erst von Dindorf entfernt worden ist.
Ja eben diese Spielerei scheint die Ursache gewesen zu sein,
dass in den Handschriften derselbe Choreutenname Stratyllis
Vs. 439 und 447 irrthümlich sogar einer Bühnenperson ge-
geben wurde. Vgl. Enger Rhein. Mus. N. F. III S. 302 ff.
Und die besondere Aufzählung aller jener Namen in den
Personenverzeichnissen der Junt. und des Voss. spricht dafür,
dass man überhaupt unter ihnen bald gar nicht mehr Cho-
reuten sondern Schauspieler verstand.

Kehren wir von dieser Abschweifung zur weitern Verfolgung der Männerparodos zurück: so machen auch die
nach beendigtem Marsche gesprochenen Verse 306—318
durchaus nicht den Eindruck einer fortlaufenden Rede entweder des vollstimmigen Chors oder des Chorführers allein,
wie letzteres z. B. Voss in seiner Uebersetzung angenommen
hat. Vielmehr finden wir alles das, was uns Zeichen sein
muss für eine im Wechselgespräch stattfindende Unterhaltung und Berathung über den gegen die Burg vorzuneh-
menden Sturm, wobei verschiedene Personen ihr votum ab-
geben. Dieselben Gedanken, welche zuerst als Frage und
Vorschlag geäussert werden, nämlich einmal die Holzscheite
abzulegen (307 εἰ τὼ μὲν ξύλω θείμεσθα πρῶτον αὐτοῦ)
und sodann dieselben wie Fackeln in den Kohlentöpfen an-
zuzünden (308 f. τῆς ἀμπέλου δ' ἐς τὴν χύτραν τὸν φανὸν
ἐγκαθέντες ἅψαντες κτλ.): eben diese Gedanken kehren
später als bestimmte Aufforderungen und Befehle mit ähn-
lichen Worten wieder, der erste 312 θώμεσθα δὴ τὸ φορτίον,
der zweite 315 f.

σὸν δ' ἐστὶν ἔργον, ὦ χύτρα, τὸν ἄνθρακ' ἐξεγείρειν,
τὴν λαμπάδ' ἡμμένην ὅπως πρώτιστ' ἐμοὶ προσοίσεις. [1]

Ferner entwickeln sich die Gedanken auch in diesem Stück
nicht in logisch zusammenhängender Reihenfolge, sondern
es wird ohne vermittelnden Uebergang von einem zum

---

[1] Uebrigens verlangt das Schol. Puteau. zu diesem Verse folgende
Emendation σὺ[ν] ἐμοὶ κομίσεις.

andern gesprungen bei 311:312, 314:315, 316:317. Erklärt man nun diese Gedankensprünge hier wie oben durch
Personenwechsel, so ergibt sich an folgenden Stellen der
behandelten Parodos immer ein Chorent:

    I. in den nicht antistrophischen iambischen Tetra-
        metern 254. 255
        Vs. 254
        in den iambischen Strophen und Tetrametern
        256—270=271—285
        Vs. 256. 266. 271. 281,

wo es auf der Hand liegt, wie die metrische Composition
den Wechsel der Person an den bezeichneten Stellen bestätigt.

    II. in den iambisch-trochäischen Strophen 286—295
        =296—305
        Vs. 286. 292. 296. 302,

indem an derselben Versstelle in Strophe und Antistrophe
(292=302) Personenwechsel eintritt.

    III. in den 13 iambischen Tetrametern 306—318
        Vs. 306. 310. 312. 315
        Vs. 317.

Es unterliegt keinem Zweifel, dass die zwei Tetrameter am
Anfang und am Ende der Parodos vom Chorführer gesprochen wurden, welcher dieselbe einleitet und mit einem
Gebet an die Nike abschliesst. Nach Abzug dieser Verse
erhalten wir die 12 Mitglieder des Männerhalbchors in der
Aufstellung κατὰ ζυγά, und zwar mit strengster Gesetz-
mässigkeit. Denn jeder der drei metrischen Hauptabschnitte
enthält immer ein Glied des Chors.

    Der folgende Gesang des Weiberhalbchors (319—351),
dem Enger gegen den Scholiasten zu Vs. 321 und 354 und
gegen Droysens Phantasien (Uebers. III S. 139) mit Recht
seinen Standort auf der Orchestra angewiesen hat (Rhein.
Mus. a. O. und Ausg. zu Vs. 321), liefert ein lehrreiches
Gegenbild zu dem besprochenen Einzugslied der Männer.
Abzusehen ist auch hierbei natürlich von den zwei Ein-

leitungs- und Schlusstetrametern, welche die Führerin der Frauen spricht. Sonst zeigen uns die übrigbleibenden choriambisch-logaödischen Strophen recht deutlich, wie ganz anders Aristophanes diejenigen Chorlieder anlegte, welche er nachweislich nicht für einzelne Choreuten bei der Aufführung bestimmte. Hier finden wir keine Wiederholungen, keine Sprünge der Gedanken. Jedem Versuche einzelne Stücke abzusondern werden sich unüberwindliche Hindernisse entgegenstellen: die in derselben Construction gebauten langen Perioden wie 327—334 ἐμπλησαμένη — ὠστιζομένη — ἀραμένη — φέρουσα oder 335—339 τυφογέροντας ἄνδρας — φέροντας — βαλανεύσοντας — ἀπειλοῦντας, ferner an den Stellen, wo man vielleicht noch einen Anhalt für Abtrennung suchen möchte, enge Verbindungen durch Relativa (z. B. ἃς 341. ἐφ' οἷσπερ 344) oder durch starke Partikeln (νῦν δὴ γάρ 327). Dagegen werden wir Recht daran thun mit Enger zu Vs. 321 eine Theilung des Weiberhalbchors wieder in 2 Halbchöre anzunehmen (nur dehnt Enger dieses Verhältniss fälschlich, wie wir uns oben überzeugt haben, auch auf den Chor der Greise aus). Dann redet Vs. 321 mit Νικοδίκη die erste Hälfte des Chors eine Person der noch schweigenden Chorhälfte an, welche 335 den Gesang aufnimmt. Hiernach sind wir zu folgender Anordnung gelangt.

ΧΟΡΟΣ ΓΕΡΟΝΤΩΝ.
ΚΟΡΥΦΑΙΟΣ.

χώρει, Δράκης, ἡγοῦ βάδην, εἰ καὶ τὸν ὦμον ἀλγεῖς
κυρμοῦ τοσουτονὶ βάρος χλωρᾶς φέρων ἐλάας.   255
ὁ α' ἦ πόλλ' ἄελπτ' ἔνεστιν ἐν τῷ μακρῷ βίῳ, φεῦ,
ἐπεὶ τίς ἄν ποτ' ἤλπισ', ὦ Στρυμόδωρ', ἀκοῦσαι
γυναῖκας, ἃς ἐβόσκομεν   260
κατ' οἶκον ἐμφανὲς κακόν,
κατὰ μὲν ἅγιον ἔχειν βρέτας,
κατά τ' ἀκρόπολιν ἐμὰν λαβεῖν,
κλῄθροις δὲ καὶ μοχλοῖσιν
τὰ προπύλαια πακτοῦν;   265

256 — 265 = 271 — 280

ὁ β΄ ἀλλ᾽ ὡς τάχιστα πρὸς πόλιν σπεύσωμεν, ὦ Φιλοῦργε,
ὅπως ἂν αὐταῖς ἐν κύκλῳ θέντες τὰ πρέμνα ταυτί,
ὅσαι τὸ πρᾶγμα τοῦτ᾽ ἐνεστήσαντο καὶ μετῆλθον,
μίαν πυρὰν νήσαντες ἐμπρήσωμεν αὐτόχειρες   269
πάσας ὑπὸ ψήφου μιᾶς, πρώτην δὲ τὴν Λύκωνος.
ὁ γ΄ οὐ γὰρ μὰ τὴν Δήμητρ᾽ ἐμοῦ ζῶντος ἐγχανοῦνται·
ἐπεὶ οὐδὲ Κλεομένης, ὃς αὐτὴν κατέσχε πρῶτος,
ἀπῆλθεν ἀψάλακτος, ἀλλ᾽   275
ὅμως Λακωνικὸν πνέων
ᾤχετ᾽ ὅπλα παραδοὺς ἐμοί,
σμικρὸν ἔχων πάνυ τριβώνιον,
πινῶν, ῥυπῶν, ἀπαράτιλτος,
ἓξ ἐτῶν ἄλουτος.   280
ὁ δ΄ οὕτως ἐπολιόρκησ᾽ ἐγὼ τὸν ἄνδρ᾽ ἐκεῖνον ὠμῶς
ἐφ᾽ ἑπτακαίδεκ᾽ ἀσπίδας πρὸς ταῖς πύλαις καθεύδων.
τασδὶ δὲ τὰς Εὐριπίδῃ θεοῖς τε πᾶσιν ἐχθρὰς
ἐγὼ οὐκ ἄρα σχήσω παρὼν τολμήματος τοσούτου;
μὴ νῦν ἔτ᾽ ἐν τετραπτόλει τοὐμὸν τροπαῖον εἴη.   285
ὁ ε΄ ἀλλ᾽ αὐτὸ γάρ μοι τῆς ὁδοῦ
λοιπόν ἐστι χωρίον
τὸ πρὸς πόλιν, τὸ σιμόν, οἷ σπουδὴν ἔχω·
χὤπως ποτ᾽ ἐξαμπρεύσομεν
τοῦτ᾽ ἄνευ κανθηλίου·   290
ὡς ἐμοῦ γε τὼ ξύλω τὸν ὦμον ἐξιπώκατον.
ὁ ς΄ ἀλλ᾽ ὅμως βαδιστέον,
καὶ τὸ πῦρ φυσητέον,
μή μ᾽ ἀποσβεσθὲν λάθῃ πρὸς τῇ τελευτῇ τῆς ὁδοῦ.
φῦ φῦ.
ἰοὺ ἰοὺ τοῦ καπνοῦ.   295
ὁ ζ΄ ὡς δεινόν, ὦναξ Ἡράκλεις,
προσπεσόν μ᾽ ἐκ τῆς χύτρας
ὥσπερ κύων λυττῶσα τὠφθαλμὼ δάκνει·
κἄστιν γε Λήμνιον τὸ πῦρ
τοῦτο πάσῃ μηχανῇ.   300

266 — 270 = 281 — 285
286 — 295 = 296 — 305

οὐ γὰρ ἄν ποθ᾽ ὧδ᾽ ὀδὰξ ἔβρυκε τὰς λήμας ἐμοῦ.

ὁ η΄ σπεῦδε πρόσθεν ἐς πόλιν,

καὶ βοήθει τῇ θεῷ,

ἢ πότ᾽ αὐτῇ μᾶλλον ἢ νῦν, ὦ Λάχης, ἀρήξομεν;

φῦ φῦ.

ἰοὺ ἰοὺ τοῦ καπνοῦ.   305

ὁ θ΄ τουτὶ τὸ πῦρ ἐγρήγορεν θεῶν ἕκατι καὶ ζῇ.

οὔκουν ἄν, εἰ τὼ μὲν ξύλω θείμεσθα πρῶτον αὐτοῦ,

τῆς ἀμπέλου δ᾽ ἐς τὴν χύτραν τὸν φανὸν ἐγκαθέντες

ἅψαντες εἶτ᾽ ἐς τὴν θύραν κριηδὸν ἐμπέσοιμεν;

ὁ ι΄ κἂν μὴ καλούντων τοὺς μοχλοὺς χαλῶσιν αἱ γυ-

ναῖκες,   310

ἐμπιμπράναι χρὴ τὰς θύρας καὶ τῷ καπνῷ πιέζειν.

ὁ ια΄ θώμεσθα δὴ τὸ φορτίον. φεῦ τοῦ καπνοῦ, βαβαιάξ.

τίς ξυλλάβοιτ᾽ ἂν τοῦ ξύλου τῶν ἐν Σάμῳ στρα-

τηγῶν;

ταυτὶ μὲν ἤδη τὴν ῥάχιν θλίβοντά μου πέπαυται.

ὁ ιβ΄ σὸν δ᾽ ἐστὶν ἔργον, ὦ χύτρα, τὸν ἄνθρακ᾽ ἐξε-

γείρειν,   315

τὴν λαμπάδ᾽ ἡμμένην ὅπως πρώτιστ᾽ ἐμοὶ προσοίσεις.

ΚΟΡΥΦΑΙΟΣ.

δέσποινα Νίκη ξυγγενοῦ, τῶν τ᾽ ἐν πόλει γυναικῶν

τοῦ νῦν παρεστῶτος θράσους θέσθαι τροπαῖον ἡμᾶς.

ΧΟΡΟΣ ΓΥΝΑΙΚΩΝ.

ΚΟΡΥΦΑΙΟΣ.

λιγνὺν δοκῶ μοι καθορᾶν καὶ καπνόν, ὦ γυναῖκες,

ὥσπερ πυρὸς καομένου· σπευστέον ἐστὶ θᾶττον.

ΗΜΙΧΟΡΙΟΝ α΄.

πέτου πέτου, Νικοδίκη,   321

πρὶν ἐμπεπρῆσθαι Καλύκην κτλ.   322

. . . .

ΗΜΙΧΟΡΙΟΝ β΄.

ἤκουσα γὰρ τυφογέρον-   335

τας ἄνδρας ἔρρειν, στελέχη κτλ.   336

. . . .

ΚΟΡΥΦΑΙΟΣ.

ἔασον ὦ. τουτὶ τί ἦν; ὦνδρες πόνῳ πονηροί·   350

*οὐ γάρ ποτ' ἂν χρηστοί γ' ἔδρων, οὐδ' εὐσεβεῖς τάδ'
ἄνδρες.*

Was das folgende Zankduett der zusammenstossenden
Chöre 352—386 betrifft, so wird uns wohl von vornherein
zugestanden werden, dass nicht alle 12 Männer einerseits
und alle 12 Weiber andrerseits auf einmal sprechend diesen
nach Rhythmus und Inhalt äusserst bewegten Wortwechsel
geführt haben. Und es scheint kaum nöthig auf die Indicien hinzuweisen, die einer solchen Auffassung wider-
streben würden: auf die namentlichen Anreden (ὦ Φαιδρία
356. ὦ Ῥοδίππη 370), auf die Aufforderungen[1]) (358. 370)
und Fragen (356. 379 c. schol.), welche nicht etwa ein
Halbchor an den andern, sondern jeder Halbchor an sich
selber richtet. Es muss demnach ein Theil der beiden Chöre
zeitweise geschwiegen haben. Daher denn Voss Uebers.
nicht übel e i n e n Mann und e i n Weib den ganzen Streit
ausfechten lässt. Allein ich gestehe mich auch hierbei, ich
meine aus triftigen Gründen, nicht beruhigen zu können.
Einmal nämlich ist man auch bei Vossens Vertheilung genöthigt Vs. 365

ἅπτου μόνον Στρατυλλίδος τῷ δακτύλῳ προσελθών

zu erklären, wie der Scholiast und die neuern Interpreten
thun: *Στρατυλλίδος ἀντὶ ἐμοῦ*, eine Erklärung, welche ich
für falsch halte. Wenigstens ist mir keine Stelle in einer
griechischen Komödie oder Tragödie bekannt, wo Jemand
sich selbst bei Namen nennt, ohne dass dieser entweder
appositionell zu fassen oder mit einer starken Emphase gesagt ist, sodass der Name zugleich den Charakter der Person
angeben soll[2]): wovon hier bei einem im Augenblick fingirten
Namen nicht die Rede sein kann. Diese Erklärung fällt

---

1) Hierzu ist absichtlich nicht gezählt Vs. 381 *ἔμπρησον αὐτῆς
τὰς κόμας*. Denn mit diesen Worten redet der Mann wohl nicht seinen
Genossen an sondern seine Fackel, wie ein Weib in demselben Verse
ihr Wasser anredet, und wie 315 der Topf, Wolken 1497 ebenfalls eine
Fackel angeredet wird.

2) Vgl. z. B. Sophocles Ai. 98. 864, Oed. T. 1366, Phil. 64, überall
mit Naucks Noten.

nun weg, sobald wir annehmen, dass mehrere einzelne Männer und Frauen der Reihe nach sich an dem Wortwechsel betheiligt haben: da tritt dann Vs. 365 eine Mitstreiterin für ihre liebe Stratyllis ein. Und für diese Annahme sprechen ferner die wiederholten Drohungen der Männer dreinschlagen zu wollen 357. 361. 364. 366, welche wohl von verschiedenen Personen herrühren. Für diese Annahme spricht endlich die ganze Anlage dieser Streitscene, auf die wir noch etwas genauer eingehen müssen. Erst von Vs. 371 an erfolgt in regelmässiger Abwechselung und Schlag auf Schlag Frage auf Antwort; es ist daher keine Frage, dass von dieser Stelle bis zum Schluss in der That nur 2 Personen (ein Mann und ein Weib) und zwar überall ein und dieselben mit einander hadern. Ganz anders ist der Charakter des vorangehenden Stückes. Bis 361 nämlich spricht jeder der beiden feindlichen Halbchöre mehr für sich und zu sich; sie bereiten sich auf den zu erwartenden Zusammenstoss vor, ohne schon handgemein zu werden. So ist z. B. 360. 361 offenbar die Antwort eines Greises auf die Frage seines Kameraden 356. 357. Es müssen also hier mehrere einzelne Mitglieder der Chöre sich unter einander besprochen haben. Nach dieser Vorbereitung tritt dann bei Vs. 362 ein Weib muthig vor: καὶ μὴν ἰδοὺ παταξάτω τις. Ihr stellt sich ein Mann entgegen 364, allein sofort 365 tritt ein anderes Weib für ihre bedrängte Freundin ein u. s. f.: ein ἀντιπρόσωπον ἀλλήλοις, das einen ungemein ergötzlichen und komischen Effekt für die Zuschauer hervorbringen musste. Vergegenwärtigen wir uns die scenische Darstellung durch nachstehende Uebersicht, welche sich aus dem eben entwickelten ergibt.

ΧΟΡΟΥ ΓΕΡΟΝΤΩΝ

ὁ α΄ τουτὶ τὸ πρᾶγμ᾽ ἡμῖν ἰδεῖν ἀπροσδόκητον ἥκει·
ἑσμὸς γυναικῶν οὑτοσὶ θύρασιν αὖ βοηθεῖ.

ΧΟΡΟΥ ΓΥΝΑΙΚΩΝ

ἡ α΄ τί βδύλλεθ᾽ ἡμᾶς; οὔ τί που πολλαὶ δοκοῦμεν εἶναι; 354
καὶ μὴν μέρος γ᾽ ἡμῶν ὁρᾶτ᾽ οὔπω τὸ μυριοστόν.

ΧΟΡΟΥ ΓΕΡΟΝΤΩΝ

ὁ β´ ὦ Φαιδρία, ταύτας λαλεῖν ἐάσομεν τοσαυτί;
οὐ περικατᾶξαι τὸ ξύλον τύπτοντ᾽ ἐχρῆν τιν᾽ αὐτάς;

ΧΟΡΟΥ ΓΥΝΑΙΚΩΝ

ἡ β´ θώμεσθα δὴ τὰς κάλπιδας χἠμεῖς χαμᾶζ᾽, ὅπως ἄν,
ἢν προσφέρῃ τὴν χεῖρά τις, μὴ τοῦτό μ᾽ ἐμποδίζῃ.

ΧΟΡΟΥ ΓΕΡΟΝΤΩΝ

ὁ γ´ εἰ νὴ Δί᾽ ἤδη τὰς γνάθους τούτων τις ἢ δὶς ἢ τρὶς   360
ἔκοψεν ὥσπερ Βουπάλου, φωνὴν ἂν οὐκ ἂν εἶχον.

ΧΟΡΟΥ ΓΥΝΑΙΚΩΝ

ἡ γ´ καὶ μὴν ἰδοὺ παταξάτω τις· στᾶσ᾽ ἐγὼ παρέξω,
κοὐ μή ποτ᾽ ἄλλη σου κύων τῶν ὄρχεων λάβηται.

ΧΟΡΟΥ ΓΕΡΟΝΤΩΝ

ὁ δ´ εἰ μὴ σιωπήσει, θενών ἐκκοκκιῶ τὸ γῆρας.

ΧΟΡΟΥ ΓΥΝΑΙΚΩΝ

ἡ δ´ ἅπτου μόνον Στρατυλλίδος τῷ δακτύλῳ προσελθών.   365

ΧΟΡΟΥ ΓΕΡΟΝΤΩΝ

ὁ ε´ τί δ᾽, ἢν σποδῶ τοῖς κονδύλοις, τί μ᾽ ἐργάσει τὸ
                                                      δεινόν;

ΧΟΡΟΥ ΓΥΝΑΙΚΩΝ

ἡ ε´ βρύκουσά σου τοὺς πλεύμονας καὶ τἄντερ᾽ ἐξαμήσω.

ΧΟΡΟΥ ΓΕΡΟΝΤΩΝ

ὁ ς´ οὐκ ἔστ᾽ ἀνὴρ Εὐριπίδου σοφώτερος ποιητής·
οὐδὲν γὰρ ὧδὶ θρέμμ᾽ ἀναιδές ἐστιν ὡς γυναῖκες.

ΧΟΡΟΥ ΓΥΝΑΙΚΩΝ

ἡ ς´ αἰρώμεθ᾽ ἡμεῖς θοὔδατος τὴν κάλπιν, ὦ Ῥοδίππη.   370

ΧΟΡΟΥ ΓΕΡΟΝΤΩΝ

ὁ ς´ τί δ᾽, ὦ θεοῖς ἐχθρά, σὺ δεῦρ᾽ ὕδωρ ἔχουσ᾽ ἀφίκου;

ΧΟΡΟΥ ΓΥΝΑΙΚΩΝ

ἡ ς´ τί δαὶ σὺ πῦρ, ὦ τύμβ᾽, ἔχων; ὡς σαυτὸν ἐμπυ-
                                                      ρεύσων;

ΧΟΡΟΥ ΓΕΡΟΝΤΩΝ

ὁ ς´ ἐγὼ μέν, ἵνα νήσας πυρὰν τὰς σὰς φίλας ὑφάψω.

ΧΟΡΟΥ ΓΥΝΑΙΚΩΝ

ἡ ς´ ἐγὼ δέ γ᾽, ἵνα τὴν σὴν πυρὰν τούτῳ κατασβέσαιμι.   374

ΧΟΡΟΤ ΓΕΡΟΝΤΩΝ

ὁ ϛ´ τοὐμὸν σὺ πῦρ κατασβέσεις;

ΧΟΡΟΤ ΓΥΝΑΙΚΩΝ

ἡ ϛ´   τοὔργον τάχ᾽ αὐτὸ δείξει.

ΧΟΡΟΤ ΓΕΡΟΝΤΩΝ

ὁ ϛ´ οὐκ οἶδά σ᾽ εἰ τῇδ᾽ ὡς ἔχω τῇ λαμπάδι σταθεύσω.

ΧΟΡΟΤ ΓΥΝΑΙΚΩΝ

ἡ ϛ´ εἰ ῥύμμα τυγχάνεις ἔχων, λουτρόν γ᾽ ἐγὼ παρέξω.

ΧΟΡΟΤ ΓΕΡΟΝΤΩΝ

ὁ ϛ´ ἐμοὶ σὺ λουτρόν, ὦ σαπρά;

ΧΟΡΟΤ ΓΥΝΑΙΚΩΝ

ἡ ϛ´   καὶ ταῦτα νυμφικόν γε.

ΧΟΡΟΤ ΓΕΡΟΝΤΩΝ

ὁ ϛ´ ἤκουσας αὐτῆς τοῦ θράσους;

ΧΟΡΟΤ ΓΥΝΑΙΚΩΝ

ἡ ϛ´   ἐλευθέρα γάρ εἰμι.

ΧΟΡΟΤ ΓΕΡΟΝΤΩΝ

ὁ ϛ´ σχήσω σ᾽ ἐγὼ τῆς νῦν βοῆς.

ΧΟΡΟΤ ΓΥΝΑΙΚΩΝ

ἡ ϛ´   ἀλλ᾽ οὐκ ἔθ᾽ ἡλιάξεις. 380

ΧΟΡΟΤ ΓΕΡΟΝΤΩΝ

ὁ ϛ´ ἔμπρησον αὐτῆς τὰς κόμας.

ΧΟΡΟΤ ΓΥΝΑΙΚΩΝ

ἡ ϛ´   σὸν ἔργον, ὦχελῷε.

ΧΟΡΟΤ ΓΕΡΟΝΤΩΝ

ὁ ϛ´ οἴμοι τάλας.

ΧΟΡΟΤ ΓΥΝΑΙΚΩΝ

ἡ ϛ´   μῶν θερμὸν ἦν;

ΧΟΡΟΤ ΓΕΡΟΝΤΩΝ

ὁ ϛ´ ποῖ θερμόν; οὐ παύσει; τί δρᾷς;

ΧΟΡΟΤ ΓΥΝΑΙΚΩΝ

ἡ ϛ´ ἄρδω σ᾽, ὅπως ἀμβλαστάνῃς.

ΧΟΡΟΤ ΓΕΡΟΝΤΩΝ

ὁ ϛ´ ἀλλ᾽ αὖός εἰμ᾽ ἤδη τρέμων.   385

ΧΟΡΟΤ ΓΥΝΑΙΚΩΝ

ἡ ϛ´ οὐκοῦν ἐπειδὴ πῦρ ἔχεις, σὺ χλιανεῖς σεαυτόν.

Wir erhalten also auf jeder Seite 6 redende Choreuten d. h. einen στοῖχος der Männer und einen der Weiber und somit eine nicht zu unterschätzende Stütze für die Richtigkeit unserer Vertheilung, indem dieselbe auf die Aufstellung der beiden Halbchöre basirt ist. Wahrscheinlich ordneten sich die Weiber nach erfolgtem Einzuge 6 Personen hoch, und der Männerchor gieng aus seiner frühern Stellung in die der Weiber über, um diesen eine gleich lange Schlachtreihe entgegenzustellen. Vgl. hierzu die bildliche Darstellung im fünften Capitel. Die mit ϛ′ bezeichneten Flügelchoreuten, welche von 371 ab mit einander hadern, sind wohl die beiderseitigen Chorführer, für die es als Commandeure sehr angemessen ist den Streit länger als die andern zu führen.

VII.

Der Chor in der Lysistrata Vs. 614—705.

In einer Komödie, in welcher wie in der Lysistrata der Chor sich fast durchgehends nach zwei feindlichen Haufen geschieden gegenübersteht, bietet sich, wie leicht abzusehen ist, häufiger als bei friedlich zusammenhaltendem und ruhig bei einander stehendem Chore Gelegenheit zum Wechselgespräch der Choreuten unter einander. So ist es zu erklären, dass gerade dieses aristophaneische Stück eine besonders reiche Entwickelung in chorischen Einzelvorträgen zeigt, und dass sich hier nicht nur an der für diese charakteristischen Stelle, in der Parodos und dem ersten Epeisodion, sondern auch dort, wo die gegenseitige Erbitterung der Halbchöre ihren höchsten Grad erreicht, ein durch unabweisliche Merkmale belegtes Beispiel von einzeln auftretenden Choreuten findet. Wir meinen die kretisch-trochäischen Strophen 614 — 635 = 636 — 657 und die päonisch-trochäischen 658 — 681 = 682 — 705.

Wie hitzig die Männer einerseits und die Weiber andrerseits in den vorliegenden Chorika an einander gerathen, wie lebhaft sie mit einander nicht nur sprechen sondern agiren, das ersehen wir am deutlichsten aus den Drohungen, die sie gegenseitig austauschen und die bisweilen in ihrem Ausdruck und Ton das Gepräge der Einzelrede an sich tragen; vgl. 634 f.

> αὐτὸ γάρ μοι γίγνεται
> τῆς θεοῖς ἐχθρᾶς πατάξαι τῆσδε γραὸς τὴν γνάθον

und 656 f.

> εἰ δὲ λυπήσεις τί με,
> τῷδε τἀψήκτῳ πατάξω 'γὼ κοθόρνῳ τὴν γνάθον.

Ferner lesen wir Aufforderungen und Drohungen 680 f. 682 ff. 690 ff. 704 f. Die Lebhaftigkeit der Action selbst aber ist es vor allem, welche uns nach den bisher gemachten Erfahrungen auch in diesem Fall einzeln sprechende Chorpersonen zu vermuthen berechtigt. Gehen wir nun die Verse der Reihe nach durch, so bietet gleich 615 eine Aufforderung, die der Männerchor an sich selber richtet, die ihm also nicht in seiner Gesammtheit angehören kann:

> ἀλλ' ἐπαποδυώμεθ', ἄνδρες, τουτῳὶ τῷ πράγματι.

In dem entsprechenden Verse der Antistrophe 637 fordert ebenfalls ein Weib seinerseits die Freundinnen auf:

> ἀλλὰ θώμεσθ', ὦ φίλαι γρᾶες, ταδὶ πρῶτον χαμαί.

Wenn man zunächst geneigt sein könnte, diese beiden Fälle auf die Rechnung der beiderseitigen Chorführer zu setzen, so beweisen weitere Aufforderungen durchschlagend, dass man mit einer solchen Absonderung des Koryphaeos vom Choro hier nicht auskommt, sondern zu einer Theilung des Chors bis zu seinen einzelnen Mitgliedern herunter vorgehen muss. Denn in der Strophe 658—681 erfolgen drei Selbstaufforderungen der Männer hinter einander: 661 ἀλλ' ἀμυντέον τὸ πρᾶγμα u. s. f., 662—664 ἀλλὰ τὴν ἐξωμίδ' ἐκδυώμεθα u. s. f., 665—670 ἀλλ' ἄγετε, λυκόποδες u. s. f. Alle drei laufen im Grunde auf ein und dasselbe, auf Ermuthigung zu einem kräftigen Angriff hinaus, alle drei

sind völlig in sich abgeschlossen, verlangen daher drei verschiedene Sprecher und können nicht von einer Person in
einem Athem gesprochen worden sein. An den Chorführer
kann bei ihnen hier in der Strophe ebensowenig gedacht
werden wie bei Gelegenheit der Selbstaufforderung der
Weiber mitten in der Antistrophe 686 f. Auch beachte
man jenes die Anrede beginnende ἀλλά, auf das wir als
Personenwechsel anzeigende Partikel schon hingewiesen
haben: Vs. 688. 680. 665. 662. 630. Die auf 615 folgenden Verse enthalten in den metrisch und sachlich von einander getrennten Abschnitten 616—618 und 619—625 zwei
verschiedene Vermuthungen des Männerhalbchors über das
Vorhaben der Weiber, von denen die erste an eine ein-
heimische Tyrannis (Hippias), die zweite dagegen an aus-
ländischen Einfluss durch die Lakoner denkt. Enger hat
diese beiden aus einander zu haltenden Vorstellungen, welche
besondere Urheber erfordern, zu Vs. 618 mit Unrecht zu-
sammengemischt. Vs. 626 leitet darauf mit einem Sprunge
eine neue Gedankenreihe ein: ein Mann beschwert sich über
die Einmischung des Weibervolkes in die Staatsgeschäfte
und über die projectirte Aussöhnung mit dem Erbfeinde —
629. Allein bei Vs. 630 lenkt ein anderer Mann wieder
auf das Schreckgespenst der Tyrannis ab. Uns liegt also
hier offenkundig eine in Zickzacklinien sich bewegende Con-
versation, keine logisch gereihte Rede vor. Wir könnten
denselben Charakter des Gesprächs auch in den übrigen
Strophen nachweisen; doch begnügen wir uns dafür auf zwei
andere Dinge aufmerksam zu machen. Einmal darf wohl
darauf hingewiesen werden, dass sich hier und da zu indi-
viduelle, dem Leben des einzelnen entnommene Züge finden,
als dass sie von mehr als einer einzelnen Person können
erzählt worden sein; hierhin rechne ich den Lebenslauf der
Athenerin 641—647 oder die heitere Geschichte 700—703.
Sodann ist die aufs strengste den gefundenen Gesetzen entsprechende metrische Gliederung der Beachtung werth, wo-
nach genau an derselben Stelle in Strophe und Antistrophe

ein Sinnabschluss eintritt. Ueberhaupt zeigt sich bei dieser Partie in der Gruppirung der Gedanken ein beabsichtigter Parallelismus, der bei der scenischen Ausführung nur durch das Gegenübertreten der einzelnen feindlichen Choreuten und ihre damit verbundene besondere Declamation dem Publikum anschaulich werden konnte.

Strophe α'.	Antistrophe α'.
I. 614 — 615 Aufforderung.	636 — 637 Aufforderung.
II. 616 — 618 ⎫	638 — 640 ⎫
III. 619 — 625 ⎬ in sich geschlossene	641 – 647 ⎬ in sich geschlossene
IV. 626 – 629 ⎪ Kommata.	648 — 651 ⎪ Kommata.
V. 630 — 633 ⎭	652 — 655 ⎭
VI. 634 — 635 Drohung.	656 — 657 Drohung.

Strophe β'.	Antistrophe β'.
I. 658 — 661 Aufforderung.	682 — 685 Drohung.
II. 662 — 664 Aufforderung.	686 — 689 Aufforderung.
III. 665 — 670 Aufforderung.	690 — 695 Drohung.
IV. 671 — 675 ⎫ in sich geschlossene	696 — 699 ⎫ in sich geschlossene
V. 676 — 679 ⎭ Kommata.	700 — 703 ⎭ Kommata.
VI. 680 — 681 Drohung.	704 — 705 Drohung.

Aus dieser Zusammenstellung wird ersichtlich, dass Strophe α' den ersten, Strophe β' den zweiten στοῖχος der Männer, Antistrophe α' den ersten, Antistrophe β' den zweiten στοῖχος der Weiber enthält: eine Anordnung, die der Aufstellung des Chors in befriedigendster Weise gerecht wird. Die Vertheilung des Textes unter die einzelnen Choreuten aber ist folgende.

ΧΟΡΟΥ ΓΕΡΟΝΤΩΝ

ὁ α' οὐκ ἔτ' ἔργον ἐγκαθεύδειν, ὅστις ἔστ' ἐλεύθερος·
  ἀλλ' ἐπαποδυώμεθ', ἄνδρες, τουτῳὶ τῷ πράγματι. 615
ὁ β' ἤδη γὰρ ὄζειν ταδὶ πλειόνων καὶ μειζόνων
  πραγμάτων μοι δοκεῖ,
  καὶ μάλιστ' ὀσφραίνομαι τῆς Ἱππίου τυραννίδος.
ὁ γ' καὶ πάνυ δέδοικα μὴ τῶν Λακώνων τινὲς 620
  δεῦρο συνεληλυθότες ἄνδρες ἐς Κλεισθένους
  τὰς θεοῖς ἐχθρὰς γυναῖκας ἐξεπαίρωσιν δόλῳ

614 — 635 = 636 — 657

καταλαβεῖν τὰ χρήμαθ᾽ ἡμῶν τόν τε μισθόν,
ἔνθεν ἕξων ἐγώ.　　　　　　　　　　　　　625

ὁ δ᾽ δεινὰ γάρ τοι τάσδε γ᾽ ἤδη τοὺς πολίτας νουθετεῖν,
καὶ λαλεῖν γυναῖκας οὔσας ἀσπίδος χαλκῆς πέρι,
καὶ διαλλάττειν πρὸς ἡμᾶς ἀνδράσιν Λακωνικοῖς,
οἷσι πιστὸν οὐδέν, εἰ μή περ λύκῳ κεχηνότι.　　636 629

ὁ ε᾽ ἀλλὰ ταῦθ᾽ ὕφηναν ἡμῖν, ἄνδρες, ἐπὶ τυραννίδι·
ἀλλ᾽ ἐμοῦ μὲν οὐ τυραννεύσουσ᾽, ἐπεὶ φυλάξομαι,
καὶ φορήσω τὸ ξίφος τὸ λοιπὸν ἐν μύρτου κλαδί,
ἀγοράσω τ᾽ ἐν τοῖς ὅπλοις ἑξῆς Ἀριστογείτονι.

ὁ ς᾽ ὧδέ θ᾽ ἑστήξω παρ᾽ αὐτόν· αὐτὸ γάρ μοι γίγνεται
τῆς θεοῖς ἐχθρᾶς πατάξαι τῆσδε γραὸς τὴν γνάθον.

ΧΟΡΟΥ ΓΥΝΑΙΚΩΝ

ἡ α᾽ οὐκ ἄρ᾽ εἰσιόντα σ᾽ οἴκαδ᾽ ἡ τεκοῦσα γνώσεται.　　636
ἀλλὰ θώμεσθ᾽, ὦ φίλαι γρᾶες, ταδὶ πρῶτον χαμαί.

ἡ β᾽ ἡμεῖς γάρ, ὦ πάντες ἀστοί, λόγων κατάρχομεν
τῇ πόλει χρησίμων·
εἰκότως, ἐπεὶ χλιδῶσαν ἀγλαῶς ἔθρεψέ με.　　640

ἡ γ᾽ ἑπτὰ μὲν ἔτη γεγῶσ᾽ εὐθὺς ἠρρηφόρουν·
εἶτ᾽ ἀλετρὶς ἦ δεκέτις οὖσα τἀρχηγέτι·
κᾆτ᾽ ἔχουσα τὸν κροκωτὸν ἄρκτος ἦ Βραυρωνίοις·　　645
κἀκανηφόρουν ποτ᾽ οὖσα παῖς καλή, ᾽χουσ᾽
ἰσχάδων ὁρμαθόν.

ἡ δ᾽ ἄρα προὐφείλω τι χρηστὸν τῇ πόλει παραινέσαι;
εἰ δ᾽ ἐγὼ γυνὴ πέφυκα, τοῦτο μὴ φθονεῖτέ μοι,
ἢν ἀμείνω γ᾽ εἰσενέγκω τῶν παρόντων πραγμάτων.　　650
τοὐράνου γάρ μοι μέτεστι· καὶ γὰρ ἄνδρας εἰσφέρω.

ἡ ε᾽ τοῖς δὲ δυστήνοις γέρουσιν οὐ μέτεσθ᾽ ὑμῖν, ἐπεὶ
τὸν ἔρανον τὸν λεγόμενον παππῷον ἐκ τῶν Μηδικῶν
εἶτ᾽ ἀναλώσαντες οὐκ ἀντεισφέρετε τὰς εἰσφοράς,
ἀλλ᾽ ὑφ᾽ ὑμῶν διαλυθῆναι προσέτι κινδυνεύομεν.　　655

ἡ ς᾽ ἄρα γρυκτόν ἐστιν ὑμῖν; εἰ δὲ λυπήσεις τί με,
τῷδέ γ᾽ ἀψήκτῳ πατάξω τῷ κοθόρνῳ τὴν γνάθον.

ΧΟΡΟΥ ΓΕΡΟΝΤΩΝ

ὁ ζ᾽ ταῦτ᾽ οὖν οὐχ ὕβρις τὰ πράγματ᾽ ἐστὶ

658 — 681 = 682 — 705

πολλή; κἀπιδώσειν μοι δοκεῖ τὸ χρῆμα μᾶλλον.
ἀλλ' ἀμυντέον τὸ πρᾶγμ' ὅστις γ' ἐνόρχης ἔστ'
                                        ἀνήρ.   661
ὁ η' ἀλλὰ τὴν ἐξωμίδ' ἐκδυώμεθ', ὡς τὸν ἄνδρα δεῖ
ἀνδρὸς ὄζειν εὐθύς, ἀλλ' οὐκ ἐντεθριῶσθαι πρέπει.
ὁ θ' ἀλλ' ἄγετε, λυκόποδες, οἵπερ ἐπὶ Λειψύδριον ἤλθομεν,
                        ὅτ' ἦμεν ἔτι,   665
νῦν δεῖ, νῦν ἀνηβῆσαι πάλιν κἀναπτερῶσαι
πᾶν τὸ σῶμα κἀποσείσασθαι τὸ γῆρας τόδε.   670
ὁ ι' εἰ γὰρ ἐνδώσει τις ἡμῶν ταῖσδε κἂν σμικρὰν λαβήν,
οὐδὲν ἐλλείψουσιν αὗται λιπαροῦς χειρουργίας,
ἀλλὰ καὶ ναῦς τεκτανοῦνται, κἀπιχειρήσουσ' ἔτι
ναυμαχεῖν καὶ πλεῖν ἐφ' ἡμᾶς, ὥσπερ Ἀρτεμισία.
ὁ ια' ἢν δ' ἐφ' ἱππικὴν τράπωνται, διαγράφω τοὺς ἱπ-
                                        πέας.   676
ἱππικώτατον γάρ ἐστι χρῆμα κἄποχον γυνή.
κοὐκ ἂν ἀπολίσθοι τρέχοντος· τὰς δ' Ἀμαζόνας σκόπει,
ἃς Μίκων ἔγραψ' ἐφ' ἵππων μαχομένας τοῖς ἀνδράσιν.
ὁ ιβ' ἀλλὰ τούτων χρῆν ἀπασῶν ἐς τετρημένον ξύλον
ἐγκαθαρμόσαι λαβόντας τουτονὶ τὸν αὐχένα.   681

ΧΟΡΟΥ ΓΥΝΑΙΚΩΝ

ἡ ζ' εἰ νὴ τὼ θεὼ με ζωπυρήσεις,
λύσω τὴν ἐμαυτῆς ὗν ἐγὼ δή, καὶ ποιήσω
τήμερον τοὺς δημότας βωστρεῖν σ' ἐγὼ πεκτού-
                        μενον.   685
ἡ η' ἀλλὰ χἠμεῖς, ὦ γυναῖκες, θᾶττον ἐκδυώμεθα,
ὡς ἂν ὄζωμεν γυναικῶν αὐτοδὰξ ὠργισμένων.
ἡ θ' νῦν πρός ἔμ' ἴτω τις, ἵνα μή ποτε φάγῃ σκόροδα,
                        μηδὲ κυάμους μέλανας.   690
ὡς εἰ καὶ μόνον κακῶς ἐρεῖς, ὑπερχολῶ γάρ,
ἀετὸν τίκτοντα κάνθαρός σε μαιεύσομαι.   695
ἡ ι' οὐ γὰρ ὑμῶν φροντίσαιμ' ἄν, ἢν ἐμοὶ ζῇ Λαμπιτὼ
ἥ τε Θηβαία φίλη παῖς εὐγενὴς Ἰσμηνία.
οὐ γὰρ ἔσται δύναμις, οὐδ' ἢν ἑπτάκις σὺ ψηφίσῃ,
ὅστις, ὦ δύστην', ἀπήχθου πᾶσι καὶ τοῖς γείτοσιν.
ἡ ια' ὥστε κἀχθὲς θἠκάτῃ ποιοῦσα παιγνίαν ἐγὼ   700

τοῖσι παισὶ τὴν ἑταίραν ἐκάλεσ' ἐκ τῶν γειτόνων,
παῖδα χρηστὴν κἀγαπητὴν ἐκ Βοιωτῶν ἔγχελυν·
οἱ δὲ πέμψειν οὐκ ἔφασκον διὰ τὰ σὰ ψηφίσματα.

ἡ ιβ' κοὐχὶ μὴ παύσησθε τῶν ψηφισμάτων τούτων, πρὶν ἂν
τοῦ σκέλους λαβών τις ὑμᾶς ἐκτραχηλίσῃ φέρων.

VIII.

Der Chor in den Ekklesiazusen Vs. 478—503.

Dass noch Niemand die Epiparodos in den Ekkles. 478—503 unter einzelne Chorpersonen zu vertheilen unternommen hat, darüber darf man sich wohl wundern. So in die Augen springend sind hier die Wiederholungen derselben Gedanken, die abgerissene, aufgeregte und fast nur aus Aufforderungen und Fragen zusammengesetzte Redeweise, so sicher leiten in der Auswahl derjenigen Verse, denen die Choreutenbezeichnungen vorzuschreiben sind, für den proodischen aus iambischen Monometern und Tetrametern gebildeten Theil 478—482 die sprachlichen, für den antistrophischen iambischen 483 — 492 = 493—503 die sprachlichen und metrischen Indicien: dass ich es nicht einmal nöthig zu haben glaube meine Vertheilung in ausführlicher Darstellung, wie es bis hierher geboten schien, zu rechtfertigen und zu begründen. Ich will sofort die Vertheilung vornehmen und nur in Gestalt kurzer Noten die jene fordernden und bestimmenden Gesichtspunkte angeben.

XOPOY

ἡ α' ἔμβα, χώρει.   478

ἡ β' ἆρ' ἔστι τῶν ἀνδρῶν τις ἡμῖν ὅστις ἐπακολουθεῖ;

ἡ γ' στρέφου, σκόπει.   480

---

478) „Schnell vorwärts!" Vgl. 483 βάδιζε. 489 ἐγκονῶμεν.

479) „Dass uns nur kein Mann bemerkt!" Vgl. 482. 484 f. 488 μὴ ξυμφορά κτλ. 495.

480) „Darum vorsichtig umgeschaut!" Vgl. 481. 486 ff. περισκοπουμένη.

ἡ δ' φύλαττε σαυτὴν ἀσφαλῶς, πολλοὶ γὰρ οἱ πανοῦργοι,

μή πού τις ἐκ τοὔπισθεν ὢν τὸ σχῆμα καταφυλάξῃ.

ἡ ε' ἀλλ' ὡς μάλιστα τοῖν ποδοῖν ἐπικτυπῶν βάδιζε·

ἡμῖν δ' ἂν αἰσχύνην φέροι

πάσαισι παρὰ τοῖς ἀνδράσιν τὸ πρᾶγμα τοῦτ'

ἐλεγχθέν.   485

ἡ ς' πρὸς ταῦτα συστέλλου σεαυ-

τήν, καὶ περισκοπουμένη

τὰ πάνθ' ὅρα, κἀκεῖσε καὶ

τἀκ δεξιᾶς, μὴ ξυμφορὰ γενήσεται τὸ πρᾶγμα.

ἡ ζ' ἀλλ' ἐγκονῶμεν· τοῦ τόπου γὰρ ἐγγύς ἐσμεν ἤδη

ὅθενπερ εἰς ἐκκλησίαν ὡρμώμεθ', ἡνίκ' ᾖμεν.   490

ἡ η' τὴν δ' οἰκίαν ἕξεσθ' ὁρᾶν ὅθενπερ ἡ στρατηγὸς

ἔσθ' ἡ τὸ πρᾶγμ' εὑροῦσ' ὃ νῦν ἔδοξε τοῖς πολίταις.

ἡ θ' ὥστ' εἰκὸς ἡμᾶς μὴ βραδύνειν ἔστ' ἐπαναμενούσας,

πώγωνας ἐξηρτημένας,

μὴ καί τις ἡμᾶς ὄψεται χἠμῶν ἴσως κατείπῃ.   495

ἡ ι' ἀλλ' εἶα δεῦρ' ἐπὶ σκιᾶς

ἐλθοῦσα πρὸς τὸ τειχίον,

παραβλέπουσα θατέρῳ,

πάλιν μετασκεύαζε σαυτὴν αὖθις ἥπερ ἦσθα.

ἡ ια' καὶ μὴ βράδυν, ὡς τήνδε καὶ δὴ τὴν στρατηγὸν

ἡμῶν   500

χωροῦσαν ἐξ ἐκκλησίας ὁρῶμεν, ἀλλ' ἐπείγου.

ἡ ιβ' ἅπασα καὶ μίσει σάκον πρὸ ταῖν γνάθοιν ἔχουσα·

χαὖται γὰρ ἥκουσιν πάλαι τὸ σχῆμα τοῦτ' ἔχουσαι.   503

483 — 492 = 493 — 503

---

483) Ueber das auffordernde ἀλλά, das häufig Personenwechsel an-
deutet, s. in diesem Capitel I; hier findet es sich so noch 489. 496.
493 f.) „Rasch umgekleidet!“ Vgl. 496 ff. μετασκεύαζε σαυτήν.
500 f. καὶ μὴ βράδυν' — ἀλλ' ἐπείγου. 502 ἅπασα καὶ μίσει σάκον
κτλ. Denn ἀλλ' ἐπείγου ist, wie in unserm Text geschehen, zum vorhergehenden zu ziehen nicht zum folgenden, wie fälschlich die Ausgaben interpungiren. So entsteht der erst durch den Gegensatz ab-
gerundete Gedanke: „zaudert nicht — sondern eilt“ und der kräftige
Einsatz der letzten Sprecherin: ἅπασα καί. Demzufolge tritt auch in
Antistrophe und Strophe an denselben Versstellen Wechsel der Person
ein: 502 = 491. 500 = 489. 496 = 486. 493 = 483.

Man hat das vorstehende Recitativ der aus der Ekklesie zurückkehrenden Weiber „ein sehr mattes Chorlied"
(Fleckeis. Jahrbb. Supplementbd. III S. 275) gescholten,
wohl nur weil der richtige Einblick in die scenische Darstellung desselben fehlte. Denn allerdings, wenn man dieses
Chorikon entweder vom ganzen Chore oder vom Chorführer
allein (so Westphal Griech. Metr. II² S. 494) vorgetragen
denkt, so muss das eine immerfort von derselben Person
variirte Thema „lasst uns eilen im gehen (478—492) und
im unkleiden (493—503), damit uns die Männer nicht
überraschen" ermüdend auf den Leser wirken. Der Dichter
schiene alsdann seinen eigenen, in eben dieser Komödie
geäusserten Wahlspruch Vs. 583

$$\text{ώς τὸ ταχύνειν χαρίτων μετέχει πλεῖστον παρὰ τοῖσι}$$
$$\text{θεαταῖς}$$

an diesem Orte gänzlich vergessen zu haben. Frisch und
lebendig aber wird die Scene, sobald wir die erregten
Frauen hastig nach einander ihre Besorgniss aussprechen,
und jede für sich die andern zur Eile antreiben lassen.
Wir fanden nun 3 ζυγά Choreuten, im Proodikon, in Strophe
und Antistrophe je 4 Personen, also einen Halbchor. Wo
ist die andere Hälfte? Sollte sie in der Orchestra gestanden und hier nur geschwiegen haben? Dagegen spräche freilich die Analogie der übrigen aristophaneischen Stellen, an
denen wir einzelne Choreuten declamiren sahen, indem dort
überall alle 24 der Reihe nach zum Vortrage gelangten. Jedoch um diese Frage zu beantworten, ist es nöthig etwas
genauer auf die Beschaffenheit des Chors in unserm Stück
einzugehen.

Wir besitzen eine eingehendere und doch auch nur ge-
legentliche Besprechung des Chors in den Ekkles. von Enger
in Fleckeis. Jahrbb. Bd. 68 S. 257 f. und 260 f. Ich werde
manche treffende Bemerkung dieses Gelehrten aufzunehmen
und zu erweitern, aber auch manche Behauptung zu ver-
werfen haben. Im voraus sei noch bemerkt, dass ich in
der seit Beers Blick ins schwanken gerathenen Personen-

bezeichnung namentlich im Anfang und Schluss der Komödie
Bergk gefolgt bin, wenn nicht eine Abweichung angegeben ist.
Mit Vs. 30 f.

ὥρα βαδίζειν, ὡς ὁ κήρυξ ἀρτίως
ἡμῶν προσιόντων δεύτερον κεκόκκυκεν

zieht ein Weiberchor in die Orchestra ein (und nicht auf
der Bühne, wie Schönborn Die Skene der Hellenen S. 329 f.
gegen Enger behauptet, und Schönborn folgend Agthe Die
Parabase S. 170 als feststehend glaubt angeben zu können).
In dem folgenden Gespräch zwischen Praxagora und ΓΥ.
A werden 7 Choreuten namentlich aufgeführt als ankommende
(Κλειναρέτην καὶ Σωστράτην 41. καὶ Φιλαινέτην 42. Με-
λιστίχην 46. Γευσιστράτην 49. τὴν Φιλοδωρήτου καὶ Χαι-
ρητάδου 51) und dann hinzugefügt:

ὁρῶ προσιούσας χἀτέρας πολλὰς πάνυ
γυναῖκας, ὅ τι πέρ ἐστ' ὄφελος ἐν τῇ πόλει.

Es ist also dieser Chor der Frauen aus der Stadt. Er
schweigt während der nun folgenden von Praxagora ge-
leiteten Vorbereitungen für die Ekklesie vollständig (denn
auch 43—45 gehört nicht ihm an, wie Bergk vermuthet,
sondern ist mit Meineke Adn. crit. S. XXXII und Stanger
Blätter f. d. Bayer. Gymnasialw. Bd. VIII S. 55 der Praxagora zuzuweisen) und gibt nur durch pantomimische Zeichen
seine Meinung zu erkennen (s. Vs. 72). Nachdem alles
für den bevorstehenden Staatsstreich erwogen, die Umwan-
delung in Männer vor sich gegangen, die Bärte umgebunden
sind (268 ff.), fordert Praxagora den Chor auf Vs. 277

βαδίζετ', ᾄδουσαι μέλος
πρεσβυτικόν τι, τὸν τρόπον μιμούμεναι
τὸν τῶν ἀγροίκων,

und ΓΥ. B fällt ein:

εὖ λέγεις· ἡμεῖς δέ γε
προΐωμεν αὐτῶν. καὶ γὰρ ἑτέρας οἴομαι
ἐκ τῶν ἀγρῶν ἐς τὴν πύκν' ἥξειν ἄντικρυς
γυναῖκας.

Nach diesen Versen kann man das 289 anhebende Bauern-

lied auf doppelte Weise auffassen, entweder als von den
städtischen Frauen nur im Sinne der Landleute gesungen,
oder von wirklichen nunmehr die Orchestra betretenden
Landfrauen, die auch schon Männertracht angelegt haben
(Vs. 289 ὤνδρες), vorgetragen: je nachdem man die Worte
der Praxagora oder der ΓΥ. Β betont. Der erstern Ansicht
ist Enger á. O. S. 257, wie es auch schon der Scholiast
war, der zu Vs. 289 bemerkt: τοῦτ᾽ ἐστὶ τὸ μέλος ὃ εἶπεν
ἔνδον αὐταῖς τὸ ἀγροικικόν, allein ich glaube entschieden
mit Unrecht. Denn Vs. 300 f.

ὅρα δ᾽ ὅπως ὠθήσομεν τούσδε τοὺς ἐξ ἄστεως
ἥκοντας

beweist, dass der diese Stelle singende Chor Städter vor
sich in die Volksversammlung wirklich, oder wenigstens
für die Zuschauer, gehen sieht und sich bestimmt von diesen
unterscheidet; vgl. das Schol. zu diesem Vs. ὁρᾷ ἄνδρας
προσιόντας ἐν τῇ ἐκκλησίᾳ. Diese ἄνδρες können aber
keine andern sein als die in Männer verkleideten Weiber
aus der Stadt. Wir müssen daher 2 Halbchöre unterscheiden: einen, der Vs. 30 anrückt d. s. die städtischen Frauen,
und einen, der Vs. 289 die Orchestra betritt und unter Absingung eines Liedes über sie hinwegschreitet d. s. die
Frauen vom Lande. So scheint auch Bergk zu urtheilen,
welcher Praef. S. XX zu Vs. 30. 31 anmerkt: „Prodeunt
mulieres passim, sed dimidia tantum chori pars, urbanae mulieres: rusticae postea demum accedunt,“ freilich ohne die Stelle
zu bezeichnen, an der er sich den Einzug der mulieres rusticae denkt. Denn die vier iambischen Tetrameter 285—288
spricht nicht etwa der Chorführer der Landleute, sondern
der Städter, derselbe, welcher Vs. 30 f. sprach; wie das
schon die Worte 288 ἐνδυόμεναι τόλμημα τηλικοῦτον zeigen,
mit denen die Anführerin der Stadtfrauen auf den von Praxagora gebrauchten und nur von den Stadtfrauen gehörten
Ausdruck 106 τόλμημα τολμῶμεν τοσοῦτον offenbar anspielt.
Dass wir aber jenes μέλος πρεσβυτικόν, welches Praxagora
dem Chore der Stadtfrauen zu singen auftrug, nicht zu

hören bekommen, darf uns nicht Wunder nehmen und wird
auch den Zuhörern, die sich das Lied hinter der Scene gesungen denken mussten, nicht anstössig erschienen sein,
da sich bei Aristophanes Beispiele genug finden, die gerade
diese Idealität beim Zuschauer voraussetzen.

Der Abzug der Schauspieler und der beiden Chöre
nach der Ekklesie fand hiernach in folgender Weise statt.
Zuerst entfernen sich Praxagora, *ΓΓ. Α* und *ΓΥ. Β* auf
der Bühne gemäss Vs. 279 f. ἡμεῖς (d. s. die Schauspieler)
δέ γε προΐωμεν αὐτῶν (d. i. der Halbchor der Frauen aus
der Stadt; falsch versteht diese Worte Meineke Vind. S. 189).
Ihnen folgen also auf der Orchestra die Stadtfrauen 285.
Dann rücken diesen 289 die Landfrauen nach und sind 310
über die Orchestra geschritten. Dieser letztere Halbchor
zerfällt aber wiederum in zwei Theile, von denen der erste
die logaödische Strophe 289—299, der zweite die Antistrophe 300—310 singt. Dass dem so ist, beweisen deutlich die Worte des ersten Theilchors, mit denen er den
nachfolgenden anredet Vs. 293 f.

ἀλλ᾽, ὦ Χαριτιμίδη
καὶ Σμίκυϑε καὶ Δράκης,
ἕπου κατεπείγων.

So konnten nicht alle Choreuten, also auch die namentlich
angeredeten selber, sprechen sondern nur die vorangehende
Hälfte derselben. Hier bietet auch der Rav. die richtige
Personenbezeichnung, indem er vor 289 und 300 *ΗΜΙΧ.*
schreibt. Es ist demnach die Anordnung der behandelten
Chorpartien folgende.

Κορυφ. γυν. ἐκ τῆς πόλεως {30. 31 ὥρα βαδίζειν κτλ.
{285—288 ὥρα προβαίνειν κτλ.

'Ημιχ. α' γυν. ἐκ τῶν ἀγρῶν
289 ff. χωρῶμεν εἰς ἐκκλησίαν, ὦνδρες· ἠπείλησε γὰρ
ὁ θεσμοθέτης κτλ.

'Ημιχ. β' γυν. ἐκ τῶν ἀγρῶν
300 ff. ὅρα δ᾽ ὅπως ὠϑήσομεν τούσδε τοὺς ἐξ ἄστεως
ἥκοντας κτλ.

Man beachte nun wohl, dass während der eine Halbchor
eine längere melische Partie absingt, von dem andern nur
der einzige Chorführer und auch dieser nur zwei Trimeter
beim Einzuge und vier Tetrameter beim Abgange des von
ihm geführten Halbchors recitirt. Ja mich will es fast
bedünken, als ob ihm durch den gleichen Anfang seiner
beiden Kommata (ὥρα βαδίζειν und ὥρα προβαίνειν) die
leichte Aufgabe mnemonisch noch mehr erleichtert werden
sollte.

Dasjenige Chorikon, welchem wir demnächst in unserm
Stück begegnen, ist die Epiparodos, die von 12 Choreuten
vorgetragen wird, wie im Eingange meiner Auseinandersetzung dargethan ist. Wir werden jetzt, nachdem wir die
durchgehende Theilung in 2 Halbchöre erkannt haben, nicht
mehr zu der Annahme geneigt sein, dass die übrigen 12
Personen des Chors ohne ein Wort zu sprechen zugleich
mit dem sprechenden Halbchore ihren Einzug hielten. Im
Gegentheil müssen wir wegen Vs. 491 f.

τὴν δ' οἰκίαν ἔξεσθ' ὁρᾶν ὅθενπερ ἡ στρατηγὸς
ἔσθ' ἡ τὸ πρᾶγμ' εὑροῦσ' ὃ νῦν ἔδοξε τοῖς πολίταις

behaupten, dass die hier auftretenden Chorpersonen die
Weiber aus der Stadt sind oder vielmehr vorstellen. Denn
nur sie kennen das Haus der Praxagora, vor dem nur sie
den Vorübungen zur Volksversammlung beiwohnten; nur
sie können Praxagora ihre στρατηγός nennen.

Suchen wir die Gliederung der Komödie durch den
Chor weiter zu verfolgen, so muss das Fehlen der Stasima
und der Parabase auffallen. Wie wurden die Pausen ausgefüllt? Es ist eine sehr glückliche Vermuthung von Enger
a. O. S. 261, dass dies durch Ballet geschah. Diese Vermuthung gründet sich vornehmlich auf die am Ende der
Ekkles. 1138 genannten μείρακες, die von Enger richtig
als Tänzerinnen erklärt werden. Und doch lässt sich gegen
Engers Ansicht, sowie dieselbe von ihm vorgetragen wird,
zweierlei einwenden. Einmal wenn Aristophanes zur Auf-

führung seiner Ekklesiazusen ausser den legitimen und geschulten 24 Choreuten noch obenein eine Anzahl Tänzer geliefert erhielt, so will das schlecht stimmen zu der aus dem
Stück selber ersichtlichen geringen Leistungsfähigkeit der
damaligen Choregie. Das wäre ja eine grössere choregische
Leistung gewesen, als wir sie selbst in den früheren aristophaneischen Komödien erblicken. Sodann hat Enger nicht
die Stelle angegeben, an der die Ankunft der Tänzerinnen
vom Dichter angedeutet wird. Dies ist aber erforderlich,
schon um zu wissen, wo ihre Thätigkeit beginnt. Ich
meine, diese Stelle kann keine andere sein als Vs. 503

$$\chi\alpha\tilde{v}\tau\alpha\iota \; \gamma\grave{\alpha}\varrho \; \tilde{\eta}\varkappa o v \sigma \iota v \; \pi\acute{\alpha}\lambda\alpha\iota \; \tau\grave{o} \; \sigma\chi\tilde{\eta}\mu\alpha \; \tau o\tilde{v}\tau' \; \check{\epsilon}\chi o v \sigma\alpha\iota.$$

Bei diesen Worten sieht $\tilde{\eta} \; \iota\beta'$ der Stadtfrauen, die ihre
Männerkleidung indes noch nicht abgelegt haben (506 ff.),
zu gleicher Zeit mit Praxagora (500 f.) auch andere Weiber
($\chi\alpha\tilde{v}\tau\alpha\iota$) ankommen, welche schon im Frauencostüm sind.
Denn $\tau\grave{o} \; \sigma\chi\tilde{\eta}\mu\alpha \; \tau o\tilde{v}\tau o$ „diese Tracht da" bedeutet die Tracht,
welche an den Tänzerinnen sichtbar ist, das Weibergewand.
Das für den Leser allerdings unbestimmte $\tau o\tilde{v}\tau o$ konnte
natürlich für die Zuschauer nicht undeutlich sein. Daher
wir Meinekes Conjectur Vind. S. 195 $\tau\grave{o} \; \sigma\chi\tilde{\eta}\mu\alpha \; \tau\grave{o} \; \pi\varrho\grave{\iota}v$
$\check{\epsilon}\chi o v \sigma\alpha\iota$ bei unserer auf die scenische Darstellung basirten
Erklärung leicht entbehren können. Auch ein zweites ebenda
von Meineke geäussertes Bedenken scheint nunmehr auch
ohne Textesänderung sich heben zu lassen. Vs. 509 f.
fordert Praxagora Jemand (man hat bis jetzt nicht zu sagen
gewusst wen?) auf, den Choreuten bei ihrer Umkleidung
behülflich zu sein:

$$\varkappa\alpha\grave{\iota} \; \mu\acute{\epsilon}v\tau o\iota \; \sigma\grave{v} \; \mu\grave{\epsilon}v$$
$$\tau\alpha\acute{v}\tau\alpha\varsigma \; \varkappa\alpha\tau\epsilon\upsilon\tau\varrho\acute{\epsilon}\pi\iota\xi\epsilon.$$

Hierzu bemerkt Meineke: „*Non apparet quae sit illa, cui
Praxagora mutandarum chori vestium iniungat negotium. Et
omnino quid opus erat tali opera? Hinc suspicor* $\tau\alpha\upsilon\tau\grave{\iota}$ *pro*
$\tau\alpha\acute{v}\tau\alpha\varsigma$ *scribendum esse, ut chorum ipsum compellet Praxagora
eumque haec recte curare admoneat.*" Allein wir haben ja
jetzt Jemand, der sehr geeignet erscheint die Garderobe

des Chors zu ordnen, nämlich die in der Decoration gewiss erfahrenen Tänzer. An diese wendet sich Praxagora mit jenen Worten.

Sehen wir zu, wie man bisher Vs. 503 erklärt hat. Enger a. O. S. 257 versteht unter den αὗται die Frauen, welche mit Praxagora auf der Bühne nach der Volksversammlung gegangen waren, also doch wohl die Schauspieler ΓΥ. Α und ΓΥ. Β. Aber ihr Auftreten ist für die fernere Exposition des Stücks vollkommen überflüssig und durch gar nichts motivirt. Richtiger sieht Carl Kock Flcckeis. Jahrbb. Supplementbd. III S. 274 in den αὗται die zweite Hälfte des Chors. Freilich kann ich diese Interpretation nicht in dem Sinne billigen, dass hier wirklich der zweite Halbchor, also die Frauen vom Lande, in der Orchestra eintreffen. Denn auch von diesen finden wir im ganzen weitern Verlauf der Komödie keine Spur. Wohl aber ist Kocks Erklärung insofern die richtige, als durch die αὗται, die Tänzerinnen, der Ersatz für die zweite Chorhälfte geleistet wird. Und in diesem Sinne, aber nur in diesem, hat auch der Scholiast Recht, wenn er die gegen Schluss des Stückes mit μείρακες bezeichneten Tänzerinnen erklärt zu Vs. 1138 als τὰς τοῦ χοροῦ.

Wir stehen auf dem Punkte, wo wir unsere Ansicht über den Chor in den Ekkles. aussprechen können ohne hoffentlich beschuldigt zu werden, dass wir von einer vorgefassten Hypothese ausgegangen seien. Aristophanes erhielt bei der finanziellen Noth Athens für seine Komödie vom Choregen nur 12 ordentliche in Gesang und Declamation geübte Choreuten und ebensoviel Tänzer. Es war vielleicht das erste Mal, dass er sich der vollen Hälfte der ihm zustehenden Chorpersonen schmerzlich beraubt sah. Er suchte daher durch geschickte Verwendung des ihm gelieferten Personals den Ausfall möglichst zu verdecken und wenigstens den Anschein eines vollzähligen komischen Chors zu retten. Deshalb liess er einmal die Theilung in 2 Halbchöre eintreten und hielt dieselbe, so-

lange der Chor redend und handelnd in das Stück eingreift,
fest. So erklärt sich ferner die auffallende Schweigsamkeit
des ersten 30 ankommenden und 285 abgehenden Halbchors
der Stadtfrauen: es wurden dazu die Tänzer verwandt,
deren einem nur sechs leichte Verse an zwei sehr markirten
Stellen eingeübt zu werden brauchten. Darauf betreten 289
die 12 ordentlichen Choreuten als Halbchor der Landfrauen
unter Gesang die Orchestra; dieselben kehren 478 dahin
zurück, hier in der Rolle der Stadtfrauen, und führen unter
einander eine Dialogpartie aus, die mit Präcision und in
rasch einfallendem Wechselgespräch abgespielt werden musste
und daher eine tüchtige Declamationsfertigkeit erforderte.
Warum stellen aber die Choreuten hier die Stadtfrauen vor?
Auch dieser Umstand findet bei unserer Annahme seine Erklärung. Der Dichter musste den städtischen Halbchor,
den der Zuschauer bis dahin nur schweigsam dastehen gesehen und für den er doch gerade das meiste Interesse
hatte, auch einmal handelnd und declamirend einführen:
dies konnte aber nur durch die geschulten Choreuten ausgeführt werden. Deshalb übernahmen sie sowohl das Bauern-
lied, die Parodos der Landleute, als auch den Dialog der
Frauen aus der Stadt, die Epiparodos.

Von jetzt an gehört der Chor nicht mehr zur Handlung,
er existirt bis auf den Schluss für sie nicht mehr. Daher
konnte auch das an sich schon lockere Band, welches die
beiden Halbchöre der Stadt- und Landfrauen unter einander
vereinigte, sich lösen. Die letzteren, die wir nur einmal
über die Orchestra marschiren sahen, kehren nicht mehr in
dieselbe zurück, sondern begeben sich direct von der Ekklesie aufs Land. Ihre Stelle nehmen die Tänzerinnen ein,
die wenn auch nur lose, doch bis zu einem gewissen Grade
mit der Fabel des Stücks und dem übrigbleibenden Halbchor verknüpft sind. Denn auch sie erscheinen, 12 an der
Zahl, in Weiberkleidern wie dieser, auch sie kommen mit
Praxagora von der Volksversammlung. Der Unterschied
zwischen ihnen und den Choreuten in der äusseren Er-

scheinung beschränkt sich darauf, dass sie, wie es für Tänzerinnen passend war, in jugendlicherem Costüm auftreten: und so werden sie denn (dies sei wegen Kock a. O. S. 288 bemerkt) mit der Benennung μείρακες von den Choreuten, die nie anders als γυναῖκες heissen, bestimmt unterschieden; vgl. bes. Vs. 1125 mit 1138.

Um nun ein Bild von der Art und Weise zu gewinnen, wie durch die vereinte Thätigkeit des Chors und der Tänzer die Zwischenacte ausgefüllt wurden, können wir den Ausgang der Komödie heranziehen, in dem das gesammte Bühnenpersonal tanzend die Scene verlässt. Alles, was hier von 1127 ab dem Chore zugetheilt wird, spricht und singt der Chorführer bis 1179, wie Bergk richtig Praef. S. XXIII angibt; von Vs. 1180 an begleitet der ganze Chor mit jenen Ausrufen εὐαί εὐαί, die sicherlich bei der Aufführung grössere Ausdehnung hatten als in unsern Handschriften, das Ballet der Tänzer und gibt durch diesen seinen Gesang den Tact für die Pas an, nachdem der Chorführer mit den Worten 1179

αἴρεσθ᾽ ἄνω, ἰαί, ἰαί

das Zeichen zum Anfang des Tanzes und Gesanges gegeben hatte. Aehnlich werden auch in den Pausen der Komödie die Productionen der Tänzer durch solche tactangebende Hyporchemen, die in nicht viel mehr als Ausrufungen wie εὐαί u. dgl. bestanden, von dem Chore begleitet worden sein. Die letzte Tanzscene ist von Enger richtig beschrieben worden; auch halte ich es mit Enger für einzig richtig Vs. 1144 ff. dem Chorführer zu geben, wovon Bergk in der zweiten Auflage mit Unrecht abgegangen ist. Nur eins ist gegen Engers Ausführung zu erinnern. Durch die an den ΔΕΣ. gerichteten Worte des Chorführers 1151 ff.

ἀλλ᾽ οὐκ ἄγεις

τασδὶ (sc. μείρακας) λαβών; ἐν ὅσῳ δὲ καταβαίνεις, ἐγὼ ἐπᾴσομαι μέλος τι μελλοδειπνικόν .

wird nur dieser, nicht aber auch die Mädchen (Tänzer) aufgefordert von der Bühne auf die Orchestra herunter zu kommen. Denn die letzteren haben natürlich auf der Orchestra ihre Tänze aufgeführt und gleich bei ihrem Erscheinen 503 dieselbe betreten. Die Worte ἀλλ' οὐκ ἄγεις τασδὶ λαβών; bedeuten „führe diese da hinweg, nachdem du sie aus unsern Händen übernommen hast." So beginnen denn ΘEP. (1137 f.) und ΔEΣ. (1165 f.) den Reigen, ihnen folgen die Tänzer (1166 f.), den Schluss macht der singende Chor.

Wir sind zu einem Resultat gelangt, das für die Geschichte des attischen Chors nicht ohne Interesse sein dürfte. An Stelle der allgemein gemachten aber auch sehr allgemeinen Bemerkung, dass der Chor in den spätern Stücken des Aristophanes in der Auflösung begriffen sei, können wir an einem bestimmten Beispiel aufweisen, wie dieser Verfall vor sich gieng, nämlich durch das Eindringen der Tänzer in die Choreutenmasse. Im Plutos finden wir dies Verhältniss gegenüber den Ekklesiazusen offenbar noch weiter vorgeschritten. Was in diesem Stück mit der Personenbezeichnung XOP. versehen ist, scheint, wie schon von verschiedenen Seiten bemerkt worden ist, einzig und allein der Chorführer vorgetragen zu haben. Auch hier aber war, wie aus Vs. 288 ff. ersichtlich ist, das Ballet die Hauptthätigkeit des Chors; und so wird der Dichter für seinen Plutos[1]) sogar nur einen in Gesang, Declamation und Tanz gleichmässig geübten Choreuten (wahrscheinlich bildete sich ein solcher neuer Künstlerstand aus den Tänzern heraus), im übrigen aber blosse Tänzer zur Aufführung erhalten haben, wie wir in den Ekklesiazusen den Chor aus jenen beiden Bestandtheilen zu gleichen Theilen zusammengesetzt erkannten.

---

1) S. Proleg. de com. bei Bergk S. XXX 7 *ἐπέλιπον οἱ χορηγοί*, S. XXXIV 4 *χορῶν ἐστέρηται*, und vgl. Böckh Staatsh. der Athener I S. 606 f.

IX.

Der Chor in den Thesmophoriazusen Vs. 655—727.

In den Thesmophoriazusen ist keine Scene von grösserer dramatischer Lebendigkeit als diejenige, welche durch die Entdeckung veranlasst wird, dass ein Mann sich in die heilige Feier der Thesmophoren eingeschlichen habe. Der Chor entschliesst sich in ungewöhnlicher Erregtheit eine Revision des ganzen Festbezirks vorzunehmen (655—687), und seine Aufregung steigt noch, als jener freche Eindringling Mnesilochos einer der Frauen das Kind raubt und durch Androhung seines Todes sich die Freiheit zu erzwingen sucht (688—727). Bei diesem Charakter der Scene ist es nicht auffallend, dass wir in ihr gerade sowie in der Lysistrata 614—705 an einer andern als an der für das Auftreten einzelner Choreuten bei Aristophanes gewöhnlichen Stelle (Parodos) unzweifelhafte Indicien für chorischen Wechselgesang haben. Denn dass Thesm. 655 ff. keine Parodos ist, darf für ausgemacht gelten, und nur bei Westphal Proleg. zu Aesch. Trag. S. 36 habe ich die Stelle zu meiner grössten Verwunderung als solche bezeichnet gefunden. In der Metrik II² S. 439 gibt Westphal folgende Uebersicht über die Anordnung der ganzen Gruppe.

655: Anapäst. Tetrameter.	689: Trimeter.
(Aufforderung zur Verfolgung.)	(Entwendung der Flasche.)
659: Troch. Tetrameter.	699: Troch. Tetram. m. vorausgehend. Dochmien.
(Verfolgung.)	(Neue Verwünsch. u. Verfolg.)
668: στρ.	707: ἀντ.
686: 2 troch. Tetram.	726: 2 troch. Tetram.

Hierauf bemerkt er: „Dass die στρ. und ἀντ. hier in völliger metrischer Responsion stehen müssen, ist ohne Zweifel. Die Verdorbenheit der Handschriften und namentlich die vielfachen Interpolationen in der Antistr. machen die Herstellung der Responsion sehr schwierig. Στρ. wie ἀντ. zer-

fällt nach dem Inhalte wie nach metrischem Bau in zwei
Theile. Der erste beginnt anapästisch und endet mit zwei
dochmischen Dimetern, dazwischen steht ein einzelner trochäischer Vers: — μηδομένους ποιεῖν ὅ τι καλῶς ἔχει 677…
Der zweite Theil ist iambisch, Tetrapodien und im Anfang
ein katal. Trimeter."

Die der Strophe vorangehenden drei ersten metrischen
Glieder der gesammten Chorstelle, die anapästischen Tetrameter (655—658), die trochäischen Tetrameter (659—662)
und das angeschlossene trochäische Hypermetron (663—667)
haben denselben Inhalt, eine dreimal wiederholte Aufforderung des Chors an sich selbst zur schleunigen Ab-
suchung der Festversammlung. Da die Sachlage eine solche
ist, so können wir uns mit den bis jetzt versuchten Ver-
theilungen jener Verse nicht einverstanden erklären, sei es dass
wir mit Westphal alle drei Abschnitte dem Chorführer zuweisen,
sei es dass wir mit Muff die beiden ersten diesem, den letzten
Abschnitt dem Gesammtchor geben, sei es endlich dass wir
mit Fritzsche zu Vs. 659 ff. folgendermassen anordnen: „*Quum
ab initio p r i n c e p s t o t i u s c h o r i p e r s o n a omnem viciniam per-
vestigandam esse ostendisset, his versibus* εἶα νῦν ἴχνευε *p r i m a
u n i u s h e m i c h o r i i p e r s o n a gravius etiam quaerendi scrutan-
dique omnia necessitatem inculcavit. Illo autem in loco* εἶα δὴ
πρώτιστα μὲν χρὴ κοῦφον ἐξορμᾶν πόδα *h e m i c h o r i u m iam
vulgari statione relicta currit atque speculatur.*" Denn da die
Uebereinstimmung des Inhalts in den drei Theilen in die
Augen springt (ἡμᾶς χρὴ ζητεῖν, εἴ που κάλλος τις ἀνὴρ
ἐσελήλυθε, καὶ περιθρέξαι τὴν πύκνα πᾶσαν u. s. w. = εἶα
δὴ πρώτιστα μὲν χρὴ κοῦφον ἐξορμᾶν πόδα καὶ διασκοπεῖν
σιωπῇ πανταχῇ u. s. w. = εἶά νυν ἴχνευε καὶ μάτευε ταχὺ
πάντ', εἴ τις ἐν τόποις ἑδραῖος ἄλλος αὖ λέληθεν ὤν. πανταχῇ δὲ ῥῖψον ὄμμα u. s. w.), da ferner der Chor überall
sich selber anredet, so sind hier drei verschiedene Redner
erforderlich. Ebensoviel Choreuten ergibt die Strophe 668—
685 mit den sich daran schliessenden trochäischen Tetrametern 686—687. Wie Westphal richtig erinnert, zerfällt

die Strophe in zwei sachlich und metrisch gesonderte und
in sich geschlossene Theile 668—677 und 678—685. Der
Inhalt dieser beiden Theile ist aber wieder völlig identisch
(ἢν γάρ με λάϑῃ δράσας ἀνόσια, δώσει τε δίκην καὶ πρὸς
τούτῳ τοῖς ἄλλοις ἀνδράσιν ἔσται παράδειγμ' ὕβρεως ἀδίκων
τ' ἔργων ἀθέων τε τρόπων· φήσει δ' εἶναί τε θεοὺς φανερῶς,
δείξει τ' ἤδη πᾶσιν ἀνθρώποις σεβίζειν δαίμονας u. s. w. =
αὐτῶν ὅταν ληφϑῇ τις οὐκέϑ' ὅσια δρῶν, πᾶσιν ἐμφανὴς
ὁρᾶν ἔσται γυναιξὶ καὶ βροτοῖσιν, ὅτι τά τε παράνομα τά
τ' ἀνόσια θεὸς παρὼν τίνεται). Und nicht minder ein-
leuchtend ist die Wiederholung desselben Gedankens in
den folgenden Ausrufen des Chors, mit denen er seiner
Entrüstung über den Kinderraub des Mnesilochos Luft macht:
Vs. 702 f.

> ὡς ἅπαντ' ἄρ' ἐστὶ τόλμης μεστὰ κἀναισχυντίας.
> οἷον αὖ δέδρακεν ἔργον, οἷον αὖ φίλαι τοδί.

Vs. 705

> ταῦτα δῆτ' οὐ δεινὰ πράγματ' ἐστὶ καὶ περαιτέρω;

und 707 f.

> τί ἂν οὖν εἴποι πρὸς ταῦτά τις, ὅτε
> τοιαῦτα ποιῶν ὅδ' ἀναισχυντεῖ;

Alle die vielfachen Wiederholungen dürften sich am ein-
fachsten durch Wechsel der sprechenden Personen erklären.
Die der Strophe wie der Antistrophe beigefügten Tetrameter
aber führen einen mit den davor stehenden Worten in keine
Verbindung gesetzten Gedanken ein und indiciren dadurch
Personenwechsel. Hiernach kommen wir auf die folgende
Anordnung. In der Wiedergabe des Textes folge ich hier
der antistrophischen Herstellung Meinekes, während ich
sonst überall Bergk zu Grunde gelegt habe.

ΧΟΡΟΥ

ἢ α' ἡμᾶς τοίνυν μετὰ τοῦτ' ἤδη τὰς λαμπάδας ἁψαμένας
χρὴ 655
ξυζωσαμένας εὖ κἀνδρείως τῶν θ' ἱματίων ἀποδύσας
ζητεῖν, εἴ που κάλλος τις ἀνὴρ ἐσελήλυθε, καὶ περιθρέξαι

τὴν πύκνα πᾶσαν καὶ τὰς σκηνὰς καὶ τὰς διόδους
διαθρῆσαι.

ἡ β´ εἶα δὴ πρώτιστα μὲν χρὴ κοῦφον ἐξορμᾶν πόδα
καὶ διασκοπεῖν σιωπῇ πανταχῇ· μόνον δὲ χρὴ   660
μὴ βραδύνειν, ὡς ὁ καιρός ἐστι μὴ μέλλειν ἔτι,
ἀλλὰ τὴν πρώτην τρέχειν χρῆν ὡς τάχιστ᾽ ἤδη κύκλῳ.

ἡ γ´ εἶά νυν ἴχνευε καὶ μάτευε ταχὺ πάντ᾽,
εἴ τις ἐν τόποις ἑδραῖος
ἄλλος αὖ λέληθεν ὤν.
πανταχῇ δὲ ῥῖψον ὄμμα,   665
καὶ τὰ τῇδε καὶ τὰ δεῦρο
πάντ᾽ ἀνασκόπει καλῶς.

ἡ δ´ ἢν γάρ με λάθῃ δράσας ἀνόσια,
δώσει τε δίκην καὶ πρὸς τούτῳ
τοῖς ἄλλοις ἀνδράσιν ἔσται
παράδειγμ᾽ ὕβρεως ἀδίκων τ᾽ ἔργων   670
ἀθέων τε τρόπων·
φήσει δ᾽ εἶναί τε θεοὺς φανερῶς,
δείξει τ᾽ ἤδη
πᾶσιν ἀνθρώποις σεβίζειν δαίμονας ****
[δικαίως τ᾽ ἐφέποντας] ὅσια καὶ νόμιμα   675
μηδομένους ποιεῖν ὅ τι καλῶς ἔχει.

ἡ ε´ κἂν μὴ ποιῶσι ταῦτα τοιάδ᾽ ἔσται.
αὐτῶν ὅταν ληφθῇ τις οὐκέθ᾽ ὅσια δρῶν,
μανίαις φλέγων λύσσῃ παράκοπος,   680
[εἴ τι δρῴη]
πᾶσιν ἐμφανὴς ὁρᾶν ἔσται γυναιξὶ καὶ βροτοῖσιν,
ὅτι τά τε παράνομα τά τ᾽ ἀνόσια θεὸς
παρὼν τίνεται.   685

ἡ ς´ ἀλλ᾽ ἔοιχ᾽ ἡμῖν ἅπαντά πως διεσκέφθαι καλῶς.
οὐχ ὁρῶμεν γοῦν ἔτ᾽ ἄλλον οὐδέν᾽ ἐγκαθήμενον.

ΓΥΝΗ Α.

ἆ ποῖ σὺ φεύγεις; οὗτος οὗτος οὐ μενεῖς;
τάλαιν᾽ ἐγὼ τάλαινα, καὶ τὸ παιδίον   690
ἐξαρπάσας μου φροῦδος ἀπὸ τοῦ τιτθίου.

668 — 687 = 707 — 727

ΜΝΗΣΙΛΟΧΟΣ.

κέκραχθι· τουτὶ δ' οὐδέποτε σὺ ψωμιεῖς,
ἢν μή μ' ἀφῆτ'· ἀλλ' ἐνθάδ' ἐπὶ τῶν μηρίων
πληγὲν μαχαίρᾳ τῇδε φοινίας φλέβας
καθαιματώσει βωμόν.					695

ΓΥΝΗ Α.
ὦ τάλαιν' ἐγώ.

γυναῖκες, οὐκ ἀρήξετ'; οὐ πολλὴν βοὴν
στήσεσθε καὶ τροπαῖον, ἀλλὰ τοῦ μόνου
τέκνου με περιόψεσθ' ἀποστερουμένην;

ΧΟΡΟΥ
ἡ ζ' ἔα ἔα.
ὦ πότνιαι Μοῖραι τί δὴ δέρχομαι				700
νεοχμὸν αὖ τέρας;
ὡς ἅπαντ' ἄρ' ἐστὶ τόλμης μεστὰ κἀναισχυντίας.
οἷον αὖ δέδρακεν ἔργον, οἷον αὖ φίλαι τοδί.

ΜΝΗΣΙΛΟΧΟΣ.
οἷον ὑμῶν ἐξαράξαι τὴν ἄγαν αὐθαδίαν.

ΧΟΡΟΥ
ἡ η' ταῦτα δῆτ' οὐ δεινὰ πράγματ' ἐστὶ καὶ περαιτέρω; 705

ΓΥΝΗ Α.
δεινὰ δῆθ', ὅστις. γ' ἔχει μου' ξαρπάσας τὸ παιδίον.

ΧΟΡΟΥ
ἡ θ' τί ἂν οὖν εἴποι πρὸς ταῦτά τις, ὅτε
τοιαῦτα ποιῶν ὅδ' ἀναισχυντεῖ;

ΜΝΗΣΙΛΟΧΟΣ.
κοὔπω μέντοι γε πέπαυμαι.

ΓΥΝΗ Α.
ἀλλ' οὖν ἥκεις γ' ὅθεν οὐ φαύλως γ'			710
ἀποδρὰς λέξεις
οἷον δράσας διέδυς ἔργον,
λήψει δὲ κακόν.

ΜΝΗΣΙΛΟΧΟΣ.
τοῦτο μέντοι μὴ γένοιτο μηδαμῶς, ἀπεύχομαι.

ΧΟΡΟΥ
ἡ ι' τίς ἄν σοι, τίς ἂν σύμμαχος ἐκ θεῶν			715
ἀθανάτων ἔλθοι σοῖς ἀδίκοις ἔργοις;

ΜΝΗΣΙΛΟΧΟΣ.

μάτην λαλεῖτε· τὴν δ' ἐγὼ οὐκ ἀφήσω.

ΧΟΡΟΥ

ἡ ια' ἀλλ' οὐ μὰ τὼ θεὼ τάχ' οὐ χαίρων ἴσως
ἐνυβριεῖς λόγους λέξεις τ' ἀνοσίους   720
ἐπ' ἀθέοις ἔργοις·
καὶ γὰρ ἀνταμειψόμεσθά σ' ὥσπερ εἰκὸς ἀντὶ τῶνδε.
τάχα δὲ μεταβαλοῦσ' ἐπὶ κάχ' ἑτερότροπά
τίς σ' ἐπέχει τύχη.   725
ἡ ιβ' ἀλλὰ τάσδε μὲν λαβεῖν χρῆν ἐκφέρειν τε τῶν ξύλων,
καὶ καταίθειν τὸν πανοῦργον πυρπολεῖν θ' ὅσον
τάχος.

Es haben hier also nur zwei στοῖχοι, d. h. der eine Halbchor, am Vortrage Theil genommen.

Zweites Capitel.

Der Chorführer.

Wenn wir in diesem Theile unserer Untersuchung die
Aufgabe und Function des Chorführers in der aristophaneischen
Komödie betrachten, so sehen wir dabei, um Wiederholungen
zu vermeiden, von zwei nicht unbedeutenden Bestandtheilen
seiner Thätigkeit ab. Einmal nämlich lassen wir hier den
Umstand ausser Acht, dass wir den Koryphaeos bereits im
vorstehenden Capitel über das Auftreten der einzelnen Choreuten in mehr dialogischen Partien mit und unter seinen
Choreuten thätig sahen, sodann berücksichtigen wir es nicht,
dass wir denselben in den mehr melisch-lyrischen Chor-
stücken zwischen Chorgesängen des ihm untergebenen Personals im dritten Capitel thätig sehen werden. Hier wollen
wir den Chorführer da aufsuchen, wo er für sich allein
auftritt und ohne Benutzung des Chors zum grössten Theile
mit den Schauspielern auf der Bühne verhandelt; nur einen

Fall, in dem er doch mit den übrigen Chorpersonen vereint erscheint und diese im Vortrage ablöst, ziehen wir zur **Vergleichung** heran.

Aus dem voraufgehenden Capitel ergibt sich als ein ziemlich gesichertes Resultat die Beobachtung, dass niemals der vollstimmige Chor, sondern stets **ein einzelnes** Mitglied desselben mit **einer einzelnen** Bühnenperson in abwechselnder Rede unterhandelt, dass also im Dialog **nicht vierundzwanzig Personen mit einer, sondern immer eine mit einer Person sprechen oder singen.** Wenigstens haben wir in den bisher behandelten Scenen bei Aristophanes keinen Verstoss gegen diese Beobachtung vorgefunden, vielmehr in allen kommatischen Stellen die soeben bezeichnete Art des Dialogs aus anderen zwingenden Gründen als durchaus geboten erkannt. Eine solche Erscheinung darf aber unmöglich nur auf die zufällig gefundenen Fälle beschränkt und vereinzelt dastehend, sie muss bei ein und demselben Dramatiker durchgreifendes Gesetz gewesen sein. Denn was könnte uns zu der Annahme berechtigen, dass derselbe Komiker unter denselben äusseren und inneren Bedingungen bald diese, bald jene scenische Anordnung gleichartiger Chorika getroffen habe? Ueberdies wird die von uns gemachte Beobachtung im allgemeinen schon durch das hellenische Kunstgesetz der Conformität als durchgehend gefordert; in welchem Bezuge Bamberger Op. S. 4 treffend bemerkt: *„Commos, qui colloquii saepe partes habent, vel propterea a singulis choreutis cantatos esse probabile est, quod abhorret a simplicitatis studio, quo tantopere excelluerunt Graeci, universi chori concentus uni actori colloquio obstrepere.“* Im einzelnen bestätigt die Betrachtung der aristophaneischen Praxis das durchgängige Vorhandensein jenes Gesetzes. Der Chorführer ist es nun, durch welchen sehr häufig jenem Gesetze genüge geleistet wird. Denn seine Hauptaufgabe besteht darin an den Stellen, wo nicht einzelne Chorenten mit dem Schauspieler dialogisiren, als Vertreter des Gesammtchors für diesen das Gespräch mit den Personen auf

der Bühne zu führen. Und zwar können wir in dieser
Beziehung bei Aristophanes deutlich zwei Fälle seiner
Thätigkeit unterscheiden. Von ihnen ist der erste der ein-
fachere: in diesem Falle spricht oder singt der Chorführer
allein. Besonders beweisend für die Richtigkeit unserer
obigen Beobachtung ist der zweite Fall. Nicht selten nämlich geschieht es, dass ein Schauspieler vom Chore angeredet
und ihm zweimal dasselbe oder zum wenigsten etwas ähn-
liches gesagt wird: das erste Mal in lyrisch-melischer, be-
wegterer und ausgeführterer Weise, das zweite Mal mehr
dialogisch und kürzer, aber energischer, präcisirter. Hier
singt und spricht immer das erste Mal der Chor, das zweite
Mal der Chorführer. Der Grund für die Wiederholung desselben Gedankens, und zwar in der angegebenen Art, liegt
eben in jenem allgemeinen Gesetz, dem zufolge nie der
Chor in seiner Gesammtheit mit einer Bühnenperson sich
unterreden darf. Dies zu thun übernimmt der Chorführer,
indem er die Gedanken und Gefühle seiner Choreuten in
der Hauptsache zusammenfasst und sich mit denselben,
nachdem er sie mehr oder weniger modificirt hat, noch einmal direct an die Bühnenperson wendet. Ich setze, um
das gesagte durch einige Beispiele zu erläutern, zunächst
Vö. 451—461 her.

ΧΟΡΟΣ.

δολερὸν μὲν ἀεὶ κατὰ πάντα δὴ τρόπον
πέφυκεν ἄνθρωπος· σὺ δ' ὅμως λέγε μοι.
τάχα γὰρ τύχοις ἂν
χρηστὸν ἐξειπὼν ὅ τι μοι παρορᾷς, ἢ
δύναμίν τινα μείζω
παραλειπομένην ὑπ' ἐμῆς
φρενὸς ἀξυνέτου· σὺ δὲ τοῦθ', ὃ δρᾷς, λέγ' εἰς
κοινόν.
ὃ γὰρ ἂν σὺ τύχῃς μοι
ἀγαθὸν πορίσας, τοῦτο κοινὸν ἔσται.
ἀλλ' ἐφ' ὅτῳπερ πράγματι ἥκεις, τὴν σὴν γνώμην
ἀναπείσας,

λέγε θαρρήσας· ὡς τὰς σπονδὰς οὐ μὴ πρότερον
παραβῶμεν.

Hier sind die beiden metrischen Abschnitte 451—459 eine
daktylo-trochäische Strophe, welche der Chor singt, und
460—461 zwei anapästische Tetrameter, welche der Chorführer recitirt. Ihr Inhalt ist im wesentlichen derselbe; in
beiden wird Peithetaeros aufgefordert, den Zweck seiner
Ankunft anzugeben (*σὺ δὲ τοῦθ᾽, ὃ δρᾷς,* [so Bergk, *οὐρᾷς*
Meineke] *λέγε == ἀλλ᾽ ἐφ᾽ ὅτωπερ πράγματι ἥκεις, λέγε*).
Ihre Verschiedenheit liegt in der Behandlungsart des Inhaltes, welche im ersten Abschnitte bewegter und ausführlicher, im zweiten knapper und präciser ist. Dasselbe Verhältniss hat Frö. 992—1003 (trochäische Strophe des Chors)
und 1004—1005 (anapästische Tetrameter des Chorführers)
statt, wo Aeschylos zweimal hinter einander aufgefordert
wird, seinem Gegner Euripides zu antworten; ferner in den
Ach. 358—363 und 364—365, wo Dikaeopolis wiederholt
zum sprechen ermuntert wird, oder in den Ri. 756—760
und 761—762, in den Wo. 1024—1033 und 1034—1035,
in den Vö. 1188—1195 und 1196—1198, in der Lys. 476—
483 und 484—485. Aus zahlreichen anderen Fällen dieser
Art wähle ich noch einen, in dem das besagte Verhältniss
schon weniger augenfällig ist, nämlich Ekkles. 571 – 582
aus, an welcher Stelle Praxagora folgendermassen vom Chore
angeredet wird:

νῦν δὴ δεῖ σε πυκνὴν φρένα καὶ φιλόσοφον ἐγείρειν
φροντίδ᾽ ἐπισταμένην
ταῖσι φίλαισιν ἀμύνειν.
κοινῇ γὰρ ἐπ᾽ εὐτυχίαισιν
ἔρχεται γνώμης ἐπίνοια, πολίτην
δῆμον ἐπαγλαΐοῦσα
μυρίαισιν ὠφελίαισι βίου, δη-
λοῦν ὅ τί περ δύναται.
καιρὸς δέ· δεῖται γάρ τι σοφοῦ τινος ἐξευ-
ρήματος ἡ πόλις ἡμῶν.
ἀλλὰ πέραινε μόνον

μήτε δεδραμένα μήτ' εἰ-
ρημένα πω πρότερον·
μισοῦσι γὰρ ἢν τὰ παλαιὰ
πολλάκις θεῶνται.
ἀλλ' οὐ μέλλειν, ἀλλ' ἅπτεσθαι καὶ δὴ χρὴ ταῖς
διανοίαις,
ὡς τὸ ταχύνειν χαρίτων μετέχει πλεῖστον παρὰ τοῖσι
θεαταῖς.

Sowohl die daktylo-epitritische Strophe des Chors 571—580, als auch die anapästischen Tetrameter des Chorführers 581—582 verlangen von der Heldin des Stücks dringend einen gehaltvollen Vortrag über die Staatsverhältnisse; beide Abschnitte nehmen auch besonders auf die Zuschauer und deren Amüsement Rücksicht, nur betont der Chor das neue, nie dagewesene in der erwarteten Staatsrede, der Chorführer den raschen Fortschritt in ihr. — Dieser Uebergang der Rede vom Chor auf den Koryphaeos ist denn auch von den Gelehrten bemerkt und mehrfach notirt worden. Man vgl. u. a. Fritzsche zu Frö. 905: „Talia ubique recitat coryphaeus chori,“ und Westphal Griech. Metr. II² S. 402, 494.

Fassen wir nunmehr die beiden oben von uns unterschiedenen Hauptfälle in der Thätigkeit des Koryphaeos näher ins Auge und wenden wir uns zuvörderst zu dem ersten, einfacheren Falle, in welchem der Koryphaeos allein, ohne vorangegangenes Chorlied spricht, so lassen sich alle hierher gehörenden Stellen etwa nach folgenden Gesichtspunkten ordnen.

1. In den bei weitem meisten Beispielen findet eine Unterhaltung des Chorführers mit einem Schauspieler statt, welche bald in einer wirklichen Unterredung, bald in einer blossen Anrede besteht. Hierhin sind zu zählen: Ach. 929—939 = 940—951, 1008—1017 = 1037—1046, 1228, 1230, 1232—1234; Ri. 919—922, 941, 1111—1130 = 1131—1150, 1254—1256, 1319—1320, 1322, 1324, 1329—1330, 1333—1334; Wo. 358—363, 412—419, 427—428, 431—432, 435—436, 457—477, 700—706 = 804—812, 708,

716, 794—796, 799, 934— 938, 940, 1454—1455, 1458— 1461;
Fri. 617—618, 630—631, 856 -867 = 909 —921, 924, 926,
927—936, 939— 955 = 1023 — 1038, 1311 — 1315; V ö. 467,
470, 500, 517, 571 — 572, 577 — 578, 587, 592, 595, 603,
606—607, 608, 627 — 628, 658 — 660, 809, 812, 817 - 820,
826—827, 833- -835, 1164- 1165, 1313—1322 = 1325 1334;
Lys. 399 — 402, 467 — 470, 710, 712, 714, 716, 959 -979,
1074—1075, 1078—1079, 1088 — 1089, 1093—1094; Thesm.
381 — 382, 582 — 583, 586, 589, 597 — 602, 607, 613—614,
1164, 1170 — 1171, 1217, 1218—1219, 1220 — 1221, 1223 —
1224, 1226; Frö. 534 -548 = 590—604; Ekkles. 514—516,
1127, 1134, 1144—1162; Plut. 257— 260, 264, 268 269,
271—272, 275—276, 279 - 283, 286, 288 -289, 290 -321,
328 — 331, 487 — 488, 637, 639—640. Bei einer nicht geringen Anzahl der hier zusammengestellten Verse ist ihr
Vortrag durch den Chorführer schon ziemlich allgemein zugestanden; namentlich hat Christian Muff alle Metra, bei
denen man recitirenden Vortrag anzunehmen berechtigt ist,
die iambischen Trimeter, die iambischen, trochäischen und
anapästischen Tetrameter dem Koryphaeos zugewiesen. Wir
sind einen Schritt weiter gegangen und haben ihm auch
Verse von melodramatischem oder melischem Vortrage gegeben, Strophen der verschiedenen Rhythmengeschlechter.
Geleitet wurden wir dabei von unserem aus der Praxis des
Dichters abstrahirten Grundsatze, im reinen Dialoge, mag
er gesprochen oder gesungen worden sein, eine Chorperson
mit einer Bühnenperson abwechseln zu lassen. Und liegt,
um ein Beispiel hinzustellen, ein Dialog im strengsten Sinne
des Wortes etwa nicht vor in dem iambischen *amoebaeum*
zwischen Chor und Dikaeopolis bei der Verpackung des
Sykophanten Nikarchos Ach. 929 —939 = 940—951?

ΧΟΡΟΣ.

ἔνδησον, ὦ βέλτιστε, τῷ
ξένῳ καλῶς τὴν ἐμπολὴν   930
οὕτως ὅπως
ἂν μὴ φέρων κατάξῃ.

ΔΙΚΑΙΟΠΟΛΙΣ.

ἐμοὶ μελήσει ταῦτ᾽, ἐπεί
τοι καὶ ψοφεῖ λάλον τι καὶ
πυρόῤῥαγὲς
κἄλλως θεοῖσιν ἐχθρόν.

ΧΟΡΟΣ.

τί χρήσεταί ποτ᾽ αὐτῷ;   935

ΔΙΚΑΙΟΠΟΛΙΣ.

πάγχρηστον ἄγγος ἔσται,
κρατὴρ κακῶν, τριπτὴρ δικῶν,
φαίνειν ὑπευθύνους λυχνοῦ-
χος, καὶ κύλιξ
τὰ πράγματ᾽ ἐγκυκᾶσθαι.

ΧΟΡΟΣ.

πῶς δ᾽ ἂν πεποιθοίη τις ἀγ-   940
γείῳ τοιούτῳ χρώμενος
κατ᾽ οἰκίαν
τοσόνδ᾽ ἀεὶ ψοφοῦντι;

ΛΙΚΑΙΟΠΟΛΙΣ.

ἰσχυρόν ἐστιν, ὦγάθ᾽, ὥστ᾽
οὐκ ἂν καταγείη ποτ᾽, εἴ-
περ ἐκ ποδῶν   945
κάτω κάρα κρέμαιτο.

ΧΟΡΟΣ.

ἤδη καλῶς ἔχει σοι.

ΒΟΙΩΤΟΣ.

μέλλω γέ τοι θερίδδειν.

ΧΟΡΟΣ.

ἀλλ᾽, ὦ ξένων βέλτιστε, συν-
θέριξε καὶ πρόβαλλ᾽ ὅποι
βούλει φέρων   950
πρὸς πάντα συκοφάντην.

Genau ebenso sind, wie sich Jedermann durch den Augen-
schein überzeugen kann, die übrigen Wechselgesänge beschaffen: Ach. 1008—1017 = 1037—1046 gleichfalls zwischen
Chor und Dikaeopolis, Ri. 1111—1130 = 1131—1150 zwischen

Chor und Demos, Fri. 856—867 = 909—921 und 939—955 = 1023—1038 zwischen Chor und Trygaeos, Vö. 1313—1322 = 1325—1334 zwischen Chor und Peithetaeros, Frö. 534—548 = 590—604 in der Strophe zwischen Chor und Dionysos, in der Antistrophe zwischen Chor und Xanthias. In allen diesen Partien kann an ihrer rein dialogischen Natur nicht gezweifelt werden. Nur die trochäischen Tetrameter in den Ekkles. 1155—1162 gehören unter den angeführten Partien streng genommen nicht hierher, weil in ihnen nicht eine Bühnenperson, sondern nach Art der Parabase (Epirrhema) das Publikum vom Koryphaeos angeredet wird. Doch haben wir sie wegen ihres engen Zusammenhanges mit den unmittelbar vorangehenden Versen 1144—1154 hier aufgeführt.

2. Nicht selten zeigt sich der Chorführer auch weniger vom Schauspieler abhängig und macht selbständig auf etwas neues aufmerksam, mag er nun das Auftreten einer neuen Person auf der Bühne anzeigen und ein Gespräch mit ihr einleiten, oder mag er, was freilich seltener eintritt, einen neuen für die Entwickelung des Stücks mehr oder minder wichtigen Gedanken auf eigene Hand aussprechen (Thesm. 459—465, Frö. 1251—1256, 1370—1377, 1528—1533), der Scene eine neue Wendung geben. Dieser Fall ist dem ersten am nächsten verwandt, und man kann bei mancher Stelle schwanken, ob man sie besser in diesen oder in jenen einordnet, da, wenn ein ankommender Schauspieler vom Chorführer eingeführt wird, er meistens auch von ihm angesprochen wird. Wir rechnen zu diesem Falle: Ach. 1069—1070; Ri. 611—614; We. 1297—1298; Fri. 556—559; Lys. 706—707, 1072—1073, 1082—1085, 1108—1111; Thesm. 459—465, 571—573; Frö. 1251—1256, 1370—1377, 1528—1533; Plut. 631—632, 962—963. Die Schlusshexameter der Frö. 1528—1533, in denen sich der Chorführer ganz selbständig mit einem Gebete für den scheidenden Aeschylos und für Athen an die Götter der Unterwelt wendet, machen eine eingehendere Betrachtung nothwendig,

da ihre Aufzählung an dieser Stelle bei der gangbaren Auffassung jener Verse befremden könnte. Vs. 1525 ff. hatte
Pluton dem Chore der Mysten geboten, den siegreichen
Aeschylos mit seinen eigenen Liedern zu feiern und unter
ihrem Klange an die Oberwelt zu geleiten. Denn es
heisst dort:

προπέμπετε
τοῖσιν τούτου τοῦτον μέλεσιν
καὶ μολπαῖσιν κελαδοῦντες.

Demgemäss hat man sich in alter und neuer Zeit bemüht,
die Hexameter des Chors, welche auf jenen Befehl Plutons
folgen, dem Tragiker zuzuschreiben oder wenigstens dadurch
zu aeschyleischen zu machen, dass man in ihnen Anklänge
an aeschyleische Wendungen suchte und fand. Schon der
Scholiast macht zu Vs. 1528 πρῶτα μὲν εὐοδίαν ἀγαθὴν
ἀπιόντι ποιητῇ die Bemerkung: ταῦτα δὲ παρὰ τὰ ἐν
Γλαύκῳ Ποτνιεῖ Αἰσχύλου· εὐοδίαν μὲν πρῶτον ἀπὸ στόμα-
τος χέομεν. Bergler fügte hierzu Vs. 1530 τῇ δὲ πόλει
μεγάλων ἀγαθὸν ἀγαθὰς ἐπινοίας, womit er bei Aeschylos
vergleicht Eum. 1012 f. εἴη δ' ἀγαθῶν ἀγαθὴ διάνοια πολίταις. Weiter gieng Fritzsche, indem er zu Vs. 1528
sowohl in dem feierlichen daktylischen Rhythmus und der
ganzen Ausdrucksweise eine Nachahmung aeschyleischer
Chorgesänge sah, als auch diese namentlich darin zu bemerken glaubte, dass hier die Mysten wie am Ende der
Eum. die Areopagiten als πρόπομποι erschienen und die
abgehenden Schauspieler unter Absingung eines *carmen
propempticum* mit Fackeln in der Hand begleiteten. Allein,
so müssen wir fragen, werden alle diese Erklärungsversuche
den deutlichen Worten Plutons τοῖσιν τούτου τοῦτον
μέλεσιν καὶ μολπαῖσιν κελαδοῦντες auch nur im ent-
ferntesten gerecht, welche Worte keinen Zweifel darüber
zulassen, dass der Gott wirkliche Gesänge des Tragikers
meint? Oder sollen wir annehmen, Aristophanes habe jene
wenigen und unbedeutenden Anklänge an Aeschylos, die
ausserdem nicht einmal beabsichtigt zu sein brauchen (vgl.

Kock zu Vs. 1526), für aeschyleische Gesänge ausgeben
wollen? Ferner enthalten die 6 Schlussverse durchaus kein
carmen propempticum zu Aeschylos Ehren, wie Fritzsche
behauptet. Wird doch in den 4 letzten Versen Aeschylos
mit keinem Worte erwähnt, sondern von ganz anderen
Dingen, vom Frieden im Vaterlande und von der Ver-
treibung Kleophons gesprochen. Und die Mysten sind hier
so wenig πρόπομποι, dass sie vielmehr gänzlich aus ihrer
Rolle heraustreten und sich wie Bürger von Athen aus-
lassen; vgl. das Scholion zu 1531 παυσαίμεθ᾽ ἄν: τὸ παυσαί-
μεθα εἶπεν ὁ χορός, διότι τῷ μὲν δοκεῖν ἐν Ἅιδου ἦν, τὸ
δ᾽ ἀληθὲς Ἀθήνησιν, ἔνθα ἐτελεῖτο τὸ δρᾶμα. Bei dieser
Sachlage können wir wohl ohne zu grosse Kühnheit behaupten, dass die Schlusshexameter nicht die von Pluton
verlangten Lieder des Aeschylos sind oder sein sollen. Ja
wir müssen aus einem triftigen Grunde leugnen, dass sie
überhaupt gesungen und vom ganzen Chore gesungen
seien, wie gemeinhin angenommen wird. Denn in allen
uns erhaltenen griechischen Komödien und Tragödien würde
diese Stelle die einzige sein, wo stichische Hexameter gesungen worden wären. Westphal Griech. Metr. II² S. 350
sagt hierüber: „Nur einmal finden wir stichische Hexameter
in einer melischen Stelle, nämlich in dem Processions-
gesange am Schlusse der Ranae; hier war dem Scholiasten
zufolge ein aeschyleisches Chorikon das Vorbild des Aristophanes;" vgl. Westphal Proleg. zu Aesch. Trag. S. 19 f.
Da wir indessen eingesehen haben, dass hier an kein προσ-
όδιον zu denken und der Notiz des Scholiasten kein Gewicht beizumessen ist, so dürfen wir uns bei Westphals
Erklärung nicht mehr beruhigen und müssen annehmen,
dass die Hexameter einfach vom Chorführer recitirt, nicht
vom Chore gesungen seien. Die aeschyleischen Gesänge
aber, zu deren Vortrag Pluton den Chor auffordert, wurden
im Theater nicht vernommen, sondern der Einbildungskraft
des Publikums anheimgegeben, welches sich dieselben hinter
der Scene ausgeführt denken musste, eine Sache, die bei

der Idealität der griechischen Bühne nicht Wunder nehmen darf. Um Beispiele anzuführen, so ist eben dasselbe bei Aristophanes im Ausgange der Ach. (ἀλλ' ἐψόμεσϑα ᾄδον- τες) und des Plut. (δεῖ γὰρ κατόπιν τούτων ᾄδοντος ἕπεσϑαι) geschehen, wo beidemal ein *carmen propempticum* versprochen, aber nicht vorgetragen wird. Hieraus folgt von selbst, was wir von der Versicherung Muffs S. 97 zu halten haben: „Die letzten Verse jeder Komödie bildeten ein Lied des Gesammtchors."

3. Der Chorführer wendet sich an seine Choreuten mit einem Befehle, einer Aufforderung, einer Betrachtung: Wo. 1510; Wo. 1516—1517; Lys. 539—540; Thesm. 947—952, 1227—1230; Ekkles. 30—31, 285—288, 1163— 1180; Plut. 1208—1209. Im vorliegenden Falle, in welchem der Chor sich selber anredet, kann natürlich kein Zweifel entstehen, dass ein einzelnes Mitglied, und zwar das her- vorragendste, wortführende der Sprecher ist.

4. Wenn der Chor entweder vom Anfang bis gegen das Ende einer Komödie in zwei Halbchöre getheilt ist, oder nur in einzelnen Scenen diese Theilung erfährt, so ge- schieht es zuweilen, dass die beiden Hälften des Chors mit einander eine Unterhaltung anknüpfen. Findet nun ein solcher förmlicher Dialog, der sich durch nichts von dem der Schauspieler unterscheidet, statt: so müssen gemäss des erkannten Gesetzes, dass nur eine Person mit einer den Dialog führen darf, hier die Führer der beiden Halbchöre eintreten und im Namen ihrer Partei sprechen, selbstredend vorausgesetzt, dass nicht eine andere Theilung des Ge- sammtchors vorzunehmen ist. Hierhin ziehe ich: Ach. 557—577; Lys. 471—475, 781—804 = 805—828, 1014— 1042. Die Stelle in den Ach. ist in der Weise zu ver- theilen, dass der Führer (und nicht der vollzählige Halb- chor, wie der Scholiast zu Vs. 557 und 564 angibt) des ersten Halbchors die Verse 557—559, 562—563, 566—571, 576—577, der Führer des zweiten die Verse 560—561 und 564—565 erhält; Vs. 575 ὦ Λάμαχ' ἥρως, τῶν λόφων καὶ

τῶν λόχων, welcher bald Dikaeopolis bald dem Chore zugeschrieben wird, kann ich nicht anders als mit Hamaker
und Meineke für interpolirt halten. In der Lys. sind hier
unter den Personenbezeichnungen der Ausgaben *XOP. ΓΕΡ.*
und *XOP. ΓΥΝ.* immer die Führer der Greise und der
Weiber zu verstehen. Ueber die Vortragsart der μῦθοι
781 — 828 vgl. J. H. Heinrich Schmidt Antike Compositionsl.
S. CCCIII, wo gezeigt ist, wie hier prosaische Erzählung,
lyrische Fassung, Tanz- und Singweise durch einander
gehen: eine Composition, die sich schwerlich für einen
Gesammtvortrag des Chors eignen dürfte. Uebrigens zeigt
sich bei dieser Partie vielleicht schon in der antiken Tradition eine Spur der richtigen Anschauung sowohl in dem
an sich allerdings ganz unsinnigen Scholion zu 807 τῷ Με-
λανίωνι: σοὶ τῷ γέροντι, als auch in den öfters uns be-
gegnenden Bezeichnungen γέρων τις oder γυνή τις der Vulgate und in dem Vorsatze vor Vs. 798 μία τῶν γυναικῶν
im Rav. und Aug.; obgleich freilich anzunehmen ist, dass
die alten Ausgaben und die Handschriften mit jenen Per-
sonenangaben nicht an einzelne Mitglieder des Chors, sondern
ebenso wie bei den Versen 706 (γυνὴ πρὸς λυσιστράτην
Rav.), 710, 712, 714, 716 (ἄλλη γυ. Junt.) oder 696 (ἄλλη
Rav. Aug. Junt.) und 399 (ἄγγ ͤˡ γερόντων Rav. Aug. Junt.)
an Schauspieler gedacht haben. Allen angezogenen Chorika
gemeinsam aber ist, dass sie deutliche Züge des Einzel-
vortrags und Einzelspiels an sich tragen, und dass in ihnen
Dinge von so specieller und ausgeprägter Individualität vor
sich gehen, welche unmöglich von 12 Personen gleichmässig
mit 12 Personen vorgenommen werden können, sondern auf
2 Acteurs beschränkt bleiben müssen. Vgl. Ach. 564 f.

> οὗτος σὺ ποῖ θεῖς, οὐ μενεῖς; ὡς εἰ θενεῖς
>
> τὸν ἄνδρα τοῦτον, αὐτὸς ἀρθήσει τάχα

oder 571 ἐγὼ γὰρ ἔχομαι μέσος, Lys. 797 βούλομαί σε,
γραῦ, κύσαι κτλ. und 821 τὴν γνάθον βούλει θένω; κτλ.
Und wäre es nicht geradezu abgeschmackt sich vorzu-
stellen, dass in der Lys. 1025 ff. jede der zwölf Weiber

der gleichen Anzahl Greise eine Schnake vom Auge ab-
gelesen habe?

Wenn wir uns nach einer Autorität umsehen, mit der
wir den weiten Umfang zu stützen vermöchten, welchen
wir der Wirksamkeit des Koryphaeos beigelegt haben, so
finden wir keine andere, aber auch keine geringere als die
Fr. A. Wolfs, der gewiss wusste, was er that, wenn er in
seiner Ausgabe der Wolken den Chorführer nicht nur Verse
wie iambische Trimeter und anapästische Tetrameter, sondern auch Gesangpartien (wie Vs. 457—475 oder die Strophe
804—812) übernehmen lässt, sofern dieselben dialogischen
Charakter an sich tragen. Wolf ist hierin sogar noch weiter
und zu weit gegangen, da er den zweiten schon von uns
näher geschilderten Hauptfall der Function des Koryphaeos
nicht der Aufmerksamkeit gewürdigt hat, in welchem derselbe nach einem den Schauspieler anredenden vollstimmigen
Chorliede sich mit dem hauptsächlichen und schärfer bestimmten Inhalte des vorangehenden Liedes noch einmal
gegen den Schauspieler richtet. Wolf nämlich gibt nicht
nur die dem Gesange des Chors gewöhnlich folgenden Tetrameter, sondern auch den Gesang selber mit Unrecht dem
Koryphaeos, wie aus seiner Anordnung der Strophen 949—
958 = 1024—1033 und 1345—1350 = 1391—1396 erhellt.
Und G. Hermann dürfen wir im gleichen als Gewährsmann
für unseren Satz, nur einzelne aus dem Chor mit einzelnen
des Bühnenpersonals sprechen zu lassen, betrachten, wenn
wir sehen, was er zu Vs. 949 der Wolken anmerkt: *„Prae-
figebatur* χορός. *Ai huiuscemodi cantiones ab hemichoriis et ne
ab iis quidem sic ut cantores hemichorii omnes concinerent, cantatos esse et res ipsa et metra produnt.“* Da die Anmerkung
unseren zweiten Hauptfall trifft, so erfährt die in ihr von
Hermann offen gelassene Frage zugleich wenigstens theil-
weise eine Antwort.

Diesen zweiten Hauptfall haben wir vorhin entwickelt
und durch Beispiele illustrirt: hier stellen wir alle einschlägigen Verse zusammen. Es spricht also der Chorführer

mit Rücksicht und im engen Anschluss an ein unmittelbar
davor stehendes Lied des Gesammtchors: Ach. 364—365 =
391—392, 494—495; Ri. 761—762: 841—842; Wo. 959—
960: 1034—1035, 1351—1352 = 1397—1398; We. 546—
547 = 648—649; Fri. 601—602; Vö. 460—461 = 548—549,
637—638, 1196—1198; Lys. 484—485 = 549—550; Thesm.
531—532; Frö. 884, 905—906 : 1004—1005; Ekkles.
581—582. Nur dreimal kommt es vor, dass nicht ein vor-
ausgegangener Ausspruch des Chors vom Chorführer durch
Schlussverse zusammengefasst und präcisirt, sondern umgekehrt das folgende Urtheil oder der folgende Gefühls-
ausdruck des Chors durch Einleitungsverse des Chorführers
veranlasst und bestimmt wird. Letzteres Verfahren hat
Aristophanes eingeschlagen: Ri. 616=683; We. 725—728,
863—867. In den Ri. 616 und den We. 863—867 fordert
der Koryphaeos zu einem Jubelliede für die Schauspieler
auf, welches der Chor in den sich anschliessenden Strophen
absingt; Ri. 683 ist das Grundthema zu den Variationen
der folgenden kretisch-trochäischen Strophe; die Verse der
We. 725—728 endlich bezeichnen die Stelle, an welcher
der Umschwung in der Stimmung des Chors vor sich geht,
der sich von hier an dem von der Richterwuth besessenen
Philokleon ab und seinem Sohne zuneigt. Hier beeinflusst
also der Chorführer aufs deutlichste die in den nächsten
Strophen hervortretende Gesinnung seiner Choreuten. Mitunter könnte es auf den ersten Blick scheinen, als ob ein
Gesangvortrag des Chors sowohl mit Einleitungs- als auch
mit Schlussversen des Koryphaeos versehen sei. So ist es
in den Vö., wo der iambischen Strophe 629—636 je zwei
anapästische Tetrameter voraufgehen und nachfolgen, oder
bei der von zwei iambischen und zwei anapästischen Tetrametern umschlossenen Strophe der Lys. 541—548. Allein
eindringendere Betrachtung des Inhalts zeigt, dass die
scheinbaren Einleitungsverse in Wahrheit solche nicht sind
und nicht zur Strophe sondern zum früheren allgemeinen
Dialog der Scene gezogen werden müssen.

Es erübrigt eine Uebersicht über die Vortragsart der besprochenen Chorika, nach den Komödien geordnet, zu geben, wobei ich den ersten Hauptfall in des Chorführers Thätigkeit als Fall *A*, den zweiten als Fall *B* bezeichne.

I. Acharner.

Fall A.

I. 557—559, 560—561, 562—563, 564—565 (iambische Trimeter), 566—571 (dochmisches System), 576—577 (iambische Trimeter) von den Chorführern der beiden Halbchöre vorgetragen.

II. 929—939 = 940—951 (iambisches *carmen amoebaeum* zwischen Chor und Dikaeopolis) in seinen Chorkommata vom Chorführer gesungen.

III. 1008—1017 = 1037—1046 (iambisches *carmen amoebaeum* zwischen Chor und Dikaeopolis) in seinen Chorkommata vom Chorführer gesungen.

IV. 1069—1070 (iambische Trimeter) vom Chorführer gesprochen.

V. 1228, 1230 (iambische Tetrameter), 1232—1234 (iambisches Exodikon) vom Chorführer vorgetragen.

Fall B.

I. 358—365 = 385—392. 358—363 = 385—390 (dochmisches System) vom Chore gesungen, 364—365 = 391—392 (iambische Trimeter) vom Chorführer gesprochen.

II. 490—493 u. 494—495. 490—493 (zwei dochmische Dimeter und zwei iambische Trimeter) vom Chore, 494—495 (zwei dochmische Dimeter) vom Chorführer vorgetragen.

II. Ritter.

I. 611—614 (iambische Trimeter) vom Chorführer gesprochen.

I. 616—623 = 683—690. 616 = 683 (brachykatalektische trochäische Tetrameter) vom

Fall A.

II. 919—922 (iambische Dimeter) vom Chorführer vorgetragen.

III. 941 (prosaische Gebetformel) vom Chorführer gesprochen.

IV. 1111—1130 = 1131—1150 (logaödisches *carmen amoebaeum* zwischen Chor und Demos) in seinen Chorkommata vom Chorführer gesungen.

V. 1254—1256 (iambische Trimeter) vom Chorführer gesprochen.

VI. 1319—1320, 1322, 1324, 1329—1330, 1333—1334 (anapästische Tetrameter) vomChorführer gesprochen.

Fall B.

Chorführer, 617—623 = 684—690 (kretisch-trochäische Strophen) vom Chore vorgetragen.

II. 756—760 = 836—840 u. 761—762 : 841—842. 756 —760 = 836—840 (iambische Strophen) vom Chore gesungen, 761—762 (anapästische Tetrameter): 841 —842 (iambische Tetrameter) vom Chorführer gesprochen.

III. Wolken.

I. 358—363, 412—419, 427 —428, 431—432, 435— 436 (anapästische Tetrameter) vom Chorführer gesprochen.

I. 949 - 958 = 1024 — 1033 u. 959 — 960 : 1034 1035. 949—958 = 1024 — 1033 (choriambisch-iambische Strophen) vom Chore ge-

Fall A.

Fall B.

sungen, 959 — 960 (anapästische Tetrameter): 1034 —1035 (iambische Tetrameter) vom Chorführer gesprochen.

II. 457—475 (ein *carmen amoebaeum* zwischen Chor und Strepsiades, dessen erster Theil aus Trochäen und einer eingemischten daktylischen Pentapodie besteht. während der zweite 461—475 daktylo-epitritisch ist), 476—477 (anapästische Tetrameter) vom Chorführer vorgetragen.

II. 1345—1352 = 1391—1398. 1345 1350 = 1391—1396 (iambisch-logaüdische Strophen) vom Chore gesungen, 1351—1352 = 1397—1398 (iambische Tetrameter) vom Chorführer gesprochen.

III. 700—706 = 804—812 (choriambisch-iambische Strophen), 708 (zwei Bakcheen), 716 (anapästischer Dimeter), 794—796, 799 (iambische Trimeter) vom Chorführer vorgetragen.

IV. 934—938, 940 (anapästische Dimeter) vom Chorführer vorgetragen.

V. 1454—1455, 1458—1461 (iambische Trimeter) vom Chorführer gesprochen.

VI. 1510 (anapästischer Tetrameter) vom Chorführer vorgetragen.

IV. Wespen.

Fall A.

I. 1297—1298 (iambische Trimeter) vom Chorführer gesprochen.

II. 1516—1517 (anapästische Tetrameter) vom Chorführer gesprochen.

Fall B.

I. 526—547 = 631—649. 526—545 = 631—647 (choriambisch-logaödische Strophen) vom Chore gesungen, 546—547 = 648—649 (anapästische Tetrameter) vom Chorführer gesprochen.

II. 725—728 u. 729—736 = 743—749. 725—728 (anapästische Tetrameter) vom Chorführer gesprochen, 729—736 = 743—749 (Strophen aus iambischen, kretischen, dochmischen Versen) vom Chore gesungen. Nach Vs. 728 wird man den Ausfall eines oder mehrerer Verse anzunehmen geneigt sein, da der Vortrag vom Chorführer auf den Chor schwerlich ohne Sinnabschluss übergegangen sein kann. Indessen darf man dieses Verhältniss mit Hinblick auf das ähnliche in der Parabase des Fri. 1171 und 1172 doch wohl aufrecht erhalten.

III. 863—867 u. 868—874 = 885—890. 863—867 (anapästisches System) vom Chorführer, 868—874 = 885—890 (iambische mit

Fall A.

Fall B.

alloiometrischen Versen vermischte Strophen) vom Chore vorgetragen.

V. Frieden.

I. 556—559 (trochäische Tetrameter) vom Chorführer gesprochen.

II. 617—618, 630—631 (trochäische Tetrameter) vom Chorführer gesprochen.

III. 856—867=909—921 (iambisch-logaödisches *carmen amoebaeum* zwischen Chor und Trygaeos) in seinen Chorkommata vom Chorführer gesungen.

IV. 924, 926, 927—936 (iambische Trimeter) vom Chorführer gesprochen.

V. 939 — 955 = 1023 — 1038 (iambisch-anapästisches *carmen amoebaeum* zwischen Chor und Trygaeos) in seinen Chorkommata vom Chorführer gesungen. [973, 978—986 gehören nicht dem Chore an; vgl. Richter zu den Versen.]

VI. 1311—1315 (vier katalektische iambische Tetrameter mit einem katalektischen Dimeter in der Mitte) vom Chorführer vorgetragen. [1316—1332 sind mit En-

582—600 u. 601—602. 582 —600 (kretisch-trochäische Strophe) vom Chore gesungen, 601—602 (trochäische Tetrameter) vom Chorführer gesprochen. Die Strophe 582—600 darf schon wegen der grossen Entfernung nicht als Antistrophe zu 346—360 gelten.

Fall A.

ger und Bergk nicht dem
Chore, sondern Trygaeos
zuzutheilen.]

Fall B.

VI. Vögel.

I. 467, 470, 500, 517, 571—
572, 577—578, 587, 592,
595, 603, 606—607, 608,
627—628, 658—660 (ana-
pästische Tetrameter) vom
Chorführer gesprochen.

II. 809, 812, 817—820, 826—
827, 833—835 (iambische
Trimeter) vom Chorführer
gesprochen.
[851—858=895—902 gibt
Wieseler Adversaria S. 108
und Bergk mit Recht dem
Priester.]

III. 1164—1165 (iambische Trimeter) vom Chorführer ge-
sprochen.

IV. 1313—1322 = 1325—1334
(daktylo - ithyphallisches
carmen amoebaeum zwischen
Chor und Peithetaeros) in
seinen Chorkommata vom
Chorführer gesungen.

I. 451—461 = 539—549. 451
—459 = 539 — 547 (dak-
tylo - trochäische Strophen)
vom Chore gesungen, 460
—461 = 548 — 549 (ana-
pästische Tetrameter) vom
Chorführer gesprochen.

II. 629—636 u. 637—638. 629
—636 (iambische Strophe)
vom Chore gesungen, 637
— 638 (anapästische Tetrameter) vom Chorführer ge-
sprochen.

III. 1188—1195 = 1262—1268
u. 1196—1198. 1188—1195
= 1262 — 1268 (Strophen
aus dochmischen Dimetern)
vom Chore gesungen, 1196
—1198 (iambische Trime-
ter) vom Chorführer ge-
sprochen.

VII. Lysistrata.

Fall A.	Fall B.

I. 399—402 (iambische Trimeter) vom Chorführer der Männer gesprochen.

II. 467—470 (iambische Tetrameter) vom Chorführer der Männer, 471—475 (iambische Tetrameter) vom Chorführer der Weiber gesprochen.

III. 539—540 (iambische Tetrameter) vom Chorführer der Weiber gesprochen.

IV. 706—707 (iambische Trimeter), 710 (iambischer Monometer), 712, 714 (iambische Trimeter), 716 (katalektischer iambischer Monometer) vom Chorführer der Weiber vorgetragen.

V. 781—804 = 805—828 (päonisch-trochäische Strophen) von den Chorführern der Männer und der Weiber vorgetragen.

VI. 959—979 (anapästisches *carmen amoebaeum* zwischen Chor und Kinesias) in seinen Chorkommata vom Chorführer der Männer gesungen.

VII. 1014—1042 (stichisch gebrauchte trochäisch-päonische Verse) von den Chor-

476—485 = 541—550. 476—483 = 541—548 (freie anapästische Strophen) vom Chore der Männer (Strophe) und der Weiber (Antistrophe) gesungen, 484—485 = 549—550 (anapästische Tetrameter) von den Chorführern der Männer und der Weiber gesprochen.

Fall A.

führern der Männer und der
Weiber vorgetragen.

VIII. 1072—1075 (anapästische
Tetrameter und iambische
Trimeter), 1078 — 1079,
1082 — 1085, 1088 — 1089,
1093—1094 (iambische Tri-
meter), 1108 — 1111 (ana-
pästische Tetrameter) von
dem Führer der vereinigten
Chöre gesprochen.

Fall B.

VIII. Thesmophoriazusen.

I. 381—382 (iambische Tetrameter) vom Chorführer ge-
sprochen.

II. 459—465 (trochäisches System) vom Chorführer vor-
getragen.

III. 571—573 (iambische Tetrameter), 582 — 583, 586,
589, 597 — 602, 607, 613 —
614 (iambische Trimeter)
vom Chorführer gesprochen.

IV. 947 — 952 (anapästisches
System) vom Chorführer
vorgetragen.

V. 1164, 1170 — 1171, 1217,
1218 — 1219, 1220 — 1221,
1223 — 1224, 1226 (iam-
bische Trimeter), 1227
1230 (anapästisches Sy-
stem) vom Chorführer vor-
getragen. In betreff der von

434   442 = 520—530 u.
531—532. 434—442 = 520
—530 (trochäische Stro-
phen) vom Chore gesungen,
531 — 532 (iambische Te-
trameter) vom Chorführer
gesprochen.

Fall A.

Dobrec aufgestellten und von Fritzsche weiter aus-gesponnenen Vermuthung, Vs. 1218 f. und 1220 f. *esse duarum feminarum con-trarias vias indicantium,* kann man nicht anders als Enger zu Vs. 1223 ur-theilen: *rectius eandem mu-lierem, choragum, statuemus contrarias vias indicare, ut utra currat, Scytha ambigat.* Vgl. Rhein. Mus. N. F. II S. 247.

Fall B.

IX. Frösche.

I. 534—548 = 590—604 (lo-gaödisches *carmen amoe-baeum* zwischen Chor und Dionysos — Strophe — und Xanthias — Antistrophe —) in seinen Chorkommata vom Chorführer gesungen.

II. 1251—1256 (logaödische Strophe) vom Chorführer vorgetragen. Vs. 1257—1260 entferne ich mit Mei-neke als unecht, da die Wiederholung ganz dessel-ben Gedankens hier keine Erklärung findet.

I. 875—883 u. 884. 875—883 (daktylische Strophe bestehend aus drei Hexa-metern, die von einer Te-trapodie eingeleitet und von dreien geschlossen werden) vom Chore, 884 (eine dak-tylische Tetrapodie und ein Ithyphallicus) vom Chor-führer vorgetragen.

II. 895—904 = 992—1003 u. 905—906 : 1004—1005. 895 —904 = 992—1003 (tro-chäische Strophen) vom Chore gesungen, 905—906 (iambische Tetrameter): 1004—1005 (anapästische Tetrameter) vom Chorfüh-rer gesprochen.

Fall A. | Fall B.

III. 1370—1377 (trochäisches System) vom Chorführer vorgetragen. Diese Verse unter Annahme einer Lücke mit 1482—1490 = 1491— 1499 in Responsion setzen zu wollen, wie Fritzsche und Westphal thun, ist durchaus verwerflich. Selbst der Urheber dieser Ansicht, Dindorf, ist davon zurückgekommen. Vgl. auch Schmidt a. O. S. CCCLIX f.

IV. 1528—1533 (daktylische Hexameter) vom Chorführer vorgetragen.

X. Ekklesiazusen.

I. 30—31 (iambische Trimeter) vom Chorführer gesprochen.
[43—45 gehören nicht dem Chore an; vgl. Meineke zu den Versen.]

II. 285—288 (iambische Tetrameter) vom Chorführer vorgetragen.

III. 514—516 (anapästische Tetrameter) vom Chorführer gesprochen.

IV. 1127, 1134, 1144—1154 (iambische Trimeter), 1155—1162 (trochäische Tetrameter), 1163—1180 (dak-

571—580 u. 581—582. 571—580 (daktylo-epitritische Strophe) vom Chore gesungen, 581—582 (anapästische Tetrameter) vom Chorführer gesprochen.

Fall A.

tylisches System vom Chorführer vorgetragen.

Fall B.

XI. Plutos.

I. 257 — 260, 264, 268 · 269,
271—272, 275—276, 279—
283, 286, 288 —289 (iam-
bische Tetrameter) vom
Chorführer gesprochen.

II. 290 — 321 (aus iambischen
Strophen bestehendes *car-
men amoebaeum* zwischen
Chor und Karion) in seinen
Chorkommata vom Chor-
führer vorgetragen.

III. 328—331 (iambische Trimeter) vom Chorführer ge-
sprochen.

IV. 487—488 (anapästische Tetrameter) vom Chorführer
gesprochen.

V. 631 — 632 (iambische Trimeter) vom Chorführer ge-
sprochen.

VI. 637, 639—640 (Dochmien)
vom Chorführer vorge-
tragen.

VII. 962—963 (iambische Trimeter) vom Chorführer ge-
sprochen.

VIII. 1208—1209 (anapästische
Tetrameter) vom Chorfüh-
rer vorgetragen.

Am Ende dieses Capitels müssen wir noch das Bekennt-
niss ablegen, dass wir uns hinsichtlich des Falles *B* mit

den Ausdrücken „Chor" oder „Gesammtchor" einer genaueren
Bestimmung seiner scenischen Ausführung vorläufig entzogen
haben. Wir mussten uns ihr entziehen, weil wir in der
Anlage jener meistens antistrophischen Chorika selbst keinen
Anhalt für eine hierhin zielende bestimmtere Angabe finden
können. Denn die Bemerkung Fritzsches zu Thesm. Vs. 434,
welcher hier 434—442 und 520—530 einen verschiedenen
affectus animi wahrzunehmen glaubte, hilft uns zu nichts
und kann vor einer vernünftigen Kritik nicht einmal bestehen. S. Enger zu diesem Vse. In den folgenden Capiteln
werden wir hierauf zurückkommen.

Drittes Capitel.

Der Chorführer und der Chor.

I.

Die Parabase.

Dasjenige Chorikon, bei dessen Ausführung Chorführer
und Chor abwechselnd in Thätigkeit waren, ist zunächst,
wie unbestritten feststeht, die Parabase. Ueber sie haben
wir als über den höchst wahrscheinlich ältesten und am
meisten charakteristischen, ja einzig dastehenden Theil der
attischen Komödie bei weitem mehr alte Ueberlieferungen
als über die übrigen Chorpartien. Und demgemäss haben
sich auch die neueren Gelehrten vorwiegend mit diesem
Chorliede und der Bestimmung seiner Vortragsart beschäf-
tigt, da man bisher überhaupt mehr aus den Angaben an-
tiker Grammatiker über die Chorlieder als aus den Chorliedern selbst zu lernen und auf ihre scenische Darstellung
zu schliessen sich bemühte. Die Quellen des Alterthums,
welche theils ausführlicher über die Theile der Parabase
und die Stellung des Chors während derselben berichten,

theils ihr Vorhandensein kurz notiren, sind im wesentlichen
folgende: Pollux IV. 111 f., Hephaestion p. 71, Suidas s. v.
παράβασις, Hesychius s. v. ἀνάπαιστα, Prolegomena *de co-
moedia* bei Dübner I. 44 ff., VII, IX a S. XX 3 ff., Xc
19 ff., XI. 87 S. XXVIII Anm., Hypothesis I zu den Wo.,
Scholion Ach. 626, 659, 665, 971, Ri. 498, 503, 507, 508,
551, 565, 1263, 1274, Wo. 510, 518, 520, 563, 575, 595,
607, 1115, We. 1009, 1051, 1071, 1091, 1101, 1265, Fri.
729, 733, 735, 775, 797, 1127, Vö. 676, 682, 685, 723,
737, 769, 785, 1058, 1088, 1101, Frö. 354, 675, 686, 717.
Hieran schliessen wir eine Aufzählung der wichtigeren mo-
dernen Schriftsteller auf diesem Gebiete: G. Hermann Elem.
D. M. S. 720 ff. und Epit. D. M. S. 277 ff. Kolster *De
parabasi veteris comoediae Atticae parte antiquissima*, Altona
1829 (vgl. Hermanns Recension in Jahns Jahrbb. 1829 Bd.
11. 3 S. 297 ff.). Köster *De Graecae comoediae parabasi,*
Stralsund 1835. C. Kock *De parabasi, antiquae comoediae
Atticae interludio*, Anclam 1856. Hornung *De partibus comoed.
Graec.* S. 19 ff. Genz *De parabasi*, Berlin 1865. Agthe Die
Parabase und die Zwischenacte der alt-attischen Komödie,
Altona 1866 und Anhang dazu, Altona 1868. Westphal
Proleg. zu Aesch. Trag. S. 38 ff. Muff S. 86—95. Richter
Proleg. zur Ausgabe der Wespen S. 83 ff. Enger Wer reci-
tirte das Epirrhema? Rhein. Mus. N. F. Bd. X S. 119.

Ein Blick in die angeführten Untersuchungen lehrt, wie
verschieden im einzelnen das Urtheil über den Vortrag der
7 Theile ausgefallen ist, aus denen eine vollständige Parabase gebildet wird. Indessen kann unser Urtheil nach dem
nunmehr durch die obigen Ergebnisse gewonnenen Stand-
punkte keinem Schwanken und Zweifel unterworfen sein,
es muss danach ganz mit der Entscheidung Hermanns zu-
sammentreffen, welcher Kommation, Parabase, Pnigos sowie
Epirrhema und Antepirrhema dem Chorführer, Strophe und
Antistrophe dagegen dem Chore zuweist. Kommation, Parabase und Pnigos von einander zu trennen und an verschiedene Chortheile zu vergeben ist unmöglich, da sie enge

unter sich zusammenhängen und das Kommation die Einleitung, das Pnigos der Schluss der Parabase ist. Wem
wir also eines dieser μέρη κατὰ σχέσιν zutheilen, demselben
müssen wir auch die beiden andern geben. Sache des
Kommations ist es nun meistens in seinem ersten Theile
die Schauspieler, welche sich aus der Bühne entfernen, mit
frommen Wünschen zu entlassen (Ri. 598, Wo. 510, We.
1009, Fri. 729). Diese Wendung und Anrede an die Schauspieler ist aber, wie wir im vorstehenden Abschnitt erkannten, Aufgabe und Geschäft des Chorführers. Der zweite
Theil des Kommations richtet sich gegen die Zuschauer und
bildet den Uebergang zu den Anapästen, indem er das
Publikum ermahnt νοῦν προσέχειν τοῖς ἀναπαίστοις (Ri. 503,
We. 1015). In der folgenden Parabase spricht der Dichter
διὰ τοῦ χοροῦ (Schol. zu Fri. 733) und ὑπὲρ αὶτοῦ (Pollux
IV. 111) und zwar in der Weise, dass er sich entweder
direct in erster Person vermittels des Chors an die Zu-
hörer wendet (Wo. 518 vgl. Schol.), oder dass der Chor
im Namen und Auftrage des Dichters von diesem in der
dritten Person redet (Ach. 628, 633, 644). Da hiernach
der Chor in jedem Fall hier nur Stellvertreter des Dichters
war, so wäre es durchaus unpassend, wenn mehr als ein
πρόσωπον ihn darstellen sollte. Es ist eine glückliche Vermuthung, welche man bei Hornung S. 24 liest: „Scitum est,
in parabasi poetam per chorum ad spectatores verba facere,
idque eam ob causam minus offensionis habet, quod antiquiori-
bus temporibus ipsos poetas choros non solum docuisse, sed etiam
in ipsis ludis iis interfuisse compertum habemus; potuit igitur
poeta facile de se ipso, de fabula sua, de choro ad spectantes
loqui." Sprach also vielleicht in der Parabase ursprünglich
der Dichter selber, so trat später für ihn auch nur eine
Person des Chors, der Chorführer, ein. Das Pnigos führt
darauf die Anapäste zu Ende, indem sich die Lebhaftigkeit im Inhalt und Rhythmus jenen gegenüber steigert. Mit
den Anapästen hat das Epirrhema und Antepirrhema, wenn
wir den Inhalt beider Theile vergleichen, grosse Aehnlich-

keit. Denn wenn auch in jenen deutlicher und schärfer als
in diesem die Persönlichkeit des Dichters hervortritt, so ist
doch dieses Verhältniss auch im Epirrhema nicht fortzu-
leugnen und oft trifft auch hier zu, was der Scholiast zu
Frö. 354 bemerkt: ὁ δὲ λόγος ἀπὸ τοῦ ποιητοῦ, καίτοι
δοκῶν εἶναι χοροῦ. Selbst Muff, der die epirrhematische
Syzygie nicht dem Chorführer, sondern mit Westphal dem
Gesammtchore anweist, muss gleichwohl S. 93 zugeben:
„Allein das eigentliche Subject, die Person, die auch dann
noch aus dem Chore spricht, wenn er seiner einmal über-
nommenen Rolle gemäss wie ein Chor von Vögeln, von
Wespen, von Wolken sich benimmt, ist und bleibt doch
immer der Dichter ... Wollten wir also einen einzelnen
zum Vertreter des Dichters bestellen, unsere Wahl könnte
hier sowenig wie bei dem Vortrage der Anapäste auf einen
andern als auf den Koryphaeos fallen.“ Auf Muff hat die
Behauptung Westphals S. 45 bestimmenden Einfluss aus-
geübt, dass in der zweiten Parabase des Friedens Vs. 1170 f.
Antistrophe und Antepirrhema in einander übergiengen,
ohne durch das geringste Zeichen eines Satzendes getrennt
zu sein. Allein einmal liesse sich für diese Sachlage, falls
sie von Westphal richtig angegeben und beurtheilt wäre,
die im vorigen Capitel in den Wespen Fall B II gefundene
Analogie zur Rechtfertigung herbeiziehen. Sodann aber ist
jener Einwurf nur auf den ersten Anschein zutreffend und
nur durch das Fehlen jeder Interpunction in den neueren
Ausgaben veranlasst. In Wirklichkeit hat hier bei 1170
sehr wohl ein Sinnabschluss und eine Gedankenpause statt,
da Antistrophe und Antepirrhema sich wie Satz und Gegensatz, Bild und Gegenbild verhalten, und 1170 die Schilderung
des Friedens schliesst, 1171 die des Krieges anhebt. Dadurch
dass der Chorführer in der vom Chor gewählten Construction
fortfährt, wirkt die beabsichtigte Gegensätzlichkeit der beiden Bilder nur um so überraschender und auffallender.

Hermann erkennt nun Epirrhema und Antepirrhema
nicht etwa einem und demselben Chorführer zu, sondern

gibt Epit. D. M. S. 277 jenes dem Führer des einen,
dieses dem Führer des andern Halbchors. Dies hat darin
seinen Grund, dass er auch Strophe und Antistrophe unter
die beiden Hemichorien vertheilt, sodass der Anführer derjenigen Chorhälfte, welche die Strophe sang, das Epirrhema recitirt, während der Anführer des die Antistrophe
übernehmenden Halbchors das Antepirrhema vorträgt (vgl.
Jahns Jahrbb. 1829 Bd. 11. 3 S. 300). Wir ersehen Hermanns Ansicht über die Anordnung des Chors in den Strophen
der Parabase aus seiner Bezeichnung im Text der Wolken
Vs. 563. 595 und aus der Jen. Litt. Ztg. 1842. 122 S. 505.
Ihm sind hierin viele gefolgt z. B. ausdrücklich Beer S. 31,
Witzschel in Paulys Realencyclop. II S. 574, Hornung S. 38.
Muff hat diese, man darf unbedenklich sagen, allgemeine
Annahme verlassen und statuirt ausser in der Lysistrata
überhaupt nur noch Ach. 557 ff. Halbchöre bei Aristophanes.
Und wir wollen gern eingestehen, dass sich aus der Anlage
der Ode und Antode nach Inhalt und Form ein Anzeichen
für die Scheidung der Choreuten in Halbchöre ebensowenig
gewinnen lässt, wie bei dem antistrophischen Fall *B* unseres
zweiten Capitels, bei welchem wir genau dasselbe Verhältniss vorfanden. Auch in letzterem Fall war es das Verfahren Hermanns, die von einander durch Worte der Schauspieler getrennte Strophe und Antistrophe an Hemichorien
zu verweisen, wie seine Notirung in den Wolken bei 449
= 1024 und 1345 = 1391 darthut. In der That ist hinsichtlich der äusseren Form und Gestaltung zwischen der epir-
rhematischen Syzygie, in welcher auf eine Strophe bei
Aristophanes trochäische Tetrameter folgen, und zwischen
jenem Fall *B*, wo ebenfalls auf eine Strophe meist Tetrameter des Chors folgen, eine unverkennbare Aehnlichkeit
vorhanden, sodass man für die scenische Ausführung beider
Fälle dieselbe Art und Weise in Anspruch nehmen muss.
Und keine Art der Darstellung ist bis jetzt für den strophischen Theil der Parabase beigebracht worden oder dürfte
sich beibringen lassen, die mit der Hermannschen in Wahr-

scheinlichkeit und innerer Ueberzeugungskraft wetteifern
könnte. Das wird sich in dem folgenden Capitel deutlich zeigen. An dieser Stelle begnügen wir uns unsere
Ansicht dahin auszusprechen, dass Strophe und Antistrophe
in Fall *B* so gut wie in der Parabase von Halbchören ausgeführt wurden, während die sich in beiden Fällen anschliessenden Tetrameter vorzutragen Aufgabe der beiderseitigen Chorführer war. Zugleich machen wir diejenigen,
welche das Zeugniss der Alten vermissen, schon hier darauf
aufmerksam, dass durch die handschriftliche Bezeichnung
HMIX. des Rav. oder Ven. nach Bekker Ach. 1150 = 1162,
Wo. 563 = 595, We. 1060 = 1091, Vö. 737 = 769, 1058
= 1088 die Gliederung nach Hemichorien für die Parabase
hinlänglich bezeugt ist.

Als Parabasen, vollständige und unvollständige, sondern
wir folgende Chorlieder aus: eine Zusammenstellung, die
wir machen theils um uns mit Agthe, durch den hier eine
grosse Verwirrung angestiftet worden ist, aus einander zu
setzen, theils um daraus die in einzelnen Parabasen fehlenden Theile erkennen zu lassen.

I. Acharner.

1. 626—718: erste Parabase.
   626—627 Kommation, 628—658 Parabase, 659—664
   Pnigos, 665—675 Strophe, 676—691 Epirrhema, 692—
   701 Antistrophe, 702—718 Antepirrhema.
2. 1143—1173: zweite Parabase.
   1143—1149 Kommation, 1150—1161 Strophe, 1162—1173
   Antistrophe.

II. Ritter.

1. 498—610: erste Parabase.
   498—506 Kommation, 507—546 Parabase, 547—550
   Pnigos, 551—564 Strophe, 565—580 Epirrhema, 581—
   594 Antistrophe, 595—610 Antepirrhema.
2. 1263—1315: zweite Parabase.
   1263—1273 Strophe, 1274—1289 Epirrhema, 1290—
   1299 Antistrophe, 1300—1315 Antepirrhema.

III. Wolken.

1. 510—626: erste Parabase.
510—517 Kommation, 518—562 Parabase, 563—574 Strophe, 575—594 Epirrhema, 595—606 Antistrophe, 607—626 Antepirrhema.
2. 1114—1130: zweite Parabase.
1114 Kommation, 1115—1130 Epirrhema.

IV. Wespen.

1. 1009—1121: erste Parabase.
1009—1014 Kommation, 1015—1050 Parabase, 1051—1059 Pnigos, 1060—1070 Strophe, 1071—1090 Epirrhema, 1091—1100 Antistrophe, 1101—1121 Antepirrhema.
2. 1265—1291: zweite Parabase.
1265—1274 Strophe, 1275—1283 Epirrhema, 1284—1291 Antepirrhema.

V. Frieden.

1. 729—817: erste Parabase.
729—733 Kommation, 734—764 Parabase, 765—774 Pnigos, 775—796 Strophe, 797—817 Antistrophe.
2. 1127—1190: zweite Parabase.
1127—1139 Strophe, 1140—1158 Epirrhema, 1159—1171 Antistrophe, 1172—1190 Antepirrhema.

VI. Vögel.

1. 676—800: erste Parabase.
676—684 Kommation, 685—722 Parabase, 723—736 Pnigos, 737—752 Strophe, 753—768 Epirrhema, 769—784 Antistrophe, 785—800 Antepirrhema.
2. 1058—1117: zweite Parabase.
1058—1070 Strophe, 1071—1087 Epirrhema, 1088—1100 Antistrophe, 1101—1117 Antepirrhema.

VII. Thesmophoriazusen.

785—845: Parabase.
785—813 Parabase, 814—829 Pnigos, 830—845 Epirrhema.

VIII. Frösche.

675—737: Parabase.

675—685 Strophe, 686—705 Epirrhema, 706—716 Antistrophe, 717—737 Antepirrhema.

Die Lysistrata, die Ekklesiazusen und der Plutos ermangeln
der Parabase. Zwar hat es Westphal S. 48 versucht Lys.
614—705 als Parabase zu erweisen; allein sein Versuch ist
so wenig gelungen, dass er nicht einmal für Muff, der sonst
Westphal auf Schritt und Tritt nachfolgt, beweisende Kraft
gehabt hat. Vgl. übrigens Hornung S. 25 f.

II.

Andere Chorika.

Abwechselndem Vortrage des Chors und Chorführers
begegnen wir ferner in einer Reihe von Chorliedern, deren
gemeinsamer Charakter darin besteht, dass in ihnen gewisse
Tanz - oder Gesangaufführungen zu einem bestimmten Zweck
vor sich gehen. Hierhin gehört der mystische Festzug in
den Fröschen, die Hochzeitsaufzüge in der Exodos des
Friedens und der Vögel, die Hyporchemen in den Thesmophoriazusen 953 ff. sowie am Schluss der Wespen und
Ekklesiazusen. Bei allen den genannten Chorika übernahm
der Koryphaeos die an den Chor gerichteten Befehle, die
Anordnung und Wahl der Tänze und Gesangsweisen, ausserdem den Dialog mit der Scene, wogegen dem Chor in seinen
zwei Hälften die Ausführung der Strophen oder des Refrains
zufiel. Um diese mit den bisherigen Resultaten in voll-
kommenem Einklang stehende Vortragsweise als die vom
Dichter beabsichtigte nachzuweisen, nehmen wir unsern Aus-
lauf von dem umfangreichsten jener Gesänge.

Die Parodos in den Fröschen stellt ein Bild der

Mysten dar, die sich auf dem Wege nach Eleusis befinden
und Jakchos, Persephone, Demeter in Liedern anrufen und
feiern. Welcherlei Personen diesen Festzug des Chors bildeten,
lässt sich aus den drei Strophen 397—402 = 403—408 =
409—414 entnehmen. Hier werden folgende Worte des
Dichters gelesen:

Ἴακχε πολυτίμητε, μέλος ἑορτῆς
ἥδιστον εὑρών, δεῦρο συνακολούθει
πρὸς τὴν θεὸν καὶ δεῖξον ὡς
ἄνευ πόνου πολλὴν ὁδὸν περαίνεις.
Ἴακχε φιλοχορευτά, συμπρόπεμπέ με.

σὺ γὰρ κατεσχίσω μὲν ἐπὶ γέλωτι
κἀπ᾽ εὐτελείᾳ τόν τε σανδαλίσκον
καὶ τὸ ῥάκος, κἀξεῦρες ὥστ᾽
ἀζημίους παίζειν τε καὶ χορεύειν.
Ἴακχε φιλοχορευτά, συμπρόπεμπέ με.

καὶ γὰρ παραβλέψας τι μειρακίσκης
νῦν δὴ κατεῖδον, καὶ μάλ᾽ εὐπροσώπου,
συμπαιστρίας, χιτωνίου
παραρραγέντος τιτθίον προκύψαν.
Ἴακχε φιλοχορευτά, συμπρόπεμπέ με.

Diese Strophen waren meiner Ueberzeugung nach unter die
verschiedenen Bestandtheile des Chors so vertheilt, dass
die erste Strophe von Greisen, die zweite von Weibern,
die dritte von Jünglingen gesungen wurde. Denn es ist
unzweifelhaft Sache der Greise den Jakchos herbeizurufen,
damit er ihnen zeige, wie man den weiten Weg ohne Mühe
machen könne (δεῖξον ὡς ἄνευ πόνου πολλὴν ὁδὸν περαίνεις
vgl. Eurip. Bakch. 193 f.); dagegen schickt es sich allein
für Jünglinge, die Schönheit der Mädchen zu preisen; und
endlich ist es im höchsten Grade wahrscheinlich, dass die
Mädchen selbst, welche, wie aus Vs. 409 (παραβλέψας)
hervorgeht, an der Seite der Jünglinge einherschritten,
die mittlere Strophe übernahmen, was Fritzsche in seiner

Ausg. S. 195 f. mit für mich überzeugenden Beweisen dargethan hat.

Unter solchen Umständen erscheint es wunderbar, dass sowohl Beer S. 82 über den hier offenbar dreifach getheilten Chor sich nur zweifelnd und vermuthungsweise ausgelassen, als auch Fritzsche sogar nach Beer nur die Weiber in der zweiten Strophe anerkannt hat. Im übrigen sagt keiner von beiden über die Aufstellung oder über die Anzahl der Choreuten etwas, sondern es genügt ihnen zu versichern, dass in unserer Komödie ausser dem gewöhnlichen Chor ein überzähliger bemerkbar sei, welcher aus jenen Weibern bestanden habe. Und diese Annahme Beers oder vielmehr Fritzsches (*De choro Aristophanis mystico* S. 9) von einem extraordinären Weiberchor findet man bei Kock Ausg. S. 36 und zu Vs. 316, Enger Fleckeis. Jahrbb. Bd. 77 S. 310, Bernhardy Griech. Litt. II S. 581, Agthe a. O. S. 156 f., Muff S. 165 ff. überhaupt bei allen Gelehrten, welche hierüber gehandelt haben, wiederholt und gebilligt. Ob man daran recht thut, werden wir alsbald erkennen, wenn wir die bis jetzt vernachlässigte Frage der Chorstellung, welche bei jeder Untersuchung über Chorika von höchster Wichtigkeit ist, zu beantworten versucht haben. Denn treffend bemerkt G. Hermann Elem. D. M. S. 726, indem er uns den Weg weist, den wir bei Lösung einer solchen Aufgabe einzuschlagen haben: *„Quemadmodum si stationes explicationesque quoque in loco cognitas haberemus, de carmine chorico eiusque partibus iudicare possemus, ita vicissim ex carmine de statione chori coniectura fieri potest.“*

Männer und Weiber haben wir also in der Schaar der Choreuten gefunden und unterschieden. Und diese Annahme wird durch Herakles Worte bestätigt, wo derselbe dem Dionysos die Festfeier der Geweihten beschreibt Vs. 154 ff.

$$\textit{ἐντεῦθεν αὐλῶν τίς σε περίεισιν πνοή,}$$
$$\textit{ὄψει τε φῶς κάλλιστον, ὥσπερ ἐνθάδε,}$$
$$\textit{καὶ μυρρινῶνας, καὶ θιάσους εὐδαίμονας}$$
$$\textit{ἀνδρῶν γυναικῶν, καὶ κρότον χειρῶν πολύν.}$$

Die Männer zerfallen in ältere und jüngere. Dass aber auch die Weiber aus zwei Theilen wie die Männer, aus Frauen und Mädchen bestehen, das ersehen wir aus 444

$$\dot{\epsilon}\gamma\grave{\omega}\ \delta\grave{\epsilon}\ \sigma\grave{\nu}\nu\ \tau\alpha\widetilde{\iota}\sigma\iota\nu\ \varkappa\acute{o}\varrho\alpha\iota\varsigma\ \epsilon\widetilde{\iota}\mu\iota\ \varkappa\alpha\grave{\iota}\ \gamma\nu\nu\alpha\iota\xi\acute{\iota}\nu.$$

Dieser ganze Chor ist von Vs. 397 ab bis Vs. 414 in drei Theile gespalten. Es standen nun die Weiber in der Mitte zwischen den Greisen und Jünglingen, was daraus erhellt, dass sie die mittlere Strophe vortragen. Von ihnen haben die Mädchen ihren Platz an der Seite der Jünglinge. Denn die letzteren sagen Vs. 409 ff.

$$\varkappa\alpha\grave{\iota}\ \gamma\grave{\alpha}\varrho\ \pi\alpha\varrho\alpha\beta\lambda\acute{\epsilon}\psi\alpha\varsigma\ \tau\iota\ \mu\epsilon\iota\varrho\alpha\varkappa\acute{\iota}\sigma\varkappa\eta\varsigma$$
$$\nu\widetilde{\nu}\nu\ \delta\grave{\eta}\ \varkappa\alpha\tau\epsilon\widetilde{\iota}\delta\sigma\nu,\ \varkappa\alpha\grave{\iota}\ \mu\acute{\alpha}\lambda'\ \epsilon\grave{\nu}\pi\varrho\sigma\sigma\acute{\omega}\pi\sigma\nu,$$
$$\sigma\nu\mu\pi\alpha\iota\sigma\tau\varrho\acute{\iota}\alpha\varsigma\ \varkappa\tau\lambda.$$

Demnach müssen die Frauen ihrerseits neben den Greisen, oder vielleicht richtiger gesagt, neben den Männern gestanden haben. Wir haben also folgende Anordnung der Choreuten.

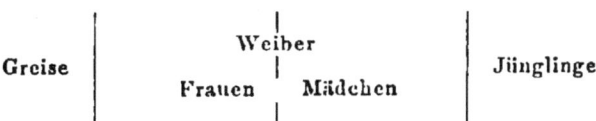

In den Chorliedern, welche 397 vorangehen, findet nun aber eine Theilung des Chors nicht in drei Theile, wie es nach diesem Verse der Fall ist, sondern in zwei statt, falls in den sich hier bietenden Strophen und Antistrophen überhaupt eine Chortheilung geboten erscheint, auf welche allerdings sowohl die handschriftliche Ueberlieferung, die bei 372 und 384 ganz richtig Hemichorien bezeichnet, als auch das Zeugniss Aristarchs zu Vs. 354 und 372, als auch die Analogie der dreifachen Strophe 397—414 führt. Wenn wir jene antistrophischen Gesänge aufmerksam durchlesen, kann uns die Verschiedenheit in der Färbung und dem Charakter der ausgesprochenen Gefühle und Gedanken, welche hier hervortritt, nicht entgehen. Die Strophen sind

munter und heiter, in ihnen wird nichts als Tanz, Spiel
und Scherz erwähnt; ruhiger und ernster sind die Antistrophen gehalten, in denen auch wichtigere Dinge Besprechung finden. Die erste Strophe 324—336 ruft Jakchos
herbei zum frohen, ausgelassenen Tanz (ϑρασεῖ δ' ἐγκατα-
κρούων ποδὶ τὰν ἀκόλαστον φιλοπαίγμονα τιμάν). Bei weitem
gemässigter ist die Anrufung des Gottes in der Antistrophe
340—353: selbst Greise, meint der Halbchor, legen Alter
und Sorgen bei der heiligen Feier ab (γόνυ πάλλεται γερόν-
των· ἀποσείονται δὲ λύπας χρονίους τ' ἐτῶν παλαιῶν ἐνι-
αυτούς, ἱερᾶς ὑπὸ τιμᾶς vgl. Eurip. Bakch. 188 f.). Dagegen
in der zweiten Strophe 372—376 athmet wiederum alles
Fröhlichkeit (ἐγκρούων κἀπισκώπτων καὶ παίζων καὶ χλευ-
άζων). Aber die Antistrophe 377—381 betet für das Wohl
des Vaterlandes (τὴν χώραν σώζειν ἐς τὰς ὥρας) und gedenkt
der Staatsangelegenheiten (Θωρυκίων). In der dritten Strophe
384—388 bittet der Chor Demeter um einen allzeit frohen
und sicheren Tanz (μ' ἀσφαλῶς πανήμερον παῖσαί τε καὶ
χορεῦσαι). Die Antistrophe 389—393 hinwider erinnert
daran über dem Scherz nicht den Ernst gänzlich zu vergessen (πολλὰ μὲν γέλοιά μ' εἰπεῖν, πολλὰ δὲ σπουδαῖα)
und des im Gesange zu erlangenden Siegespreises eingedenk
zu sein (νικήσαντα ταινιοῦσθαι). Hieraus ergibt sich nicht
nur, wie sehr eine Spaltung in Halbchöre sich hier empfiehlt,
sondern auch die Art der Vertheilung selber liegt auf der
Hand. Denn wem anders als der jugendlichen Hälfte, den
Jünglingen und Mädchen, werden wir die Strophen zuweisen? Und andrerseits können die Antistrophen Niemandem
passender als den Greisen und Frauen überlassen werden.
Es war also das Theilungsprincip in dem Stück 324—396
ein anderes als in 397—414. Hier wird der Unterschied
sowohl des Alters als auch des Geschlechts, dort nur der
des Alters zur Vertheilung der Chorstücke unter die Choreuten angewendet. Der Chor aber muss danach nothwendiger Weise die folgende Aufstellung und Personenvertheilung gehabt haben.

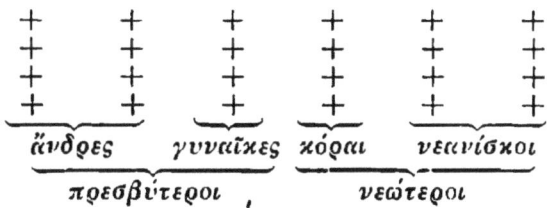

$$\underbrace{\underbrace{\text{ἄνδρες}}_{} \quad \underbrace{\text{γυναῖκες}}_{} \quad \text{κόραι} \quad \underbrace{\text{νεανίσκοι}}_{}}$$
$$\underbrace{\text{πρεσβύτεροι} \quad,}_{} \quad \underbrace{\text{νεώτεροι}}_{}$$

So konnte er sich in gleiche Theile, zuerst in zwei, darauf in drei gliedern. Die noch übrigen Chorkommata 354—371, 382—383, 394—396, 440—443 sind, wie allgemein zugegeben wird, vom Chorführer vorgetragen worden. Das zeigen aufs schlagendste die Befehle, welche in jenen Versen dem Chore ertheilt werden; vgl. 370 ὑμεῖς δ' ἀνεγείρετε μολπήν, 383 κελαδεῖτε, 395 παρακαλεῖτε, 440 χωρεῖτε. Die Handschriften haben meistens ihr *H.MIX.* vorgesetzt, doch bietet Rav. vor 382 ἡμι͞ χ ἢ ἱερεύς und Paris. A vor demselben Verse und vor 444 ἱερεύς, welches Personenzeichen Fritzsche in den Text aufgenommen hat. Und es stellt der Chorführer in unserer Parodos den Hierophanten und Daduchen wenigstens dar, wie auch der Scholiast zu 369 anmerkt: τούτοισιν ἀπαυδῶ: παρὰ τὴν τοῦ ἱεροφάντου καὶ δᾳδούχου πρόρρησιν τὴν ἐν τῇ ποικίλῃ στοᾷ. Die Vertheilung der bisher behandelten Lieder der Parodos war nach obigem diese.

HMIXOPION α' (νεώτεροι)

Ἴακχ', ὦ Ἴακχε. Vs. 316

HMIXOPION β' (πρεσβύτεροι)

Ἴακχ', ὦ Ἴακχε.

HMIXOPION α' (νεώτεροι)

Ἴακχ', ὦ πολυτιμήτοις ἕδραις ἐνθάδε ναίων, στρ. α'
Ἴακχ', ὦ Ἴακχε,
ἐλθὲ τόνδ' ἀνὰ λειμῶνα κτλ.

HMIXOPION β' (πρεσβύτεροι)

ἔγειρ' ὦ, φλογέας λαμπάδας ἐν χερσὶ ἀντιστρ. α'
τινάσσων,
Ἴακχ', ὦ Ἴακχε,
νυκτέρου τελετῆς φωσφόρος κτλ.

ΚΟΡΥΦΑΙΟΣ.

εὐφημεῖν χρὴ κἀξίστασθαι τοῖς ἡμετέροισι χοροῖσιν
ὅστις ἄπειρος τοιῶνδε λόγων κτλ.

ΗΜΙΧΟΡΙΟΝ α΄ (νεώτεροι)

χώρει νυν πᾶς ἀνδρείως   στρ. β΄
εἰς τοὺς εὐανθεῖς κόλπους κτλ.

ΗΜΙΧΟΡΙΟΝ β΄ (πρεσβύτεροι)

ἀλλ᾽ ἔμβα χὤπως ἀρεῖς   ἀντιστρ. β΄
τὴν Σώτειραν κτλ.

ΚΟΡΥΦΑΙΟΣ.

ἄγε νυν ἑτέραν ὕμνων ἰδέαν τὴν καρποφόρον βασίλειαν,
Δήμητρα θεάν, ἐπικοσμοῦντες ζαθέοις μολπαῖς κελαδεῖτε.

ΗΜΙΧΟΡΙΟΝ α΄ (νεώτεροι)

Δήμητερ, ἁγνῶν ὀργίων   στρ. γ΄
ἄνασσα, συμπαραστάτει κτλ.

ΗΜΙΧΟΡΙΟΝ β΄ (πρεσβύτεροι)

καὶ πολλὰ μὲν γέλοιά μ᾽ εἰ-   ἀντιστρ. γ΄
πεῖν, πολλὰ δὲ σπουδαῖα κτλ.

ΚΟΡΥΦΑΙΟΣ.

ἄγ᾽ εἶα
νῦν καὶ τὸν ὡραῖον θεὸν παρακαλεῖτε δεῦρο
ᾠδαῖσι, τὸν ξυνέμπορον τῆσδε τῆς χορείας.

ΖΥΓΟΝ α΄ β΄ (ἄνδρες)

Ἴακχε πολυτίμητε, μέλος ἑορτῆς   στρ. α΄
ἥδιστον εὑρών κτλ.

ΖΥΓΟΝ γ΄ δ΄ (γυναῖκες καὶ κόραι)

σὺ γὰρ κατεσχίσω μὲν ἐπὶ γέλωτι   στρ. β΄
κἀπ᾽ εὐτελείᾳ κτλ.

ΖΥΓΟΝ ε΄ ς΄ (νεανίσκοι)

καὶ γὰρ παραβλέψας τι μειρακίσκης   στρ. γ
νῦν δὴ κατεῖδον κτλ.

Ganz anders urtheilt Fritzsche Ausg. S. 187, welchem
Muff sich anschliesst. Er gibt, ohne etwas von der Verschiedenheit des Inhalts in den Strophen zu fühlen, alle

Antistrophen an die Weiber. Dabei ist er wegen 392 παί-
σαντα καὶ σκώψαντα, νικήσαντα genöthigt gegen Hermanns
Vorschrift zu Viger. S. 715 und zu Eurip. Hel. Vs. 1649
zu behaupten, dass der Weiberchor, indem er von sich
spricht, das *genus masculinum* im Singularis gebrauchen
könne. Allein jene Regel Hermanns hat so viel innere
Wahrscheinlichkeit in sich, dass Fritzsche sie nicht über-
treten durfte.

Wir sind nunmehr so weit vorgeschritten, dass wir der
Behauptung entgegentreten können, nach welcher die Weiber
die gewohnte Choreutenzahl überschritten haben sollen. Betrachten wir zuvörderst die Gründe, auf welche diese Ansicht sich stützt, so ist es völlig unstichhaltig, wenn Fritzsche
erklärt, die Weiber hätten bei dem Wettstreit der tragischen
Dichter nicht zugegen sein dürfen. Der mystische Chor
erscheint, wie er selbst zu wiederholten Malen Vs. 351,
373, 400, 440, 448 sagt, um zur Nachtfeier der Göttinnen
fortzuziehen. Aber gleichsam im Staunen über die Vorgänge auf der Bühne vergisst er jene seine eigentliche Absicht und mischt seine Gesänge unter die Worte der Schauspieler. Was indessen die Mysten mit den Bühnenpersonen,
namentlich mit Aeschylos und Euripides zu schaffen haben,
dürfte kaum irgend Jemand ausfindig machen und beweisen
können. Demnach hätte Fritzsche mit demselben Recht die
Anwesenheit nicht nur des weiblichen, sondern überhaupt
des ganzen Mystenchors während jenes Streites für unschick-
lich ausgeben können. Doch dürfen wir andrerseits auch
nicht auf diejenigen hören, welche wie z. B. Agthe S. 157
versichern, dass die Mysten im Verlauf des Stücks ganz
aufhörten Mysten zu sein. Eine solche Annahme widerlegen Aristophanes Worte im Ausgang der Komödie 1525
φαίνετε τοίνυν ὑμεῖς τούτῳ λαμπάδας ἱεράς, wozu der
Scholiast die ganz richtige Bemerkung macht φαίνετε: πρὸς
τὸν χορόν. ἀντὶ τοῦ ἀνάπτετε, ὦ μύσται. Wie soll nun
der Chor seine mystische Eigenschaft ablegen, wenn er
seine äussere Kleidung und Ausstattung nicht ändert? Denn,

um es zu wiederholen, der Dichter denkt gar nicht an eine innerliche Verknüpfung der Mysten mit der Fabel seines Stücks.

Ein zweiter Grund, der für die Annahme des Weiber-parachoregems geltend gemacht wird, besteht darin, dass die meisten Herausgeber nach Brunck Vs. 444 f.

ἐγὼ δὲ σὺν ταῖσιν κόραις εἶμι καὶ γυναιξίν,
οὗ παννυχίζουσιν θεᾷ, φέγγος ἱερὸν οἴσων

dem Chor d. h. dem Führer des Chors anweisen, der, wie wir gesehen haben, die Function des Hierophanten und Daduchen versieht. Nach diesen Worten soll also der Priester der Ansicht Fritzsches, Beers und der andern zufolge mit den Jungfrauen und Frauen die Orchestra verlassen haben. Dindorf allein war es, welcher einsah, dass den eben angeführten Worten der Name des Dionysos, wie es vor Brunck geschah, vorzusetzen sei. An der Richtigkeit dieser Personenbezeichnung wird man nicht zweifeln, wenn man vergleicht, was Dionysos kurz vorher spricht 414 f.[1]

ἐγὼ δ᾿ ἀεί πως φιλακόλουθός εἰμι καὶ μετ᾿ αὐτῆς
παίζων χορεύειν βούλομαι.

Diese Aussprüche schicken sich trefflich für den heiteren Gott; dass aber der Priester der Mysten die Mysten nicht im Stiche lassen werde, liegt so auf der Hand, dass es lächerlich wäre, wenn er noch besonders eine darauf bezügliche Versicherung abgäbe. Und wenn wir hier den Chorführer abgehen lassen, soll dann im übrigen Theile der Komödie der Chor ohne Führer geblieben sein? Dieser Verlegenheit haben sich Fritzsche, Kock zu Vs. 354 und und 394 u. a. durch die Annahme zweier Chorführer zu entziehen gesucht, eines für den legitimen und eines für den extraordinären Chor; diesen nennen sie den Daduchen, den Priester des Jakchos, jenen Hierophanten, den Priester

---

[1] Auch diese Verse hat Fritzsche nach Vermuthung dem Priester gegeben, aber ohne beistimmende Nachfolge.

der Demeter. Allein das sind reine Erfindungen der Interpreten, von denen Aristophanes nichts weiss, mit deren
Widerlegung ich daher keinen Grund habe mich aufzu-
halten. Denn um es offen auszusprechen, was aus der von
uns gefundenen Aufstellung und Vertheilung der Choreuten
mit Nothwendigkeit folgt: es ist in den Fröschen nur ein
Chor vorhanden, und zwar der reguläre von 24 Personen,
und demgemäss auch nur ein Chorführer, den man Hiero-
phant oder Daduchos benennen mag.

Doch man wird gegen mich einwenden: wie ist es möglich zu leugnen, dass die Weiber sich aus der Orchestra
entfernt haben, da der Chor selbst an mehr als an einer
Stelle erklärt, sich zu den eleusinischen Gefilden begeben
zu wollen? In der That leugne ich diesen Abgang ganz
und gar, und aus den triftigsten Gründen. Denn ich weiss,
dass auch der Wespenchor mit der Versicherung Vs. 240 ff.
einzieht, er befinde sich auf dem Wege um über Laches
noch in der Frühe Gericht zu halten; und nichtsdestoweniger
verlässt er nicht seine Stelle, sondern verweilt den ganzen
Tag hindurch und länger vor dem Hause Philokleons. In
gleicher Weise wird der Chor der Vögel 448 ff. nach Hause
entlassen ($\dot{\alpha}\pi\iota\acute{\epsilon}\nu\alpha\iota$ $\pi\acute{\alpha}\lambda\iota\nu$ $o\check{\iota}\varkappa\alpha\delta\epsilon$) — und entfernt sich trotzdem nicht. Ebenso wird im Frieden der Chor der Land-
leute 550 ff. aufs Land zurückgeschickt ($\dot{\alpha}\pi\iota\acute{\epsilon}\nu\alpha\iota$ $\epsilon\check{\iota}\varsigma$ $\dot{\alpha}\gamma\varrho\acute{o}\nu$)
und gerirt sich gleich darauf wie ein abziehender — allein
er führt sein Vorhaben nicht aus und bleibt bis zum Ende
des Stücks in der Orchestra. Was die letzte Stelle des
Friedens anlangt, so glaubt Enger diesen scheinbaren Abzug des Chors am besten folgendermassen zu erklären Rhein.
Mus. N. F. Bd. IX S. 573: „Der Chor befindet sich auf der
Scene, wo er nicht singen und tanzen kann, er muss also
auf die Orchestra zurück. Dieses Abgehen wird durch jene
Aufforderung motivirt: der Chor zieht auf die Orchestra,
bleibt aber dort um ein Dankgebet zu singen und wird
dann unvermerkt wieder in die Handlung hineingezogen;"
vgl. Fleckeis. Jahrbb. Bd. 70 S. 409 und Bd. 77 S. 310.

Allein aus den übrigen von mir angezogenen Stellen geht hervor, dass es einer solchen Annahme keineswegs bedarf; wenigstens kann in den Wespen an den behaupteten Marsch von der Orchestra auf die Bühne und dann wieder in die Orchestra zurück, der schon an und für sich seine Bedenken hat und für die erhaltenen Stücke des Komikers durchaus bestritten werden muss, in keiner Weise gedacht werden. Einen anderen Erklärungsversuch haben Richter zum Frieden 560 und Kock zu den Vögeln 448 beigebracht, nämlich die Annahme eines Parachoregems und den Abzug desselben aus der Orchestra. Sie nehmen also an, dass mehr als 24 Landleute und mehr als 24 Vögel bis zu jenen Versen in der Orchestra gestanden hätten. Es werden nun aber von Trygaeos alle Landleute entlassen ($\dot{\alpha}\lambda\lambda\dot{\alpha}$ $\pi\tilde{\alpha}\varsigma$ $\chi\acute{\omega}\varrho\epsilon\iota$ $\pi\varrho\grave{o}\varsigma$ $\ddot{\epsilon}\varrho\gamma o\nu$ $\epsilon\dot{\iota}\varsigma$ $\dot{\alpha}\gamma\varrho\grave{o}\nu$ $\pi\alpha\iota\omega\nu\acute{\iota}\sigma\alpha\varsigma$ 555) und ebenso vom Epops alle Vogelhopliten (denn Epops nimmt keinen aus Vs. 448 $\tau o\dot{\nu}\varsigma$ $\acute{o}\pi\lambda\acute{\iota}\tau\alpha\varsigma$): dagegen entfernt sich nach Kock und Richter nur ein Theil und zwar der kleinere Theil sowohl der Vögel als der Landleute. Man erreicht also durch diese Art der Interpretation nichts, sondern schafft sich nur Schwierigkeiten, wo keine waren. Ueberdies bleibt noch immer der Fall in den Wespen übrig, zu dessen Erklärung es Niemand in den Sinn kommen dürfte einen überschüssigen Chor von Richterwespen zu Hülfe zu nehmen. Es bleibt hiernach bei unserer Behauptung: an jenen vier Stellen der Frösche, Wespen, Vögel und des Friedens benehmen sich die Choreuten wie abgehende und gehen dennoch nicht von ihrem Standorte weg. Und dies Beispiel ist eines der vielen, die uns lehren können, dass es etwas anderes ist Geschichtsschreiber, etwas anderes Dichter zu erklären, vor allem Dichter der alten Komödie, in welcher bald vieles geschieht, was man am wenigsten erwartet, bald vieles unterbleibt, was man im gewöhnlichen Leben erwarten würde.

Ich komme zu Fritzsches letztem Beweisgrunde für den überzähligen Weiberchor, von dem es wenigstens scheinen könnte, dass er dem Dichter selbst entnommen sei. Vs. 598 redet Xanthias den Chor also an:

$$ου\ κακῶς,\ ὦνδρες,\ παραινεῖτε.$$

Hierauf habe ich zu bemerken, dass einmal der Chor nach meiner Darstellung wirklich zum grösseren Theile aus Männern besteht. Denn ihre Zahl ist noch einmal so gross als die der Weiber.[1] Ausserdem gibt es bekanntlich eine nicht geringe Stellenanzahl, wo ἀνήρ in allgemeinerem Sinne gebraucht wird, ohne dass die Bezeichnung des männlichen Geschlechts betont ist. Um ein Beispiel aus unserem Stück anzuführen, so sagt Dionysos Vs. 1125: ἄγε δή σιώπα πᾶς ἀνήρ. λέγ᾽, Αἰσχύλε. Dieses πᾶς ἀνήρ wird Niemand mit *omnes viri* übersetzen wollen, sondern *omnes* oder *unusquisque*. In derselben allgemeinen Bedeutung wendet hier Xanthias ὦνδρες an. Daher hat Meier im *Index schol. Halens. aest.* 1851 S. IV (Op. S. 24) vollkommen Recht, wenn er behauptet: „*Nihil habet offensionis sic* (sc. ὦνδρες) *coetus alloqui, quibus praeter viros etiam feminae intersint.*"

Wir haben die völlige Grundlosigkeit der Beweise, welche man für ein Parachoregema der Weiber geliefert

---

[1] Wir sind hiermit nur zum Theil dem Scholion zu den Rittern Vs. 589 gerecht geworden: εἰ μὲν ἐξ ἀνδρῶν εἴη καὶ γυναικῶν ὁ χορός, ἐπλεονέκτει τὸ τῶν ἀνδρῶν μέρος καὶ ἦσαν ιγ᾽, αἱ δὲ γυναῖκες ια᾽. Dass in diesen Worten die überlieferten Zahlen ιγ᾽ und ια᾽ entweder verdorben oder bei der ganz allgemein gehaltenen Ausdrucksweise des Scholiasten, der das bezeichnete Zahlenverhältniss auf alle aus Männern und Frauen zusammengesetzten Chöre ausdehnt, entschieden unrichtig sind, unterliegt keinem Zweifel. Denn 13 Choreuten in männlicher und 11 in weiblicher Tracht konnten unter die Glieder des Chors nur so vertheilt werden, dass in einer und derselben Reihe 3 oder 5 Weiber und 1 Mann zu stehen kamen, eine Anordnung, welche für das Gleichmass im attischen Theaterwesen unerträglich ist. Und die künstliche Erklärung bei Schneider Att. Theaterw. S. 198 oder bei C. Koek *De parabasi* S. 7 hilft uns über diese Schwierigkeit nicht hinweg. Vielleicht haben wir durch unseren Mystenchor die richtigen Zahlen erlangt, wenn wir statt ΙΓ : ΙΑ und statt Λ : ΙΙ einsetzen. Doch glauben wir der Wahrheit näher zu kommen, wenn wir die Notiz des Scholiasten durch einen speciellen Fall, in welchem die angegebenen Zahlen zutrafen, veranlasst und dann ungebührlich verallgemeinert erklären, was sich ja die alten Interpreten so oft haben zu Schulden kommen lassen.

hat, erkannt. Ausserdem spricht die erwiesene Stellung der
Weiber in der Mitte des Chors und ihre grosse Theilnahme
an den vorgetragenen Gesängen gegen diese Annahme. —
Etwas anders als gewöhnlich geschieht, urtheilte G. Hermann hierüber Wien. Jahrbb. Bd. 110 S. 66. Er leugnet,
dass die Weiber die gewöhnliche Choreutenzahl überschritten,
glaubt indes, dass sie die Orchestra verlassen hätten und
darauf in Männer umgekleidet dorthin zurückgekehrt wären.
Allein einmal habe ich gezeigt, dass die Weiber in der
Orchestra blieben, sodann lässt sich für eine Rückkehr von
Männern in dieselbe aus den Worten des Dichters nicht
die leiseste Andeutung herauslesen. Vielmehr war der
Mystenchor, der in sich beide Geschlechter und die ver-
schiedensten Altersstufen vereinigte, bis zum Ende der Komödie unverändert derselbe.

Die Verspottungen übel berufener Bürger, welche von
Vs. 416 folgen, werden mit Unrecht allgemein dem vollstimmigen Chore zugetheilt. Dies zeigt gleich der Anfang
des Gesanges. Denn es ist undenkbar, dass der Gesammtchor sich selber also angeredet habe:

$$\beta o \acute{\upsilon} \lambda \varepsilon \sigma \vartheta \varepsilon \ \delta \tilde{\eta} \tau \alpha \ \varkappa o \iota \nu \tilde{\eta} \ ^{1)}$$
$$\sigma \varkappa \tilde{\omega} \psi \omega \mu \varepsilon \nu \ \text{'} A \varrho \chi \acute{\varepsilon} \delta \eta \mu o \nu;$$

Oder sollen wir etwa glauben, dass alle Choreuten, zusammen
sprechend, sich aufgefordert haben alle zusammen zu sprechen?

Es ist von Welcker Uebers. der Frösche S. 137, G. Hermann Op. VII S. 220, C. O. Müller Rhein. Mus. Bd. V S.
345, Fritzsche De choro Aristoph. myst. S. 87 f. und Ausg.
S. 197 u. a. erkannt worden, dass dieses Lied die γεφυρισμοί

---

1) Verkehrt ist es, wenn E. v. Leutsch im Philol. Supplementbd. I
S. 139 glaubt, diese Worte würden vom Chor an Dionysos und Xanthias
gerichtet. Denn der Chor sieht sie noch gar nicht, wie aus 431 ff.
hervorgeht, mit welchen Versen Dionysos den Chor erst anredet und
sich ihm bemerklich macht. Vs. 414 f. aber sprechen Dionysos und
Xanthias nicht zum Chore gewandt, wie v. Leutsch behauptet, sondern
für sich, beiseit. Vgl. 337 ff. und 315. — Uebrigens habe ich die
Meinung Kocks zu Vs. 414 und die Vertheilung des Liedes 416—436
bei Fritzsche und Enger a. O. S. 311 nicht aus Unkenntniss übergangen.

der nach Eleusis pilgernden und zugleich die ersten An-
fänge der Komödie darstelle. Damit steht es im besten
Einklange, wenn wir den Chorführer hier die Rolle des
ἐξάρχων übernehmen lassen. Er bringt in je drei Versen
die zu verspottenden Bürger in Vorschlag und fängt selbst
an sie zu verspotten, der Chor nimmt in ebensoviel Versen
die Worte und Gedanken desselben auf und führt sie zu Ende.
Hiernach ordne ich das Chorikon in folgender Weise an.

KOPYΦAIOΣ.

βούλεσθε δῆτα κοινῇ   416
σκώψωμεν Ἀρχέδημον,
ὃς ἑπτέτης ὢν οὐκ ἔφυσε φράτορας;

XOPOΣ.

νυνὶ δὲ δημαγωγεῖ
ἐν τοῖς ἄνω νεκροῖσι,   420
κἀστὶν τὰ πρῶτα τῆς ἐκεῖ μοχθηρίας.

KOPYΦAIOΣ.

τὸν Κλεισθένη δ᾽ ἀκούω
ἐν ταῖς ταφαῖσι πρωκτὸν
τίλλειν ἑαυτοῦ καὶ σπαράττειν τὰς γνάθους.

XOPOΣ.

κἀκόπτετ᾽ ἐγκεκυφώς,   425
κἄκλαε, κἀκεκράγει
Σεβῖνον, ὅστις ἐστὶν ἀναφλύστιος.

KOPYΦAIOΣ.

καὶ Καλλίαν γέ φασι
τοῦτον τὸν Ἱπποβίνου
κύσθου λεοντῆν ναυμαχεῖν ἐνημμένον.   430

ΔIONYΣOΣ.

ἔχοιτ᾽ ἂν οὖν φράσαι νῷν
Πλούτων᾽ ὅπου ᾽νθάδ᾽ οἰκεῖ;
ξένω γὰρ ἐσμὲν ἀρτίως ἀφιγμένω.

KOPYΦAIOΣ.

μηδὲν μακρὰν ἀπέλθῃς,
μηδ᾽ αὖθις ἐπανέρῃ με,   435
ἀλλ᾽ ἴσθ᾽ ἐπ᾽ αὐτὴν τὴν θύραν ἀφιγμένος.

Nur bei dieser unserer Anordnung wird erklärlich, wie es kommt, dass während der Chor über Archedemos und Kleisthenes in je sechs Versen spottet, er auf die Verhöhnung des Kallias nur drei Verse verwendet, eine Erscheinung, welche Meier so auffiel, dass sie ihn zu folgender Bemerkung veranlasste a. O. S. XIV (Op. S. 41): „*Chorus tres nunc cives vellicat, priores quidem duos binis iambicis periodis aequalibus, tertium una tantum periodo, nisi altera per librariorum socordiam intercidit.*" Nachdem nämlich der Chorführer 430 zu singen aufhörte und für kurze Zeit Stille eintrat, redet Dionysos den Chorführer an, bevor der Chor diesem antworten konnte. Dagegen konnte Dionysos unmöglich den vollstimmigen Chorgesang unterbrechen.

Am Ende der Parodos kehrt die Theilung des Chors in die beiden Halbchöre seiner jüngeren und älteren Bestandtheile wieder. Das beweist der Inhalt des letzten Liedes. Denn die Strophe 448—453 fordert abermals die Genossen zu Scherz und Spiel auf, wogegen die Antistrophe 454—459 erinnert, dass nur die geweihten und frommen Menschen den Göttern angenehm seien. Diese trugen danach die Männer und Frauen, jene die Jünglinge und Mädchen vor.

Durch die vorstehende Untersuchung haben wir zugleich für die eingangs dieses Abschnitts erwähnten, ebenso oder ähnlich wie die behandelte Parodos angelegten Chorlieder das Mittel gewonnen, ihre scenische Darstellung zu bestimmen. Denn die gleiche Anlage lässt bei demselben Dichter unbedingt auch auf eine gleiche äussere Ausführung schliessen. Genau dieselbe Chortheilung wie in den Fröschen finden wir zunächst in dem Tanzliede der Thesmophoriazusen 953—1000 wieder, dessen antistrophische Gliederung von Enger trefflich hergestellt und zu Vs. 953 also angegeben ist: „*Ita igitur statuendum, ut post proodum vs. 953—958 prima sequatur stropha et antistropha vs. 959— 965, alteram vero stropham et antistropham iterum praecedat proodus* 966—968. *Eodem modo tertiam stropham et anti-strophan inde a vs.* 990 *praecedit proodus vs.* 985, *ubi eodem modo nova incipit saltatio* ἐπ' ἄλλ' ἀνάστρεφ' εὐρύθμῳ ποδί. *Itaque ut tria sunt in hoc carmine saltationis genera, ita tres strophae, quarum unamquamque praecedit proodus, qua ad novum se convertere saltationis genus chorus iubetur.*'' Die von Enger proodisch gefassten Aufforderungen des Chors zu den drei verschiedenen Tanzgattungen gehören dem Chorführer zu, welcher hier den Tanz wie in den Fröschen den Gesang ordnet; die Strophen selbst sang der hier wie dort in Halbchöre sich scheidende Chor. Danach übernimmt

ΚΟΡΥΦ.   953—958. 966—968. 985—989.
ΗΜΙΧΟΡ. α' 959—961. 969—976. 990—994.
ΗΜΙΧΟΡ. β' 962—965. 977—984. 995—1000.

In gleicher Weise unterscheiden wir in dem hyporche-matischen Exodikon der Wespen 1518—1537, welches das in der Orchestra ausgeführte Ballet der drei Karkiniten und Philokleons begleitet (s. Schönborn Die Skene der Hellenen S. 327), mit Leichtigkeit die beiden Hemichorien und den Koryphaeos. Denn die daktylo-trochäischen Stro-phen 1518—1522 = 1523—1527 waren unter ΗΜΙΧΟΡ. α' und β' vertheilt, während die stichisch gebrauchten Daktylo-Trochäen unzweifelhaft Eigenthum des Chorführers sind, der hier die in der Orchestra sich bewegenden Tänzer anredet und ihnen einen Befehl zugehen lässt, sowie er kurz vorher Vs. 1516 f. seine Choreuten anredete. Dass endlich das Exodikon in den Ekklesiazusen ebenfalls vom Kory-phaeos und dem mit Jubelrufen einfallenden, hier unge-theilten Gesammtchor in Scene gesetzt wurde, und wie hier die Vertheilung war, das haben wir bereits in der vor-letzten Abtheilung des ersten Capitels gesehen.

Es sind noch die beiden Hymenäen am Ende der Vögel und des Friedens übrig, von denen ich den ersten sogleich nach meiner Anordnung mittheilen kann.

ΚΟΡΥΦΑΙΟΣ.

ἄναγε, δίεχε, πάραγε, πάρεχε,   1720
περιπέτεσθε
μάκαρα μάκαρι σὺν τύχᾳ.
ὦ φεῦ φεῦ τῆς ὥρας, τοῦ κάλλους.
ὦ μακαριστὸν σὺ γάμον τῇδε πόλει γήμας.   1725
μεγάλαι μεγάλαι κατέχουσι τύχαι   συστ.
γένος ὀρνίθων
διὰ τόνδε τὸν ἄνδρ'. ἀλλ' ὑμεναίοις
καὶ νυμφιδίοισι δέχεσθ' ᾠδαῖς
αὐτὸν καὶ τὴν Βασίλειαν.   1730

ΗΜΙΧΟΡΙΟΝ α'.

Ἥρᾳ ποτ' Ὀλυμπίᾳ   στρ. α'
τῶν ἠλιβάτων θρόνων
ἄρχοντα θεοῖς μέγαν
Μοῖραι ξυνεκοίμισαν
ἐν τοιῷδ' ὑμεναίῳ.   1735
'Υμὴν ὤ, 'Υμέναι' ὤ.

ΗΜΙΧΟΡΙΟΝ β'.

ὁ δ' ἀμφιθαλὴς Ἔρως   ἀντιστρ. α'
χρυσόπτερος ἡνίας
εὔθυνε παλιντόνους,
Ζηνὸς πάροχος γάμων   1740
τῆς τ' εὐδαίμονος Ἥρας.
'Υμὴν ὤ, 'Υμέναι' ὤ.

ΠΕΙΘΕΤΑΙΡΟΣ.

ἐχάρην ὕμνοις, ἄγαμαι δὲ λόγων.   ἀντισυστ.
ἄγε νυν αὐτοῦ
καὶ τὰς χθονίας κλήσατε βροντάς,   1745
τάς τε πυρώδεις Διὸς ἀστεροπάς,
δεινόν τ' ἀργῆτα κεραυνόν.

ΧΟΡΟΣ.

ὦ μέγα χρύσεον ἀστεροπῆς φάος,   στρ. β'
ὦ Διὸς ἄμβροτον ἔγχος
πυρφόρον, ὦ χθόνιαι βαρυαχέες·   1750
ὑμβροφόροι θ' ἅμα βρονταί,

αἷς ὅδε νῦν χθόνα σείει.
διὰ σὲ τὰ πάντα κρατήσας,
καὶ πάρεδρον Βασίλειαν ἔχει Διός.
Ὑμὴν ὤ, Ὑμέναι' ὤ.

ΠΕΙΘΕΤΑΙΡΟΣ.

ἔπεσθε νῦν γάμοισιν, ὤ   1755
φῦλα πάντα συννόμων
πτεροφόρ᾽, ἐπί τε πέδον Διὸς
καὶ λέχος γαμήλιον.
ὄρεξον, ὤ μάκαιρα, σὴν
χεῖρα, καὶ πτερῶν ἐμῶν   1760
λαβοῦσα συγχόρευσον· αἴ-
ρων δὲ κουφιῶ σ᾽ ἐγώ.

ΚΟΡΥΦΑΙΟΣ.

ἀλαλαλαί, ἰὴ Παιών,
τήνελλα καλλίνικος, ὤ
δαιμόνων ὑπέρτατε.   1765

Die metrische Entsprechung der logaödischen Strophen
1731—1736 = 1737—1743 ist erst von W. Helbig Rhein.
Mus. N. F. Bd. XV S. 256 f. bemerkt worden, welchem ich
auch in Herstellung der Responsion zwischen den anapästischen Systemen 1726—1730 und 1743—1747 durch
Auswerfung des tautologischen ἐχάρην ᾠδαῖς neben ἐχάρην
ὕμνοις Vs. 1743 gefolgt bin. — Den Chorführer habe ich
im Schluss und Eingange der Partie thätig angenommen;
im Schluss, weil er eine Ansprache an Peithetaeros ist, im
Eingange, weil in demselben dem Chor ertheilte Befehle
die Anrede an eben jene Bühnenperson umschliessen. Die
Bedeutung der Commandowörter in Vs. 1720 ist von Kock
zu dieser Stelle entwickelt. Auch hat schon derselbe Gelehrte in den Versen 1720—1730 richtig die Thätigkeit des
Chorführers anerkannt. Aber bei 1743 die überlieferte Personenbezeichnung ΠΕΙ. mit Bergk und Muff zu tilgen und
dafür ΚΟΡ. einzusetzen, weil Peithetaeros im Sinnestaumel
befangen und mit seinen Gedanken auf nichts anderes als

11*

auf die materiellen Freuden des Hochzeitsfestes gerichtet
sei, wie Muff S. 13 behauptet, hat gar keinen Sinn und
beruht auf einer Verkennung der griechischen Ethik. Eher
wäre Kocks Aenderung denkbar, der zufolge Peithetaeros
ἐχάρην — λόγων spricht und bei ἄγε νυν vom Chorführer ab-
gelöst wird, allein sie scheint nicht mit Nothwendigkeit
erfordert.

Etwas anders war offenbar die Vertheilung des zweiten
Hochzeitsgesanges unter den Koryphaeos und die Hemichorien
vom Dichter bei der Aufführung bezweckt. Denn hier
theilten diese sich nur in den Refrain ῾Υμήν, ῾Υμέναι᾽ ὦ
und die Repetition τί δράσομεν αὐτήν sowie τρυγήσομεν
αὐτήν, während jener sowohl den Dialog mit Trygaeos zu
führen hatte, als auch dem Chor Vs. 1339 f. einen Befehl
und dem Publikum eine scherzhafte Aufforderung Vs. 1355 f.
(vgl. Schol. πρὸς τοὺς θεατάς) zukommen lässt. Dem folgenden Text liegt die vorzügliche Restitution von Hermann
Schrader *De extremae Pacis Aristoph. responsione Heliodoro
duce restituenda* im Rhein. Mus. N. F. Bd. XXI S. 105 f.
zu Grunde.

ΤΡΥΓΑΙΟΣ.

δεῦρ᾽, ὦ γύναι, εἰς ἀγρόν,   στρ. α´
χὤπως μετ᾽ ἐμοῦ καλὴ   1330
καλῶς κατακείσει.

ΗΜΙΧΟΡΙΟΝ α´.

῾Υμήν, ῾Υμέναι᾽ ὦ.

ΗΜΙΧΟΡΙΟΝ β´.

῾Υμήν, ῾Υμέναι᾽ ὦ.

ΚΟΡΥΦΑΙΟΣ.

ὦ τρισμάκαρ, ὡς δικαί-   ἀντιστρ. α´
ως τἀγαθὰ νῦν ἔχεις,

· · · · · · · ·

ΗΜΙΧΟΡΙΟΝ α´.

῾Υμήν, ῾Υμέναι᾽ ὦ.

ΗΜΙΧΟΡΙΟΝ β´.

῾Υμήν, ῾Υμέναι᾽ ὦ.   1335

ΤΡΥΓΑΙΟΣ.
τί δράσομεν αὐτήν;　　　　　　　　　　　στρ. β'

ΗΜΙΧΟΡΙΟΝ α'.
τί δράσομεν αὐτήν;

ΤΡΥΓΑΙΟΣ.
τρυγήσομεν αὐτήν.　　　　　　　　　　ἀντιστρ. β'

ΗΜΙΧΟΡΙΟΝ β'.
τρυγήσομεν αὐτήν.

ΚΟΡΥΦΑΙΟΣ.
ἀλλ' ἀράμενοι φέρω-　　　　　　　　　　στρ. α'
μεν οἱ προτεταγμένοι　　　　　　　　　　1340
τὸν νυμφίον, ὦνδρες.

ΗΜΙΧΟΡΙΟΝ α'.
Ὑμήν, Ὑμέναι' ὦ.

ΗΜΙΧΟΡΙΟΝ β'.
Ὑμήν, Ὑμέναι' ὦ.

ΤΡΥΓΑΙΟΣ.
οἰκήσετε γοῦν καλῶς　　　　　　　　　　ἀντιστρ. α'
οὐ πράγματ' ἔχοντες, ἀλ-　　　　　　　1345
λὰ συκολογοῦντες.

ΗΜΙΧΟΡΙΟΝ α'.
Ὑμήν, Ὑμέναι' ὦ.

ΗΜΙΧΟΡΙΟΝ β'.
Ὑμήν, Ὑμέναι' ὦ.

ΚΟΡΥΦΑΙΟΣ.
τοῦ μὲν μέγα καὶ παχύ,　　　　　　　　σρ. α'
. . . .
τῆς δ' ἡδὺ τὸ σῦκον.　　　　　　　　　1350

ΗΜΙΧΟΡΙΟΝ α'.
Ὑμήν, Ὑμέναι' ὦ.

ΗΜΙΧΟΡΙΟΝ β'.
Ὑμήν, Ὑμέναι' ὦ.

ΤΡΥΓΑΙΟΣ.
φήσεις γ', ὅταν ἐσθίῃς　　　　　　　　στρ. γ'
οἶνόν τε πίῃς πολύν.

HMIXOPION α'.

Ὑμήν, Ὑμέναι' ὦ.

HMIXOPION β'.

Ὑμήν, Ὑμέναι' ὦ.

ΚΟΡΥΦΑΙΟΣ.

ὦ χαίρετε χαίρετ', ἄν-   ἀντιστρ. α'   1355
δρες, κᾶν ξυνέπησθέ μοι,
πλακοῦντας ἔδεσθε.

HMIXOPION α'.

Ὑμήν, Ὑμέναι' ὦ.

HMIXOPION β'.

Ὑμήν, Ὑμέναι' ὦ.

Westphal fasst Proleg. zu Aesch. Trag. S. 20 ff. ohne allen
Grund und nur von seiner Phantasie geleitet, ähnlich wie
Richter zu Vs. 1340, die in diesem Verse genannten προτεταγμένοι als vom Chor getrennte Personen, als πρόπομποι
des Hochzeitszuges auf, während die Worte des Dichters,
φέρωμεν οἱ προτεταγμένοι im Munde des Chors, es unzweifelhaft machen, dass sie im Chor inbegriffen waren und
einen Theil desselben ausmachten. Sie sind natürlich die
vorangehende Hälfte des Chors, zu welcher ja der Chorführer auch gehört.

III.

Parachoregemen und Paraskenien.

Was die Bedeutung und den Unterschied dieser zwei
viel besprochenen Theatereinrichtungen (Pollux IV, 109.
Scholion zu Fri. 114 und Frö. 209) betrifft, so bin ich durch
eine unabhängig geführte Untersuchung, welche hier ein-
zuschalten zu weit vom Wege abführen würde, genau zu
den Resultaten Sommerbrodts *De Aeschyli re scenica* I S. 22
und II S. 54 f. gelangt, auf dessen Darstellung ich den
Leser daher einfach verweise.

Dem zuletzt besprochenen Hymenäos steht der Gesang der Frösche in der gleichnamigen Komödie Vs. 209—269 hinsichts der äusseren Einrichtung am nächsten, da er mit jenem den Refrain gemeinschaftlich hat. Sehen wir von dem repetirten βρεκεκεκὲξ κοάξ κοάξ ab, so unterscheiden wir in der übrigbleibenden zusammenhängenden Rede der Frösche zwei Bestandtheile: die Aufforderung zum Gesange 211—219 (φθεγξώμεθα 213) und den Dialog mit Dionysos. Diese beiden Bestandtheile können natürlich nicht das gewünschte Lied bilden; vielmehr ist dasselbe eben jener Refrain βρεκεκεκὲξ κοάξ κοάξ, und der Ausdruck 213 ἐμὰν ἀοιδάν bezieht sich auf die vorangehenden Verse 209. 210, welche gerade den so naturwahr nachgeahmten Froschton enthalten. Nach allem, was sich uns bis jetzt als Gesetz der Vertheilung bei Aristophanes ergeben hat, darf nun aber weder die Unterhaltung mit der Scene noch die Anrede an den Chor von diesem selbst in seiner Gesammtheit übernommen werden, sondern das eine wie das andere muss hier wie sonst überall durch den Chorführer geschehen sein. Und gerade in dem vorliegenden Falle haben wir weiter nichts zu thun als zu constatiren, dass die angedeutete Anordnung längst von G. Hermann Elem. D. M. S. 742 ff. erkannt und nur, wie zu bedauern, gänzlich unbeachtet und unbeherzigt geblieben ist. Hermann schied hier vollkommen zutreffend die fortlaufende Rede und den Refrain von einander und gab diesen dem Gesammtchor, jene dem Koryphaeos. Nicht in gleicher Weise kann ich Hermanns Versuch in unserm Chorikon antistrophische Responsion einzuführen gutheissen, wie dasselbe vor ihm Reisig Coniect. S. 194 ff. und nach ihm Fritzsche, Rossbach Griech. Rhythm. S. 228 ff. und Enger Fleckeis. Jahrbb. Bd. 77 S. 304 ff. unternommen haben. Denn da die Choreuten gar nicht in der Orchestra sichtbar wurden, sondern hinter der Scene sangen (vgl. Schol. zu Vs. 209 und 257), so entbehrt die Entsprechung durch Strophe und Antistrophe jeder scenischen Grundlage und jedes Zweckes

für die Augen der Zuschauer. So urtheilen mit Recht Beck
und Kock zu Vs. 209. Dagegen darf man es als eine glückliche Vermuthung Fritzsches zu 251 bezeichnen, dass vor
diesem Verse ebensowie vor 257, 262, 266 den Worten des
Dionysos ein βρεκεκεκὲξ κοὰξ κοάξ hinzuzufügen sei.

In ähnlicher Weise ist zur Ausführung der meisten
übrigen bei Aristophanes sich findenden Parachoregemen oder
Paraskenien im wesentlichen nur ein Wortführer, d. h. der
Koryphaeos, nöthig.

Sehr widerstreitende Ansichten sind von den Gelehrten
über das Personal aufgestellt worden, durch welches das
Parachoregem im Frieden 114—149, die Töchterchen
des Trygaeos, dargestellt ward. C. O. Müller im Rhein.
Mus. Bd. V S. 343 und C. Fr. Hermann *De distributione
personarum inter histriones in trag. Graec.* S. 39 waren der
Meinung, dass jene Mädchen von einigen Mitgliedern des
erst später auftretenden Chors, und zwar ohne sichtbar zu
werden, gespielt worden seien. Schneider Attisches Theaterw.
S. 138 sowie Lachmann Jahns Jahrbb. Bd. 31 S. 458 dachten
gleichfalls an die legitimen Choreuten, liessen dieselben aber
in jener Scene auf der Bühne sichtbar werden. Beer endlich statuirt S. 44 f. einen kleinen Nebenchor von Kindern,
der hier die Töchter des Trygaeos, gegen Ende des Stücks
die Söhne des Lamachos und Kleonymos vorgestellt habe.
Welcher von diesen Annahmen man nun auch beistimmen,
und wie gross man die Zahl der auftretenden Mädchen sich
auch denken mag, soviel geht aus den Worten des Dichters
klar hervor, dass an dem Gespräch mit Trygaeos nur eine
und dieselbe Person sich betheiligte und in ihm als Wortführer für die übrigen fungirte. Denn der Dialog, den wir
hier lesen, schreitet durchaus logisch fort und ist weder
durch Wiederholungen noch durch Gedankensprünge ge-
hemmt: jede neue Frage der Tochter fusst auf der letzten
Antwort des Vaters. Aus diesem Grunde ist es als ein
Irrthum anzusehen, wenn Richter Proleg. zum Fri. S. 41
(und Muff ihm folgend S. 111) annimmt, Vs. 114—118 hätten

alle Töchter zusammen, die folgenden 7 Kommata die Töchter einzeln vorgetragen, und wenn er darauf die Behauptung baut, die Töchter wären 7 an der Zahl gewesen.

Das Parachoregem in der Lysistrata Vs. 1247—1322 wird von Beer S. 95 so beschrieben: „Dazu kommt noch der Lakonerchor, welcher Vs. 1247 ff. unter Gesang und Flötenbegleitung einen Nationaltanz aufführt. Der Führer dieses Chores ist der Spartaner, der 1072 ff. mit den Orchesten, welche später jenen Chor bilden, auftrat und sich längere Zeit mit dem Chor, dem Athener und der Lysistrata unterhielt — also ein ordentlicher Schauspieler; der Chor der Athener Vs. 1279 ff. wird dagegen nicht einen besonderen Nebenchor in Anspruch genommen haben, sondern der gewöhnliche noch anwesende Chor der athenischen Frauen und Greise wird denselben gesungen haben." Muff S. 117 ff. verwirft diese Darstellung Beers, soweit sie den athenischen Chor anlangt, und beansprucht für ihn ebenfalls ein ausserordentliches Chorpersonal. Jedoch wendet sich seine Polemik in Wahrheit nicht gegen Beer, sondern gegen Ernst Droysen *De Aristophanis re scaenica, Bonnae* 1868 S. 61, der sich an Beer anlehnt — nur mit dem sehr wesentlichen Unterschiede, dass er den Chor der Greise 1188 abtreten und 1279 als Athener wiedererscheinen lässt. Und dass die specifisch Droysensche Annahme abzuweisen sei, hierin stimme ich mit Muff durchaus überein, nur ist damit nicht auch die Ansicht Beers widerlegt; vielmehr bedarf sie nur einer an sich geringen, aber folgereichen Erweiterung, um völlig richtig zu sein. Die specielle Bezeichnung *ΑΘΗΝΑΙΩΝ*, welche die Handschriften bei Vs. 1279 zu *ΧΟΡΟΣ* hinzufügen, ist irrig und nur dadurch entstanden, dass ein alter Grammatiker in seiner Ekdosis mittels derselben den regulären Chor, welcher in der That aus athenischen Männern und Frauen besteht, bestimmter von dem lakonischen Tänzerchor unterscheiden wollte. So fehlt denn auch jedes Personenzeichen im Rav. Aug. und der Junt. und ist zuerst von Brunck aus den Pariser Handschriften eingeführt worden. Was wir 1279—1295 lesen, sind also Worte des gewöhnlichen Chors. Und es hätte wohl als höchst wunderbar auffallen sollen, dass dieser in der Schlussscene ganz verstummte und mit gar keiner Leistung mehr hervortrat. Das wäre ein bei Aristophanes einzig dastehendes Verhältniss. Zum Ueberfluss werden wir Vs. 1223 f.

οὐκ ἄπιθ᾿, ὅπως ἂν οἱ Λάκωνες ἔνδοθεν
καθ᾿ ἡσυχίαν ἀπίωσιν εὐωχήμενοι;

und 1241 ff. vom Dichter zwar auf das Erscheinen eines lakonischen, nicht aber eines athenischen Festschwarms vorbereitet und aufmerksam gemacht. Die ganze Scene ist, wie aus allem hervorgeht, eine Tanzscene, welche von den beiden Chören, dem extraordinären lakonischen und dem gewöhnlichen (athenischen) als Tänzern und von ihren beiderseitigen Führern als Sängern ausgeführt wird. Die daktylo-trochäischen Hyporchemen 1247—1272 und 1296—1322 singt der Führer der Tänzer, welche den Lakonerchor ausmachen, als Begleitung zum Tanze und nicht etwa der gesammte tanzende Chor, wie gewöhnlich angegeben wird. Hiermit sagen wir keineswegs etwas neues oder unerhörtes, sondern setzen nur die alte Tradition in ihr wohlbegründetes Recht ein. Denn die Handschriften bieten in Uebereinstimmung vor 1247 genau sowie bei Vs. 1242, an welcher Stelle der Lakoner seine Absicht zu singen eröffnet, die Personenbezeichnung ΛΑΚΩΝ, und ebenso hat der Rav. vor 1296 nicht ΧΟΡΟΣ ΛΑΚΩΝΩΝ sondern bloss λακεδ. Im gleichen wird nur ein Lakoner aufgefordert 1295 Λάκων πρόφαινε δὴ σὺ μοῦσαν ἐπὶ νέᾳ νέαν. Vgl. auch das Scholion zu Vs. 1247 mit Gieses Correcturen Ueber den äol. Dial. S. 316. Ganz ebenso singt der Chorführer des gewöhnlichen Chors für sich allein 1279—1292, zur Feier verschiedener Gottheiten auffordernd, und schliesst mit dem Befehl an seine Choreuten:

αἴρεσθ᾿ ἄνω, ἰαί,

worauf der tanzende Gesammtchor mit jenen Jubelausrufen

1293. 1294 einfällt, die bei der Aufführung des Tanzes erweitert zu denken sind. Zur näheren Begründung dieser
unserer Anordnung haben wir auf das besprochene Schluss-
ballet der Ekkles., welches sich mit dem uns vorliegenden
bis auf die einzelnen Worte deckt, zu verweisen. Mit dem
schon citirten Vs. 1295 wendet sich schliesslich wieder der
Koryphaeos allein dem Lakoner mit der Bitte um einen
zweiten Gesangvortrag zu. Diesen Vers dem Chor abzu-
sprechen und, wie Bergk gethan, der Lysistrata zu über-
weisen, liegt nicht der geringste Grund vor, mag indes
dadurch herbeigeführt sein, dass Bergk einsah, wie unpassend er im Munde des hier allgemein angenommenen
Gesammtchors sei.

Anders als in den vorstehenden Chorika ist die Sache
im Paraskenion der Thesmophoriazusen 101—129
gestaltet, weil hier Agathon, also ein Schauspieler, der wortführende und der Leiter des Chorgesangs ist und, wie sonst
der Chorführer, zum Preise der einzelnen Götter, Apollons,
seiner Schwester und Mutter den unsichtbaren Musenchor
auffordert, während dieser hinter der Scene in vollstimmigen
Liedern Agathons Befehl gehorsam antwortet. Denn richtig
bemerkt Beer S. 79: „Dazu kommt der Musenchor, der
nicht auf der Bühne, sondern hinter derselben von den erst
Vs. 295 auftretenden Choreuten gesungen wird." Fritzsche
zu Vs. 101 urtheilte ebenso, indem er zugleich die an sich
nicht unvernünftige Ansicht des Scholiasten zu diesem Verse
doch mit Recht abwies. Ausserdem vgl. Enger Ausg. und
Rhein. Mus. N. F. Bd. IV S. 62 ff. Nur scheint die versuchte antistrophische Gliederung hier aus denselben Gründen wie beim Froschgesang zwecklos.

Viertes Capitel.

Der Chor.

Ausser den Parodoi oder, in diesem Fall richtiger gesagt, den ersten Liedern des Chors vor oder nach seinem Einzuge in den Wolken, Thesmophoriazusen und Ekklesiazusen sind uns nur noch solche Chorika zur Besprechung übrig, welche im Verein mit der Parabase die Komödien in Epeisodien zerlegen und daher als Stasima bezeichnet werden dürfen. Diese Behauptung haben wir zunächst an der Untersuchung Nesemanns *De episodiis Aristophaneis, Berolini* 1862, von dem die bezeichnete Gliederung versucht und in allen Stücken des Komikers durchgeführt worden ist, zu prüfen und zu erweisen. Abgesehen muss hierbei vom Plutos und den Ekklesiazusen werden, in welchen beiden die Zwischenactsgesänge, Parabasen wie Stasima oder *carmina parabatica*, fehlen und durch jenes *XOPOΥ* angedeutet sind; abgesehen muss ferner vom Frieden werden, der nur 2 Epeisodien 337 — 728 und 819—1126 umfasst, welche durch die zwei Parabasen begrenzt werden. Aber in den Acharnern, Rittern, den Wolken, Wespen und Fröschen lässt sich das behauptete Verhältniss ohne weiteres erhärten. Die Acharner enthalten 4 Epeisodien 241—625, 719—835, 860—970, 1000—1142, welche durch die beiden Parabasen und die noch nicht behandelten S t a s i m a, das i a m b i s c h e 836—859 und das p ä o n i s c h - t r o c h ä i s c h e 971—999 gebildet werden. In den Rittern haben wir der Epeisodien 3 278—497, 611—972. 997—1262: sie entstehen durch die beiden Parabasen und das zu behandelnde l o g a ö d i s c h e Stasimon 973—996. In den Wolken finden sich 4 Epeisodien 314—509, 627—888, 889—1113, 1131—1302, von einander geschieden mittels der zwei Parabasen, des *XOPOΥ* bei 888 und des zu besprechenden i a m b i s c h e n Stasimons 1303—1320. 3 Epeisodien bieten die Wespen 317 oder 336—1008, 1122—1265, 1292—1449, begrenzt

von zwei Parabasen und dem logaödischen Stasimon
1450—1473. Die Frösche zerfallen in 4 Epeisodien 460—
673, 738—813, 830—1098, 1119 1481, welche von der
Parabase und den drei noch nicht besprochenen Stasima,
dem daktylischen 814—829, den trochäischen 1099
—1118 und 1482--1499 geschlossen sind. Auch für die
Vögel trifft unsere Behauptung im ganzen zu. Denn von
den 3 hier vorhandenen Epeisodien 354—675, 801—1057,
1118—1469 werden die zwei ersten durch die Parabasen,
das letzte durch das trochäische Stasimon 1470--1493
abgeschlossen. Doch kommen noch die gleichfalls von uns
nicht betrachteten Strophen 1553—1564 = 1694--1705 hinzu, welche nicht gliedern, da sie getrennt von einander erscheinen. Sie sind als die Nachzügler der ganz ähnlich
gebauten Strophen des Stasimons 1470—1481 = 1482—1493
anzusehen und im Zusammenhange mit ihnen zu behandeln.
Die Lysistrata anlangend so stimmt auch in ihr die Sache
vorzüglich, nur ist sie in Folge der eigenartigen Anlage
dieser Komödie ein wenig modificirt. Da nämlich dies
Stück ohne Parabase ist, so treten dafür jene bereits er-
örterten Einzelvorträge der Choreuten und der Chorführer
614—705 und 781—828 ein, welche kleine Scenen des sich
bis Vs. 1043 feindselig gegenüberstehenden Chors enthalten.
Durch sie an Stelle der Parabasen und durch die zu er-
läuternden päonisch-trochäischen Stasima 1043—1072
sowie 1188—1215 werden nun die 4 Epeisodien der Lysistrata 386—613, 706—780, 829—1043, 1073—1187 ge-
sondert. Ebenso wird in den Thesmophoriazusen die erste
Parabase durch jenen chorischen Wechselgesang 655 ff. als
Zwischenlied ersetzt, auch dient als solches das Hyporchem
946—1000; die übrigen Zwischengesänge sind die Parabase
und das logaödische Stasimon 1136--1159, sodass wir
auf die 4 Epeisodien 372—654, 689—784, 846—946, 1001
—1135 kommen.

Hiernach ist das Ergebniss, durch Regel und Ausnahme
bestätigt, das behauptete: jene Chorika scheiden, abwechselnd

mit den Parabasen, als Stasima die aristophaneischen Komödien nach ihren Epeisodien. Dieser ihr gemeinsamer
Charakter ist aber für die Bestimmung ihrer scenischen
Darstellung von der grössesten Wichtigkeit. Denn wie die
Darstellung der Parabase eine typische, überall sich gleichbleibende war, gerade so stereotyp musste die äussere Ausführung des Stasimons sein. Der Grund für beides ist genau
derselbe und liegt im innersten Wesen des antiken Dramas
und Theaters. Da demselben Vorhang und Zwischenpause
fremd waren, so konnte das zuhörende, aus allen Bildungs-
stufen zusammengesetzte Publikum nur dann die Gliederung
des gespielten Dramas erkennen und seine Disposition über-
sehen, wenn die aus Chorvorträgen gebildeten Anhaltepunkte
eine feste, unabänderlich gleiche scenische Gestaltung zeigten
und sich durch sie von den übrigen Leistungen des Chors
deutlich unterschieden. Weil nun in der Komödie neben
der Parabase jene der Untersuchung bedürftigen Chorika
als gliedernde Chorlieder auftreten, so dürfen wir sagen:
liesse sich auch nur für eines derselben die Aufführung mit
der in diesen Fragen immer bedingten Gewissheit nachweisen, so wäre die aller übrigen mitgewonnen. Und es trifft
sich für uns so glücklich, dass wir in der That an einem
Stasimon die Darstellung so gut wie sicher erkennen und
feststellen können, und dass wir ferner alle übrigen Stasima
nach ihrer äusserlichen wie inneren Beschaffenheit damit in
keinem Widerspruch sondern in schönster Uebereinstimmung
vorfinden. Dieses eine Stasimon sind die 4 sich entsprechenden Systeme in den Frö. 814—817 = 818—821 = 822—
825 = 826—829. Wenn man freilich den Commentar
Fritzsches und seiner Nachfolger durchliest, so findet man
das einfachste und zum Verständniss der vorliegenden Composition nothwendigste nicht angemerkt, nämlich dass hier
in regelmässiger Abwechselung Aeschylos: Euripides: Aeschylos: Euripides behandelt wird. Im ersten System sehen
wir den erzürnten ἐριβρεμέτας beim Anblick des Gegners
die Augen rollen. Vor ihn tritt Euripides im zweiten

System mit seinen künstlich gedrechselten Gedankenschnitzeln, den σμιλεύματα ἔργων. Gegen sie entsendet Aeschylos die ῥήματα γομφοπαγῆ (System 3); aber die στοματουργός ἐπῶν βασανίστρια λίσπη γλῶσσα des Feindes spaltet dieselben kurz und klein (System 4). Dieser Wechsel der Parteinahme, dieser Gegensatz in der Stimmung des Chors konnte indes dem Zuschauer nicht klar werden, wenn der Gesammtchor ungetheilt alle 4 Systeme hinter einander wegsang. Es musste vielmehr, da ohne Nennung und Bezeichnung der Person von einem Subject zum andern übergegangen wird, durch die Stellung und Theilung des Chors die Anordnung des Chorliedes dem Publikum nahe gelegt werden, um die beabsichtigte Wirkung zu erreichen. Man lese nur 822 sowie das ganze dritte System, und man wird alsbald erkennen, dass jener Vers sich nicht an den unmittelbar vorstehenden, sondern an 817 d. h. an den Schluss des ersten Systems anreiht. Hieraus ersehen wir die Darstellung der Systeme in der Orchestra: der Chor theilte sich zu zwei Hälften, die eine verfocht Aeschylos, die zweite übernahm Euripides.

$$\left\{\begin{array}{l} HMIX. \ \alpha' \ 814 - 817: \ A. \\ HMIX. \ \beta' \ 818 - 821: \ E. \\ HMIX. \ \alpha' \ 822 - 825: \ A. \\ HMIX. \ \beta \ 826 - 829: \ E. \end{array}\right\}$$

Es ist ja dies auch die eigentlichste Bedeutung der Halbchöre, *ut chori quaedam dissensio sit, qua discordes (hemichori) in duas oppositas vel diversas sententias discedant*, wie Bamberger a. O. S. 30 sich ausdrückt.

Auf diese Art scenischer Darstellung, der zufolge die Strophe von dem einen, die Antistrophe von dem andern Halbchor ausgeführt wird, passt nun die Anlage aller übrigen Stasima aufs beste. Denn wie dort in den Frö. Aeschylos und Euripides die Chortheilung verursachen (vgl. auch Frö. 1482 — 1490 = 1491 — 1499 mit Fritzsche zu Vs. 1491), so übernimmt in den We. die Strophe 1450 — 1461 die Seligpreisung des alten Philokleon, die Antistrophe 1462 — 1472

dagegen das Lob des jungen Bdelykleon. Ebenso wird Ach.
971—987 die Wirkung des Πόλεμος und im Gegensatze
dazu 988—999 die der Διαλλαγή beschrieben, beides eingeleitet von einem Preise auf Dikaeopolis. Und zwar bewegt sich der in Strophe und Antistrophe getheilte Chor
nicht bloss, wie in den angeführten Beispielen, auf gegen-
sätzlichen Gebieten und nach verschiedener Richtung hin:
er hebt auch die einzelnen Seiten derselben Gedankengruppe
hervor und reiht ähnliche Erscheinungen an einander. Das
ist der Fall in den 4 Systemen der Ach. 836—841 = 842
— 847 = 848—853 = 854—859, deren erstes Ktesias, das
zweite Prepis, Kleonymos, Hyperbolos, das dritte Kratinos,
das vierte Pauson und Lysistratos verspottet; desgleichen
in den 4 Strophen der Vö. 1470—1481 = 1482—1493 =
1553—1564 = 1694—1705, wo in der ersten Kleonymos,
in der zweiten Orestes, Peisandros in der dritten, Gorgias
und Philippos in der vierten Strophe durchgenommen wird.
In beiden Fällen ist auf die Stichwörter der sich ablösen-
den Hemichorien zu achten, auf welche, soviel mir bekannt,
kein Herausgeber hingewiesen hat: Ach. 842. 848. 854 οὐδέ,
Vö. 1473. 1482. 1554. 1694 ἐστίν. Aehnlich verhält es sich
mit den 4 completartigen Strophen Lys. 1043—1058 = 1059
— 1072 = 1189—1204 = 1205—1215, in denen die Halbchöre wechselweis mit dem Publikum scherzen und ihm
spasshaft genug Geld (στρ. α'), Fleischgerichte (ἀντιστρ. α'),
Teppiche, Gewänder und Schmucksachen (στρ. β'), endlich
feines Gebäck (ἀντιστρ. β') anbieten. Wenn man im Hinblick auf den 1043 vorangehenden Vers:

ἀλλὰ κοινῇ συσταλέντες τοῦ μέλους ἀρξώμεθα

hier die Theilung des Chors bestreiten wollte, so würde
man damit nicht das richtige treffen. Denn jene Worte des
einen Chorführers besagen keineswegs, dass man ein Lied
einstimmig, sondern vielmehr dass man es gemeinschaftlich singen wolle. Während nämlich der männliche
und weibliche Halbchor bis hier immer getrennt und sich
feindlich entgegengestanden hat, so rückt er jetzt zum

ersten Mal zu einer einmüthigen gemeinschaftlichen Gesangproduction zusammen. Dass aber mit κοινῇ kein einstimmiger Chorgesang angezeigt werde, beweist Frö. Vs. 416 und unsere Behandlung jenes Liedes im vorstehenden Capitel II. Im folgenden Capitel werden wir auf den Vs. 1042 der Lys. und seinen Sinn zurückkommen. — In den Ri. 973—996 geht es in Strophe wie in Antistrophe allein über Kleon her; aber gerade in diesem Stasimon verräth der Wortlaut des Anfangs der Antistrophe selbst, dass mit ihr Vs. 985 eine andere Person anhebt: ἀλλὰ καὶ τόδ' ἔγωγε θαυμάζω τῆς ὑομουσίας αὐτοῦ. Wir bemerken hier dasselbe Verhältniss wie in der zweiten Parabase der Ach., welche auch ganz der Verhöhnung des einen Antimachos gewidmet ist. Da beginnt die Antistrophe 1162 so: τοῦτο μὲν αὐτῷ κακὸν ἕν· κᾆθ' ἕτερον νυκτερινὸν γένοιτο. Beidemal spricht der zweite Halbchor mit deutlicher Bezugnahme auf die Worte des ersten: „was du da sagst, ist schön und gut, nun aber kommen wir an die Reihe!" Einmal wird auch genau derselbe Gedanke in Strophe und Antistrophe wiederholt Frö. 1099—1108 = 1109—1118: ὅ τι περ οὖν ἔχετον ἐρίζειν, λέγετον, ἔπιτον κτλ. = μηδὲν οὖν δείσητον, ἀλλὰ πάντ' ἐπέξιτον κτλ. Da haben wir denn also jene Anordnung, *ut certo ordine in posteriore quoque commate confirmatio aliqua vel responsio sit eorum, quae in praecedente dicta sunt* (Bamberger S. 16).

Werden wir durch alles in unserer Ueberzeugung, dass in den Strophen der Stasima der Chor sich in Hemichorien schied, mehr und mehr bestärkt, so sehen wir uns mit diesem Resultat wiederum in Uebereinstimmung mit G. Hermann, welcher in seiner Ausgabe der Wolken das Stasimon 1303—1310 = 1311—1320 an ΗΜΙΧΟΡΙΟΝ α' und β', ohne etwas darüber zu bemerken, vertheilt hat, ohne Anhalt der Handschriften und gerade in einem Falle, wo auch die Beschaffenheit des Chorikons selber am allerwenigsten einen Anhalt bot. Der letzte Grund für das Auftreten der Halbchöre im Stasimon ist wahrscheinlich der, dass nach dem Abtreten der Schauspieler der Chor sich mit sich selbst und dadurch zugleich das Publikum unterhält. Dieses ist in allen den behandelten aristophaneischen Stasima der Fall, mit Ausnahme von Frö. 1099—1118 sowie von Lys. 1043 —1072 und 1189—1215. In den Frö. sind die Schauspieler nicht abgetreten und werden von den Halbchören angeredet, in der Lys. wenden sich die Halbchöre direct an das Publikum. Auch zu Anfang Ach. 836 und 971 findet diese Wendung statt.

Die im Beginn dieses Capitels erwähnten Parodoi sind es sämmtlich nicht im strengsten Sinne des Worts. Denn die daktylischen Strophen in den Wo. 275—290 = 299—313 werden vom Chor noch hinter der Scene gesungen, da derselbe erst Vs. 323 ff. in der Orchestra sichtbar wird; der Vortrag der logaödischen Strophe 312—330 in den Thesm. aber findet nicht beim, sondern nach erfolgtem Auftritt des Chores statt, und endlich singt dieser Ekkles. 289—299 = 300—310 nicht während des Einzuges in die Orchestra, sondern während des Abzuges aus derselben. Was die Ausführung der genannten Gesänge betrifft, so haben wir für den letzten die Theilung in Halbchöre im ersten Capitel VIII erwiesen, und das gleiche lässt die Analogie für die Wo. vermuthen. In den Thesm. hingegen ist eine solche Anordnung unmöglich, da die logaödische Strophe 352—371 mit der vorangehenden 312—330 nicht in Responsion steht, auch wohl von Meineke Adn. crit. S. XXIII mit Recht als *carmen spurium* bezeichnet wird. Auch in dem Stasimon 1136—1159 der Thesm. haben Halbchöre keine Stelle; wie denn Aristophanes überhaupt in jenem Stück von seiner sonst so häufigen Anwendung antistrophischer Composition und dem damit in Verbindung stehenden Gebrauche der Hemichorien abgewichen ist. Dies hat schon Fritzsche zu Vs. 434 bemerkt: „*Ac si quis animum attendere voluerit, cito intelliget, paucissimas omnino hac in fabula antistrophas inveniri*" — doch sind die Folgerungen, welche dieser Gelehrte für die Beschaffenheit des Chors daraus zieht, durchaus abzuweisen, wie auch Enger zu demselben Vse. mit Entschiedenheit gethan hat.

Durch das für die Stasima des Aristophanes gewonnene Resultat werden auch unsere letzten Zweifel über die Vortragsart der Ode und Antode in der Parabase und der antistrophisch gebauten Lieder, welche im zweiten Capitel unter Fall *B* zusammengestellt sind, vollständig beseitigt. Ode und Antode sind den Strophen des Stasimons coordinirt, da die Parabase zusammen mit dem Stasimon die Komödie gliedert. Danach muss auch ihre Darstellung vor den Augen der zuschauenden Menge dieselbe gewesen sein. Jene antistrophischen Lieder in Fall *B* aber sind dem Stasimon subordinirt, weil sie nicht wie dieses nach Epeisodien gliedern, sondern innerhalb derselben liegen, in Strophe und Antistrophe durch kleinere Abschnitte eines Epeisodions getrennt. Trat nun in den bedeutungsvolleren und umfangreicheren Stasima die Spaltung des Chors in Hemichorien ein, so durften jene unbedeutenderen, kürzeren von einander getrennten Strophen unmöglich die Wirksamkeit des volltönenden Chors beanspruchen, um nicht die Gliederung der Komödie in Unklarheit und Verwirrung zu bringen. Wir gelangen demnach auch auf diesem Wege zu der bereits im dritten Capitel I adoptirten Annahme Hermanns, der auch hier sich für Halbchöre entscheidet. Allein was wird aus den Liedern des Falls *B*, welche keine Antistrophe haben? Es gibt deren überhaupt nur verschwindend wenige, nämlich folgende 5: Ach. 490—493, Fri. 582—600, Vö. 629 —636, Frö. 875—883, Ekkles. 571—580. Von ihnen mag die letzte Stelle bei der ganz singulären Beschaffenheit des Chors in den Ekkles. in der That von allen wirklichen Choreuten gesungen worden sein. Im Fri. kamen wohl einzelne Chorpersonen, wahrscheinlich ein στοῖχος, zum Vortrage heran; doch ist die Vertheilung in diesem Fall sehr unsicher. In anderen Fällen werden wir den Ausfall der Antistrophe anzunehmen haben. Und es wäre geradezu wunderbar, wenn derselbe nicht hier und da statthätte.

12*

Wir merken nur, wie das in der Natur der Sachlage begründet ist, hier diesen Ausfall schwer: da, wo wir ihn
leicht merken und merken müssen, in der Antistrophe und
dem Antepirrhema der Parabase, haben die Herausgeber
verschiedentlich Veranlassung gehabt ihn zu notiren.

Da wir der Verwendung des Halbchors bei Aristophanes
aus inneren Gründen einen nicht unbeträchtlichen Umfang
beigemessen haben, so muss es geboten erscheinen, einmal
die handschriftliche Bezeichnung *HMIXOP.* im Zusammenhange zu prüfen. Während die älteren Ausgaben bis auf
Brunck dieses Zeichen meistens wiedergaben, wo und wie
sie es in der zu Grunde gelegten Handschrift vorfanden, so
dehnte Brunck dasselbe noch über die handschriftliche
Autorität hin aus, indem er Hemichorien nicht nur in den
Strophen der Parabase sondern auch da ansetzte, *ubi huiuscemodi choricis cantionibus vicina est parabasis* (G. Hermann
zu Wo. 563). Allein die Unsicherheit seines Verfahrens,
die Inconsequenz der Handschriften, endlich die Ungewiss-
heit der neueren Herausgeber selbst über die von Halbchören gesungenen Partien bewirkten es, dass man von
jener Personenbezeichnung mehr und mehr zurückkam, sodass sie sich heutzutage bei Bergk und Meineke nur noch
in den Ach. Vs. 557—577 erhalten hat und sonst überall
durch das gebräuchliche *XOP.* verdrängt ist. Leider ist
nun die Vergleichung des Rav. und Ven. auch bei Bekker
nicht von der für unsere Untersuchung eigentlich erforder-
lichen Zuverlässigkeit, und man ist berechtigt manche seiner
Angaben auch hier in Zweifel zu ziehen, wenn man das aus-
drückliche Zeugniss Invernizzis und Dindorfs dagegenhält.
Vgl. W. Ribbeck Vorw. zu den Ri. S. V und v. Velsen Ueber
den Codex Urbinas, Halle 1871 S. 29. Indessen glauben
wir nicht, dass eine genauere Collation (wenn wir von der
v. Velsens für die Ri. einen Schluss machen dürfen) unser
Urtheil wesentlich umgestalten würde. Nach Bekker setzen
Rav. und Ven. die Bezeichnung *HMIXOP.* folgenden Versen
vor: Ach. 494; 557. 560. 562. 564. 566. 575. 576; 1150. 1162.

Wo. 563. 595. We. 1060. 1091; 1275. 1284; 1518 (1518—
20 *a manu recenti in margine habet R.*). 1528 (*H.MIX.*] —
R.). Fri. 1332. 1333 (*H.MIX.*] ἀλλ°/ R.). Vö. 737. 769;
1058 (χ̊ R.). 1088 (ἀνδὴ ἤτοι ἀνστροφή R.); 1720. 1731.
Thesm. 659. Lys. 256 (*H.MIX.*] δρα͞ R.). 266 (*H.MIX.*]
στυαμόδωρος R.); 321 (ἡμῖ͞ γυ͞/ R.). 326. Frö. 354. 372.
382 (ἡμῖ͞ ἢ ἱερεύς R.). 384. 394. 440. 448; 686 (ἐπίρρ͞/ R.).
717 (ἀντεπίρρημα R.). Ekkles. 289. 300; 1163 (ἡμῖ͞ R.).
1166. 1178. Hier ist der Vortrag durch Halbchöre ganz
richtig für die Strophe und Antistrophe in der Parabase
bezeugt durch Ach. 1150. 1162. Wo. 563. 595. We. 1060.
1091. Vö. 737. 769; 1058. 1088, ganz richtig sind ferner
Halbchöre bezeugt für die im dritten Capitel II behandelten
Chorika We. 1518. Fri. 1332. Vö. 1731. Frö. 372. 384.
448, ganz richtig schliesslich für die Parodoi Ekkles. 289.
300 und Lys. 321, während hier 326 wohl nur durch ein
Schreibversehen die Vorzeichnung *H.MIX.* hat anstatt 335.
Halbchöre an Stelle der Führer der Halbchöre werden notirt
im Epirrhema und Antepirrhema der We. 1275. 1284, der
Frö. 686. 717, ferner Ach. 557—576, an Stelle des Führers
des Gesammtchors Ach. 494. We. 1528. Fri. 1333. Vö.
1720. Frö. 354. 382. 394. 440. Ekkles. 1163. 1166. 1178,
endlich an Stelle eines einzelnen Choreuten Thesm. 659.
Lys. 256. 266. Danach ist jene Bezeichnung in den besten
Handschriften des Komikers durchaus nicht so unüberlegt
oder gar unverständig verwandt worden, als es dem ersten
Anblick zufolge, wenn man sie nur zerstreut und im einzelnen
Fall betrachtet, erscheinen könnte und auch wohl gemeinhin erschienen ist. Denn in einer sehr bedeutenden Stellen-
zahl ist die Bezeichnung vollkommen richtig und zutreffend.
Und wenn sie für den Führer eines Halbchors oder des
ganzen Chors oder für einen einzelnen Choreuten gebraucht
wird, so liegt ihr dann wenigstens die richtige Beobachtung
zu Grunde, dass an solchen Stellen nicht der Gesammtchor

ungetheilt thätig sein könne. Wo man aber im späten Alterthum eine Theilung des Chors zu bemerken glaubte, da dachte man stets zuerst an Hemichorien, weil dies die einfachste und häufigste Art der Theilung war. Hermann sagt hierüber Elem. D. M. S. 727: *„Omnium usitatissima videtur divisio in duo hemichoria fuisse, de qua Pollux IV. 107 ita scribit:* καὶ ἡμιχόριον δὲ καὶ διχορία καὶ ἀντιχόρια. ἔοικε δὲ ταὐτὸν εἶναι ταυτὶ τὰ τρία ὀνόματα· ὁπόταν γὰρ ὁ χορὸς εἰς δύο μέρη τμηθῇ, τὸ μὲν πρᾶγμα καλεῖται διχορία, ἑκατέρα δὲ ἡ μοῖρα ἡμιχόριον, ἃ δ᾽ ἀντᾴδουσιν, ἀντιχόρια.“ Halten wir nun zu diesem Erweise einer keinesfalls verächtlichen, sondern im grossen und ganzen völlig billigenswerthen Notirung der Halbchöre in unseren Handschriften die Thatsache hinzu, dass die Beobachtung einer solchen διχορία in den Scholien zu Frö. 354 und 372 im Gegensatz zu anderen Erklärungsweisen ausdrücklich Aristarch zugeschrieben wird, und dass die hier berichtete Ansicht Aristarchs genau zu der handschriftlichen Personenbezeichnung dieser beiden Verse stimmt: so wird es bis zu einem gewissen Grade wahrscheinlich, dass jenes *HMIXOP.* der Handschriften auf aristarcheische Studien zurückzuführen und ein Ueberbleibsel derselben sei. Denn da nicht daran zu zweifeln ist, dass Aristarch *omnibus editoris et interpretis Aristophanei partibus satisfecerit, nec unam tantum alteramve fabulam in discipulorum suorum gratiam leviori* τῶν σχολικῶν ὑπομνημάτων *instituto attigerit* (Schneider *De vet. in Aristoph. schol. fontibus* S. 86), und da Aristarch gerade in metrischer Beziehung *principatum tenere visus antiquis grammaticis sit* (a. O. S. 121), so dürfen wir annehmen, dass er auch über die Anordnung der chorischen Partien bei Aristophanes eingehende Untersuchungen angestellt habe und in seinen Resultaten auf die διχορία gekommen sei, welche man seiner Autorität zu Liebe aus seinen Commentaren in die Handschriften eintrug. Ueber sie freilich, d. h. über die Theilung nach Hemichorien, scheint auch Aristarchs Theorie, nach der Ueberlieferung zu schliessen, ebensowenig wie die der gesammten

alten Philologie sich aufgeschwungen zu haben; und ich
kann es demnach nicht billigen, wenn Fritzsche das er-
wähnte zu Vs. 354 überlieferte Scholion auf Vs. 372, und
das zu diesem Verse erhaltene auf Vs. 377 bezieht. Denn
in beiden Fällen findet sich, wie gesagt, die in den Scholien
ausgesprochene Anordnung der Chorika durch Aristarch in
dem Text der Handschriften wieder und erhält durch sie ihre
Bestätigung. Zudem beginnt 372 in Wirklichkeit ein Halbchor zu singen. Vs. 354 ff. aber konnte Aristarch seiner
Theorie zufolge gleichfalls nur einem Halbchore zuweisen,
da er, wie aus der handschriftlichen Bezeichnung We. 1275.
1284 und Frö. 686. 717 hervorgeht, im Epirrhema und
Antepirrhema Halbchöre annahm, Frö. 354 ff. aber von den
Alten für epirrhematisch oder geradezu für ein Epirrhema
erklärt wurde.

Das glaube ich nach allem, was wir in diesem wie im
voranstehenden Capitel unserer Untersuchung zu beobachten
Gelegenheit hatten, unbedenklich aussprechen zu dürfen:
man wird nun nicht mehr ohne weiteres, wie es noch Muff
S. 98 f. gethan, Richter folgen und nachreden können, was
er mit Rücksicht auf die Hemichorien Proleg. zu den We.
S. 73 sagt: „*Haec tamen chori divisio qua tandem ratione
facta esse potest? Tacent veteres, dividunt nostrates, dividendi
ratione non explicata.*" Wir haben nicht nur die Alten
sprechen gehört, sondern auch fast für jede behauptete
διχορία eine besondere *ratio* und überall ein und dieselbe
vorgefunden.

Fünftes Capitel.

Die Chorstellungen.

Unserem Versuche, die Stellungen des Chors in den
aristophaneischen Komödien und den verschiedenen Theilen
derselben anzugeben, schicken wir eine Uebersicht des
wichtigeren aus der einschlägigen Litteratur voraus: Lindner

Ueber den Chor im Aeschylos Jahns Jahrbb. 1827 Bd. 4.
3 S. 100 f. G. Hermann Op. II S. 134 f. und VI S. 144 ff.,
158 ff. sowie in Jahns Jahrbb. 1829 Bd. 11. 3 S. 299 f.
C. O. Müller Eum. S. 82 f., 94 f. und Anhang S. 35 f.
Sommerbrodt *Rerum scenicarum capita selecta*, Berlin 1835
S. 10 ff. Schultze *De chori Graecorum tragici habitu externo*,
Berlin 1856 S. 40 ff. Kolster S. 9 ff., 23. Köster S. 5.
C. Kock S. 7 f. Enger Fleckeis. Jahrbb. Bd. 77 S. 549.
Hornung S. 20 ff. Agthe S. 32 ff., Anhang S. 29 ff. und
137 ff. Buchholtz Tanzkunst des Eurip. S. 85 ff.

Die Lectüre der aufgezählten Darstellungen führt uns
bald Bilder einer nicht selten ausschweifenden Phantasie
vor Augen, bald zeigt sie uns ein ängstliches sich an-
klammern an die dem späteren Alterthum entstammenden
hierher gehörigen Nachrichten. Dass die erstere Behandlungsart, welche den historischen Boden unter den Füssen
verliert, abzuweisen sei, wird allgemein anerkannt; allein
auch nach der zweiten Richtung hin kann man zu weit
gehen. Denn wenn irgendwo, so finden wir auf diesem
Gebiet die schon öfters gekennzeichnete Unmethode der
alten Kritiker, dasjenige was auf ein Stück, auf einen Fall
passt und für ihn mit Recht von einem Vorgänger beobachtet
war, auf die ganze Dichtungsgattung auszudehnen, sodass
dadurch ihre Definitionen sehr oft theils zu weit theils zu
enge werden. Wie kommen wir zu dieser Behauptung?
Durch das Studium der erhaltenen Komödien selbst, das,
wie es sich bisher viel fruchtbringender als die spärlichen
antiken Notizen erwiesen hat, so auch auf unsere letzte
Betrachtung seine Rückwirkung ausübt. Indem wir daher
zusammenfassen, was aus obigem für die Choraufstellung
bei Aristophanes resultirt, thun wir dies zunächst in Form
einer einfachen Zeichnung, bei welcher wir die Chorführer
durch ↑ kenntlich machen und durch die beigesetzten Zahl-
zeichen die Reihenfolge anzeigen, in der die einzelnen Choreuten sprechen oder singen.

Κατὰ στοίχους.	*Κατὰ ζυγά.*
Ritter, Wespen, Frieden, Vögel, Thesmoph., Ekkles.	Acharner, Frösche.

I. Stellung in der Parodos.

σκηνή

ιϑ´ κ´ κα´ κβ´ κγ´ κδ´

α´ β´ γ´ δ´ ε´ ς´

θέατρον

σκηνή

κα´ κβ´ κγ´ κδ´

α´ β´ γ´ δ´

θέατρον

II. Stellung in den Epeisodien.

σκηνή

ιϑ´ κ´ κα´ κβ´ κγ´ κδ´

α´ β´ γ´ δ´ ε´ ς´

θέατρον

σκηνή

κα´ κβ´ κγ´ κδ´

α´ β´ γ´ δ´

θέατρον

III. Stellung in den Stasima.

σκηνή

θέατρον

σκηνή

θέατρον

IV. Stellung in der Parabase.

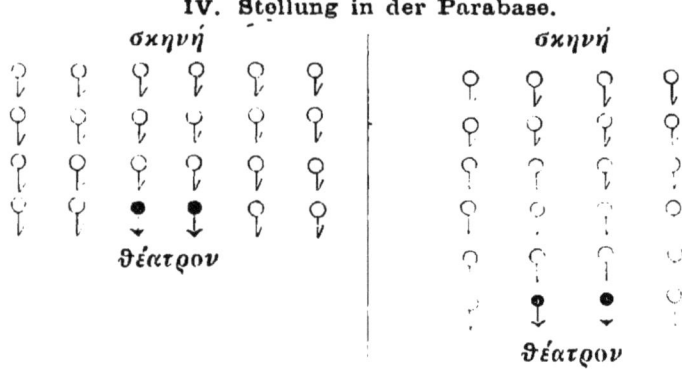

Am merklichsten und sogleich beim Choreinzuge unterscheidet sich vorstehende Auffassung dadurch von der gewöhnlichen, dass wir neben der Stellung κατὰ στοίχους
auch die κατὰ ζυγά angenommen und allseitig berücksichtigt
haben. Gemeinhin nämlich wird nur die erste der beiden
Grundstellungen für die Komödie in Anspruch genommen.
Denn da man in letzter Zeit fast einstimmig als die
charakteristische Wendung in der Parabase den Uebergang
aus dieser Grundstellung in jene κατὰ ζυγά bezeichnet hat,
so leuchtet ein, dass man für die übrigen Theile der Komödie vor und nach der Parabase nur die Gliederung κατὰ
στοίχους und zwar gleichmässig für alle Stücke übrig be-
hält. Dem widerspricht nun aber nicht nur das Zeugniss
des Pollux IV. 109 sondern auch der Umstand, dass wir
den Acharnerchor κατὰ ζυγά in die Orchestra einziehen
sahen und ebenso die Mysten in den Fröschen.

Frösche (Parodos).

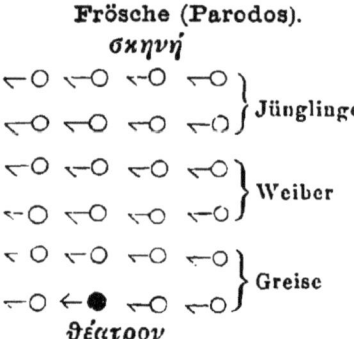

Den Standort des Chorführers haben wir für die
Ordnung κατὰ στοίχους in Uebereinstimmung mit der her-
gebrachten Annahme nach der Analogie der Tragödie (vgl.
Phot. s. v. τρίτος ἀριστεροῦ, Bekker Anecdot. p. 444. 15,
Schol. zu Aristid. p. 535 f., Suid. s. v. κορυφαῖος, Schol.
zu Plut. Vs. 953 f.) bestimmt und von jener Ordnung auf
die κατὰ ζυγά übertragen. Was diesen Punkt betrifft, so
ist es bekanntlich zwischen Hermann und Müller darüber
zum Streit gekommen, ob der Koryphaeos wie unzweifelhaft in der Parodos, so auch im Epeisodion dem θέατρον
zunächst gestanden habe. Müller hatte den Chorführer hier
wie dort auf die den Zuschauern zugekehrte Seite der
Orchestra aufgestellt, wogegen Hermann behauptete, dass
er durch eine Schwenkung des Chors im Epeisodion auf
die entgegengesetzte Seite und in die nächste Nähe der
σκηνή zu stehen gekommen sei. Für die Komödien des
Aristophanes haben wir uns unbedenklich auf Müllers Seite
stellen zu müssen geglaubt, da der Uebergang aus der
Parodos ins erste Epeisodion hier so unmerklich und oft
mitten im Dialog zwischen Orchestra und Bühne stattfindet
(vgl. Ach. Ri. Fri.), dass an eine so durchgreifende Veränderung der Choreutenstellung, wie sie Hermann annimmt,
nicht gedacht werden kann. Ausserdem spricht für Müller
die Rücksicht auf das Publikum, welche in diesen Fragen
obenan zu stellen und als entscheidend anzusehen ist. *Hoc
enim*, sagt Schultze S. 42 mit Recht, *imprimis tenendum est
omnia, quae ad chori adornationem atque collocationem per-
tineant, non ad scenam histrionesque sed ad theatrum et spectatores esse referenda.* Mit Rücksicht also hierauf standen
die besten Choreuten, und unter ihnen der Chorführer, in
der Parodos den Zuschauern zunächst, und ˙sie blieben es
nach der beim Uebergange in das Epeisodion erfolgten
Wendung zur Bühne, indem bei chorischem Einzelvortrage
der Gesang die Glieder entlang und herunter sich immer
mehr den Schauspielern näherte, was vorzüglich zu dem in
den dortigen Dialogen zunehmenden Eifer und der wachsen-

den Hitze des Chors stimmt, sodass er der Bühnenperson
näher und näher auf den Leib zu rücken scheint.

Hatte nun der Chor während des Einzuges die Zuschauer zu einer, die Schauspieler zur andern Hand, so
gieng er beim Beginn des Epeisodions durch eine viertel
Wendung in die unter II verzeichnete Stellung über, mit
dem Gesicht gegen die Scene. Dies ist ausdrücklich bezeugt *Proleg. de com.* bei Dübner VII. 2 f. καὶ ὅτε μὲν
πρὸς τοὺς ὑποκριτὰς διελέγετο (sc. ὁ χορός), πρὸς τὴν
σκηνὴν ἀφεώρα und IX a S. XX 11 ff., 61 ff., XI S. XXVIII
87 Anm.

In grosse Verlegenheit kommt man, wenn man den
Umfang und die Anwendung zu bestimmen' sucht, welche
die Stellung des ἀντιπρόσωπον ἀλλήλοις bei Aristophanes
fand. Denn die Stelle bei Hephaestion p. 71 καλεῖται δὲ
παράβασις, ἐπειδὴ εἰσελθόντες εἰς τὸ θέατρον καὶ ἀντι-
πρόσωποι ἀλλήλοις στάντες οἱ χορευταὶ παρέβαινον καὶ εἰς
τὸ θέατρον ἀποβλέποντες ἔλεγόν τινα ist so unbestimmt
gehalten, dass wir aus ihr mit Sicherheit weiter nichts als
eben das Vorhandensein dieser Anordnung entnehmen
können. Das freilich hätte als ausgemacht gelten sollen,
dass jenes Vis-à-vis der Choreuten in der überwiegenden
Masse der noch vorhandenen Dramen nicht alsobald nach
der Parodos und nicht während der Epeisodien statthatte.
Denn es war dies von Hermann Op. VI S. 159 f. schlagend
gegen Müller nachgewiesen. Trotzdem hat Buchholtz neuer-
dings wieder und, wie es scheint, ganz ohne das bedenk-
liche der Sache zu kennen, auf die Müllersche Ansicht
stillschweigend zurückgegriffen. Allein sie wird schon durch
die soeben für die Grundstellung im Epeisodion beige-
brachten Belegstellen, für den Komiker wenigstens, genugsam
widerlegt. Aber auch die Beschränkung des ἀντιπρόσωπον
ἀλλήλοις auf das *carmen antistrophicum, postquam in duo
hemichoria chorus discessit,* welche Hornung eintreten lässt,
kann noch nicht genügen. Denn die Gegenüberstellung der
Halbchöre fand sicher nicht statt in den antistrophischen

Liedern des im zweiten Capitel unterschiedenen Falls *B*, weil diese meist geradezu Anreden an die Schauspieler sind und innerhalb der Epeisodien liegen, sie fand ebenso sicher nicht in den antistrophischen Exodika statt (vgl. bes. Fri.), in denen ein feierlicher Abzug hinter einander gestellter Chorpersonen ausgeführt wird, und endlich sicherlich nicht in den Parodoi, wo der Einzug vor sich gieng (vgl. bes. Frö.). Mit beiden mag sich nicht eben selten ein festlicher Umzug, eine πομπή, verbunden haben. So bleiben uns in der That nur noch die im vorhergehenden Capitel behandelten antistrophischen Stasima für das ἀντιπρόσωπον übrig, und für sie einzig und allein scheint es auch angemessen, wenigstens bei allen erhaltenen Komödien — bis auf eine. Verhandelte der Chor mit den Schauspielern (Epeisodion), so hatte er ihnen das Gesicht zugekehrt; verhandelte er mit dem Publikum (Parabase), so sah er dieses an; verhandelte er nach dem Abtreten der Schauspieler in Halbchören mit sich (Stasimon), so konnte keine Stellung passender sein als das Gegenübertreten der Halbchöre. Das ἀντι-πρόσωπον ἀλλήλοις dürfte keinen anderen Sinn haben als den bezeichneten, dass der Chor bei Eintritt desselben mit sich selbst agirt. Hierfür spricht namentlich auch die in scenischer Hinsicht so merkwürdige Lysistrata, in der jene Stellung bei der andauernd feindlichen Gesinnung der beiden Halbchöre offenkundig eine viel grössere Ausdehnung hatte und hier wirklich auch in den Epeisodien, und zwar bis Vs. 1042 währte; während umgekehrt die beiden Stasima 1043—1058 = 1059—1072 und 1189—1204 = 1205—1215 gerade eine Wendung zu den Zuhörern erheischen, da diese hier angeredet und geäfft werden. So liefert uns dieses Stück ein eclatantes Beispiel für die Vielgestaltigkeit der Praxis bei Behandlung des Chors durch den Dichter. Und durch die Betrachtung der Lysistrata oder ähnlich angelegter Komödien mag auch Hephaestions zu allgemeine Angabe verursacht worden sein. Die Stellung der Chorenten in der Lysistrata war aber hiernach und nach dem ersten Capitel VI folgende.

Lysistrata.

I. Parodos der beiden Chöre.

σκηνή

ϑ' ι' ια' ιβ'

α' β' γ' δ'

Männer

H.M. α'   HM. β'

Weiber

ϑέατρον

II. Ἀντιπρόσωπον von 352 an.

σκηνή

α'

β'

γ'

δ'

ε'

ς'

ϑέατρον

III. Stasima 1043—1072 = 1189—1215.

σκηνή

ϑέατρον

Bei Vs. 1042

ἀλλὰ κοινῇ συσταλέντες τοῦ μέλους ἀρξώμεϑα

rücken die ausgesöhnten Halbchöre näher an einander,
machen rechts- und linksum und treten so in geschlossener

Reihe vor das Publikum. Das ist die scenische Bedeutung des citirten Verses. Vs. 1073 ff. tritt mit der Ansprache der Bühnenpersonen, wie auch wohl manchmal in den vorhergehenden Epeisodien, Wendung des Chors der Bühne zu ein. — Dass die Bemerkung des Scholiasten zu Eurip. Hek. 647 ἰστέον δέ, ὅτι τὴν μὲν στροφὴν κινούμενοι πρὸς τὰ δεξιὰ οἱ χορευταὶ ἦδον, τὴν δὲ ἀντιστροφὴν πρὸς τὰ ἀριστερά, τὴν δὲ ἐπῳδὸν ἱστάμενοι ἦδον mit dem im aristophaneischen Stasimon statuirten ἀντιπρόσωπον der Halbchöre nicht im Widerstreit stehe, brauche ich wohl nur kurz zu erwähnen. Denn diese Bemerkung kann sich wie manche andere gleichfalls, z. B. *Proleg. de com.* IX a S. XX 17 ff., 63 ff. und Schol. zu Wo. 563, nur auf solche antistrophische Gesänge, bei welchen keine Theilung des Chors in Halbchöre eintrat, beziehen und findet deshalb auf das Stasimon bei Aristophanes, wo jene Theilung stattfand, gar keine Anwendung.

In der Parabase wandte sich der Chor dem Publikum zu; vgl. *Proleg. de com.* VII. 3 ff. ὅτε δὲ ἀπελθόντων τῶν ὑποκριτῶν τοὺς ἀναπαίστους διεξῄει (ὁ χορός), πρὸς τὸν δῆμον ἀπεστρέφετο und I. 47 ff. sowie Schol. zu Wo. 518. Kock, Hornung, Agthe u. a. bringen, wie oben bemerkt wurde, mit dieser parabatischen Wendung eine Veränderung der Stellung κατὰ στοίχους in die κατὰ ζυγά in Verbindung, indem sie sich dabei auf die Scholien zu Fri. 733 ἐστρέφετο δὲ ὁ χορὸς καὶ ἐγίνοντο στίχοι δ΄ und Ri. 508 ἑστᾶσι μὲν γὰρ κατὰ στοῖχον οἱ πρὸς τὴν ὀρχήστραν [σκηνὴν] ἀποβλέποντες· ὅταν δὲ παραβῶσιν, ἐφεξῆς ἑστῶτες καὶ πρὸς τοὺς θεατὰς βλέποντες τὸν λόγον ποιοῦνται berufen. Allein abgesehen davon, dass jene Auffassung die auch nicht wegzuleugnende Grundstellung κατὰ ζυγά vor der Parabase unberücksichtigt lässt, so vermag ich mit Enger nicht einzusehen, wie man sie aus den angeführten Belegstellen herauslesen will. Enger nimmt, um die Scholien zu erklären, vor der Parabase die Ordnung des ἀντιπρόσωπον ἀλλήλοις an, wenn er a. O. sagt: „Die gewöhnliche Stellung

des Chors ist nämlich κατὰ στοῖχον, insofern als die lange
Seite des Vierecks der σκηνή und dem θέατρον pa-
rallel ist; die Choreuten selbst aber stehen κατὰ ζυγά, indem die drei ζυγά des rechten und die drei ζυγά des linken
Halbchors einander zugekehrt stehen. Nach dem κομμάτιον
treten die Halbchöre zusammen, machen dabei eine Wendung (στρέφονται), der rechte Halbchor nach links, der
linke nach rechts, und treten so in vier geschlossenen Reihen
vor das Publikum." Da nun der Parabase stets das Epeisodion vorangeht, in diesem aber ein ἀντιπρόσωπον ἀλλήλοις, wie es Enger beschreibt, nicht stattfand oder doch
für gewöhnlich nicht stattfand, so ist beim Eintritt der
parabatischen Wendung ein stehender Uebergang aus dem
ἀντιπρόσωπον ganz unmöglich. Es würde ein solcher Uebergang aus dem ἀντιπρόσωπον in die den Zuschauern zugekehrte Stellung in der Lysistrata stattfinden — wenn sie
eine Parabase enthielte. Daher können wir nur sagen, dass
jene Notizen zu Fri. 733 und Ri. 508 entweder auf Stücke
wie die Lysistrata mit Parabasen rücksichtigen, oder dass
ihren Verfassern keine klare Vorstellung über die Vorgänge
in der Orchestra bei Gelegenheit der Parabase innewohnte.
Und welcher Verwechselungen die Scholiasten hier bisweilen
fähig sind, hat Hornung S. 36 f. richtig angemerkt, während
die versuchte Verwerthung der bezüglichen, oben von uns
beurtheilten Notizen (*Proleg. de com.* IX a S. XX 17 ff.,
63 ff. und Schol. Wo. 563) bei Agthe Anhang S. 137 ff. die
grösste Unklarheit und Verwirrung herbeigeführt hat. Diese
Notizen, welche eine Rechts- und Linksschwenkung des
Chors in Strophe und Antistrophe überliefern, haben, um
es zu wiederholen, nur für einen ungetheilten Gesammtchor
Sinn und demnach für Aristophanes keine Geltung, und
sind auf ihn irrig von den alten Erklärern anderswoher
übertragen. Doch bleibt immerhin die Frage bestehen, ob
die Aufstellung der Choreuten während der ganzen Parabase
unverändert dieselbe war. Strophe und Antistrophe nämlich
sind durchaus nicht der Parabase eigenthümlich, sie haben

in ihrer Anlage nicht Aehnlichkeit mit den übrigen Theilen derselben, sondern stehen mit den melischen Theilen der Komödie überhaupt auf einer Stufe, vor allen mit den antistrophischen von Halbchören gesungenen Stasima. Vgl. Kock S. 18 und besonders Genz *De parab.* S. 12: „*Contra si melicas parabaseos partes cum reliquis comoediae comparamus, nullum plane discrimen inter eas intercedere videmus. . . Cantica igitur parabaseos non tam cum reliquis partibus parabaticis quam cum reliquis comoediae melicis coniungenda sunt.*" Ob daher nicht auch die Stellung des Chors in Strophe und Antistrophe der Parabase die gleiche wie im Stasimon war, das wagen wir nicht zu entscheiden, nur zu vermuthen.

Zum Schluss will ich noch, um einer Missdeutung vorzubeugen, bemerken, dass ich nach Massgabe der uns zu Gebote stehenden Mittel nur die Grundstellungen des Chors während der einzelnen Theile der aristophaneischen Komödie zu finden gesucht habe. nicht die möglichen und gewiss auch vorhandenen Schwenkungen und Evolutionen des Chors bei bewahrter Grundstellung.

Uebersicht des Inhalts.

Viertes Capitel.

Der Chor.

Fünftes Capitel.

Die Chorstellungen.